BASTEI LÜBBE

JUDE DEVERAUX

ZUR LIEBE VERURTEILT

WAS MIT HASS BEGANN

Aus dem Englischen von
Ekkehart Reinke

BASTEI
LÜBBE

BASTEI-LÜBBE-Taschenbuch
Band 12242

1. Auflage November 1994
2. Auflage April 1995

Deutsche Erstveröffentlichung
Titel der amerikanischen Originalausgabe:
A Perfect Arrangement
Matchmaker

Printed in France
Einbandgestaltung: K.K.K.
Titelfoto: Thomas Schlück-Agentur
Satz: MPM, Wasserburg
Druck und Bindung: Brodard & Taupin, La Flèche
ISBN 3-404-12242-9

Der Preis dieses Bandes versteht sich einschließlich
der gesetzlichen Mehrwertsteuer

Inhalt

Zur Liebe verurteilt
7

Was mit Haß begann
155

ZUR LIEBE VERURTEILT

BASTEI
LÜBBE

1

»Mr. Hunter, ich möchte Sie bitten, mich zu heiraten.«

Cole brachte kein Wort heraus. Er war einfach sprachlos. Eines der wenigen Male in seinem Leben. Es war zwar schon oft vorgekommen, daß er den Mund gehalten hatte. Aber dann waren ihm tausend Gedanken durch den Kopf gejagt, die er lieber nicht hatte äußern wollen. Davon konnte diesmal keine Rede sein.

Er war nicht etwa schockiert darüber, daß eine Frau ihn bat, sie zu heiraten. Ohne angeben zu wollen, konnte er darauf verweisen, daß ihm im Leben schon einige Heiratsanträge gemacht worden waren. Na ja, vielleicht sollte man besser Vorschläge sagen. Und sicherlich waren es nicht gerade ehrbare Frauen gewesen. Auf jeden Fall hatte es schon Frauen gegeben, die ihm gegenüber von Heirat gesprochen hatten.

Es berührte ihn nur unangenehm, daß ihn ausgerechnet *diese* Frau darum bat. Diese kleine Person gehörte nämlich zu der Sorte Frauen, die immer so taten, als gäbe es gar keine Männer, und ihre Röcke an sich rafften, wenn man ihnen auf der Straße begegnete. Manchmal erwartete einen so eine Frau später nach der Kirche irgendwo hinten in einer Scheune. Aber von Heirat pflegten sie nicht zu sprechen, und sie luden einen auch nicht zum sonntäglichen Abendessen ein.

Er wollte gern glauben, daß dieses kleine Ding Schwierigkeiten hatte, einen Mann zu finden. Sie hatte nichts an sich, das einen Mann reizen konnte, abgesehen von einer beachtlichen Oberweite. Aber er hatte schon bessere Busen gesehen. Sonst war sie eine Frau, die man nicht einmal beachten würde, wenn sie einem auf dem Schoß saß. Nicht hübsch, nicht häßlich, nicht einmal angenehm. Ein nichtssagendes Gesicht. Sie hatte stumpfe braune Haare, die so dünn waren, daß wohl selbst ein Dutzend rotglühende Feuerhaken nicht genügen würde, um auch nur eine einzige Locke darin zu legen. Unscheinbare braune Augen, unscheinbare kleine Nase, unscheinbarer kleiner Mund. Außer dem nett gerundeten Busen keine gute Figur. Keine Hüften, keine vielversprechenden Kurven.

Und dann ihr Auftreten! Cole mochte Frauen, die so aussahen, als ob sie gut im Bett seien – und auch außerhalb. Frauen, die lachen und ihn mitreißen konnten. Doch dieses spröde kleine Ding wirkte weder freundlich, noch schien sie eine Spur von Humor zu haben. Sie erinnerte an eine Lehrerin, die keine Ausrede gelten ließ, wenn man seine Hausaufgaben nicht gemacht hatte. Oder an die Frau, die sonntags die Blumen in die Kirche stellt. Oder an ein Mädchen, dem man Tag für Tag begegnet, ohne daß man je auf die Idee käme, sich auch nur nach ihrem Namen zu erkundigen.

Wie eine verheiratete Frau sah sie auch nicht aus. Man traute ihr nicht zu, überhaupt je einem Mann im Bett Wärme gegeben zu haben. Der Mann in ihrem Bett war höchstens einer, der ein langes weißes Nachthemd und eine Schlafmütze trug. Und falls sie im Bett etwas anstellten, dann höchstens zum Zwecke der Fortpflanzung.

Umständlich zündete Cole eine dünne Zigarre an, um sich von dem Antrag erholen – und nachdenken zu können. Er war in seinem Leben viel herumgekommen, hatte viele Menschen kennengelernt und war notgedrungen ein guter Menschenkenner mit raschem Urteil geworden. Aber aus dieser Frau wurde er nicht klug. Er zählte jetzt 38 Jahre, und wenn er jünger wäre, hätte er angenommen, daß so eine Frau sich dringend nach einem Mann sehnte, der ihr Wärme geben konnte. Denn die Erfahrung hatte ihn gelehrt, daß Frauen, die kalt wirken, auch kalt sind. Einmal hatte er sich monatelang bemüht, eine unansehnliche, spröde Frau von ihrer Art zu verführen, nur weil er dachte, unter dem streng verschnürten Kleid schlummerte ein Vulkan. Aber als er ihr schließlich die Unterhosen ausziehen durfte, hatte sie nur steif, mit geballten Fäusten und zusammengebissenen Zähnen dagelegen. Es war das einzige Mal in seinem Leben, daß er einfach nicht konnte. Danach war er geheilt und stellte nur noch solchen Frauen nach, die den Eindruck erweckten, sie würden seine Avancen begrüßen. Das war einfacher.

Da stand sie nun vor ihm: eine frigide kleine Maus, das Kleid bis ans Kinn zugeknöpft, die Ellenbogen dicht am Körper und vermutlich die Knie, die nicht zu sehen waren, fest zusammengepreßt.

Er selber saß auf einem hartgepolsterten Sessel, den seine Pensionswirtin für modisch hielt, fummelte mit dem Streichholz und der Zigarre herum und wartete auf ihren nächsten Schritt. Denn bisher war die Initiative von ihr ausgegangen. Sie hatte ihm geschrieben, sie wolle ihn für eine sehr persönliche Angelegenheit engagieren und ihn deshalb in Abilene aufsuchen.

Aus ihrem Brief – auf schwerem Pergament und in vorzüglicher Handschrift – hatte er auf eine reiche Frau geschlossen, die von ihm verlangen würde, einen Mann umzubringen, der ihre Zuneigung verschmäht hatte. Bei Frauen, die ihm Briefe schrieben, ging es immer um so etwas. Wenn ein Mann ihm schrieb, um ihn zu engagieren, sollte er meistens jemand wegen Streitigkeiten um Land, Vieh oder Wasserrechte oder auch einfach aus Rache umlegen. Aber bei Frauen war es immer verschmähte Liebe. Schon vor Jahren hatte Cole darauf verzichtet, bei anderen, ob Mann, ob Frau, den Eindruck zu erwecken, er wäre etwas anderes als ein Mietkiller. So galt er allgemein als käuflicher »Friedensstifter«. Er selber sah sich allerdings eher als Diplomat. Er besaß das Talent, Streitigkeiten zu schlichten, und nutzte dieses Talent nach Kräften. Es kam vor, daß er bei den notwendigen Verhandlungen manchmal jemand tötete, aber immer in Notwehr. Er pflegte nie als erster zu ziehen.

Da die Maus beharrlich schwieg, forderte er sie auf: »Sprechen Sie weiter!« Er hatte ihr angeboten, Platz zu nehmen, aber sie wollte lieber stehen. Wahrscheinlich, weil sie ihr steifes Rückgrat nicht beugen konnte. Und sie hatte darauf bestanden, daß die Tür 15 Zentimeter weit offen blieb – damit keiner auf unrechte Gedanken kommen könne.

Sie räusperte sich. »Ich kann mir vorstellen, was Sie jetzt von mir denken. Sie halten mich bestimmt für eine alte Jungfer, die dringend einen Mann braucht.«

Mit Mühe unterdrückte Cole ein Grinsen. Sie hatte den Nagel auf den Kopf getroffen. Wollte sie ihm etwa weismachen, daß sie keinen Mann brauchte? Sicherlich hatte ein Nachbarssohn sie sitzenlassen, und Cole sollte ihn nun vom Antlitz der Erde wegputzen.

»Ich mache mir nichts vor«, sagte sie. »Über mein Aussehen und meine Wirkung auf Männer gebe ich mich keinen Illusionen hin. Selbstverständlich hätte ich gern einen Ehemann und ein halbes Dutzend Kinder.«

Nun lächelte er doch. Wenigstens war sie ehrlich und gab zu, daß sie sich nach einem kräftigen Mann im Bett sehnte.

»Aber wenn ich jetzt nach einem Mann Ausschau hielte, der der Vater meiner Kinder werden soll, dann würde ich gewiß nicht einen alternden Revolverhelden in Betracht ziehen, der über keine sichtbaren Geldmittel verfügt und schon einen Bauch kriegt.«

Das hatte gesessen. Cole richtete sich kerzengerade auf und zog den Bauch ein. Beinahe hätte er mit der Hand nachgefühlt, wie es um seine Taille stand. Vielleicht sollte er sich ein paar Tage lang den Apfelkuchen seiner Wirtin verkneifen. »Würden Sie mir dann bitte sagen, was Sie eigentlich von mir wollen?« sagte er und dachte: Von der nehme ich bestimmt keinen Auftrag an. Was sollte denn das heißen: »ein alternder Revolverheld«? He, er konnte mit dem Schießeisen noch so gut umgehen wie vor 20 Jahren! Keiner der jungen Männer heutzutage ...

Sie unterbrach seinen Gedankengang: »Ich weiß nicht recht, wo ich anfangen soll.« Sie sah ihn streng prüfend an. »Man hat mir gesagt, Sie wären der schönste Mann von Texas.«

Cole lächelte wieder und sagte bescheiden: »Es wird viel geredet.«

»Ich persönlich finde Sie nicht besonders gutaussehend.«

Seine Hand mit der Zigarre, auf dem Weg zum nächsten Zug, erstarrte mitten in der Bewegung.

»Vielleicht haben Sie vor Jahren besser ausgesehen, aber jetzt ... Sie waren zu viel in der Sonne. Ihre Haut ist wie Leder, und Sie haben einen harten Zug um die Augen. Ich vermute, Mr. Hunter, daß Sie ein hemmungsloser Egoist sind.«

Zum zweitenmal an diesem Tage war Cole sprachlos. Nach einer Weile legte er den Kopf zurück und lachte. Die Frau zeigte nicht einmal den Anschein eines kleinen Lächelns. »Also, Miß ...«

»Latham. Miß Latham.«

»Aha, *Miß* Latham«, sagte er in schneidendem Ton,

was ihn gleich darauf ärgerte. Er hatte Männern im Kampf gegenübergestanden, die die schlimmsten Dinge über ihn und seine Vorfahren gesagt hatten. Nie hatte ihn das irgendwie berührt. Aber diese unscheinbare Frau brachte ihn mit ihren Bemerkungen über seinen angeblichen Bauch und seinen angeblichen Egoismus in Wallung. Wie konnte sie sich so etwas erlauben! Diese nichtssagende Maus – wenn sie vor einer Sanddüne stände, würde man nicht erkennen, wo der Sand aufhörte und sie anfing.

»Würden Sie mir jetzt sagen, was Sie von mir wünschen?« fragte er. Eigentlich hätte er ihr sagen müssen, sie solle sich hinausscheren. Aber nun war seine Neugier geweckt. Großartig, dachte er, ein Diplomat, der neugierig ist! Schon mancher hatte seine Neugier mit dem Tode bezahlt.

»Ich habe eine Schwester, die ein Jahr älter ist als ich.«

Sie drehte sich um und ging zum Fenster. Beim Gehen wackelte sie nicht das kleinste bißchen mit den Hüften, was Männer doch so gern sehen. Diese Frau ging wie eine Holzfigur – und für ihn hatte sie ungefähr ebenso viel Reiz.

»Meine Schwester besitzt alles, was mir abgeht. Meine Schwester ist eine Schönheit.«

Sie mußte Coles Gedanken erraten haben, denn sie fuhr fort: »Ich weiß, wer mich sieht, kann nicht glauben, daß ich eine schöne Schwester habe. Man muß annehmen, mein Geschmack wäre unterentwickelt.«

Cole sagte kein Wort. Sie hatte seine Gedanken laut ausgesprochen. Neben dieser kleinen Maus würde jede Frau gut aussehen, auch wenn sie nicht besonders hübsch war. Natürlich hatten ihre spitzen Bemerkungen über seine Person dazu beigetragen, daß sie ihm jetzt noch reizloser erschien als zuvor. Wie alt mochte sie wohl sein? Sicherlich nicht unter 30. Viel zu alt, um auf

Männer noch zu wirken. Sie würde nie das halbe Dutzend Kinder kriegen, das sie sich wünschte.

»Rowena kann sich an Schönheit mit jeder Frau messen. Sie ist 1,70 m groß, hat dichtes kastanienbraunes Haar und Naturlocken. Sie hat grüne Augen mit dichten Wimpern, eine schöngeformte Nase und volle Lippen. Dazu eine Figur, die schon manchen Mann verrückt gemacht hat. Ich weiß das, weil ich es mehr als einmal miterlebt habe.«

Sie holte tief Luft. »Aber was noch mehr wiegt als ihre Schönheit – jedenfalls für Frauen: Rowena ist ein liebenswerter Mensch. Sie hat ein Herz für andere. Sie kümmert sich um sie und bringt sie dazu, etwas für sich und andere zu tun. Sie ist die geborene Leitfigur.« Ein Seufzer. »Meine Schwester kommt im Aussehen und Charakter nach meiner Mutter. Mit anderen Worten: sie hat alles.«

»Wollen Sie, daß ich sie erschieße?« Cole hatte das als Witz gemeint. Doch die Frau lachte nicht darüber. Sie scheint wirklich nicht den geringsten Humor zu haben, dachte er.

»Wer meine Schwester ums Leben bringt, versündigt sich an der ganzen Welt.«

Cole verschluckte sich am Zigarrenqualm und mußte husten. So einen Quatsch hatte er noch nie gehört. Aber sie sagte es, als meine sie es wirklich ernst.

»Meine Schwester ist eine Heldin. Ich meine das im besten Sinne des Wortes. Wie alle Helden weiß sie es gar nicht. Als sie zwölf war, sah sie, wie in einem Waisenhaus ein Feuer ausbrach. Ohne an ihre eigene Sicherheit zu denken, stürzte sie in das brennende Haus und rettete die Kinder. Sie wird von allen Menschen geliebt.«

»Außer von Ihnen.«

Wieder holte Miß Latham tief Luft. »Nein, Sie irren sich. Ich liebe sie am meisten.« Als sie ausatmete, sah er, daß sie zitterte. Doch sie verstand es ganz gut, sich zu beherrschen. Vermutlich war sie daran gewöhnt, ihre Gefühle nicht zu zeigen. »Ich kann meine Beziehung zu Rowena schlecht erklären. Ich liebe sie, aber manchmal … hasse ich sie beinahe.« Herausfordernd hob sie den Kopf. »Vielleicht ist mein Problem, daß ich eifersüchtig bin.«

Sie nahm auf einem Sessel Platz, und er beobachtete sie. Sie saß ganz still. Ihre Miene und ihr Körper verrieten nichts von dem, was in ihr vorging. Kein Augenflattern, kein Händeringen. Sie saß völlig still. Sie würde eine glänzende Pokerspielerin abgeben.

Auf einmal merkte Cole, daß er ihr gegenüber weich wurde. Vorsicht, das konnte ihn in Schwierigkeiten bringen! Deshalb fragte er in gröberem Ton, als er es eigentlich vorhatte: »Was wollen Sie denn nun von mir?«

»Vor sechs Jahren hat meine Schwester einen fabelhaften Mann geheiratet. Groß, hübsch, reich, intelligent. Jonathan ist ein Ehemann, von dem alle Frauen träumen. Sie leben auf einem wunderschönen Besitz in England, haben zwei hübsche Kinder, und sie wird von allen geliebt. Das Dienstpersonal würde selbst ohne Lohn für sie arbeiten.«

»Und was ist mit Ihnen?«

Zum erstenmal erlaubte sie sich ein ganz leichtes Lächeln. »Ich zahle meinem Personal viel zuviel Geld und verlange nichts von ihnen. Dafür stehlen sie mir mein Silber.«

Er mußte lachen. Vielleicht hatte sie doch etwas Humor.

»Mein Problem ist, daß meine Schwester mich zu sehr liebt. So war es schon immer. Zu Weihnachten schlich sie nachts ins Wohnzimmer und vertauschte die Namen auf den Geschenken, weil die Leute mir immer nur nützliche Sachen, ihr dagegen lauter schöne Dinge schenkten. Das führte dazu, daß ich 25 Meter gelben Seidenstoff mit eingestickten Schmetterlingen, sie zehn Bände über das Leben Byrons bekam und wir beide unzufrieden waren. Aber sie tat es aus Liebe zu mir.«

»Sie mögen Byron.«

»Ich liebe Bücher. Und ich studiere gern. Ich bin die Sensible, und Rowena ist der Star. Wenn ich sehe, daß Flammen aus einem Haus schlagen, rufe ich die Feuerwehr. Ich stürze mich nicht ins Feuer, ich renne vor ihm davon.«

»Dann bin ich mehr so wie Sie«, sagte Cole lächelnd.

»O nein«, sagte sie mit Nachdruck. »Sie, Mr. Hunter, sind wie Rowena.«

Das sagte sie in einem Ton, als wäre es die schlimmste Beleidigung, die man ihm je zugefügt hatte. Zuerst wollte er aufbegehren. Aber wogegen? Sie hatte ihre Schwester ja in den höchsten Tönen gepriesen.

»Ich habe ausgiebige Erkundigungen über Sie eingezogen, Mr. Hunter. Sie sind genauso todesverachtend heldenhaft wie meine Schwester. Sie handeln sofort und denken erst später. Aus bestimmten Quellen weiß ich, daß Sie zwei Weidekriege geschlichtet haben, und dabei gab es weniger Tote als vorher befürchtet wurde.«

Gegen seinen Willen kam er auf ihre frühere Bemerkung zurück. »Nein, Ma'am, ich bin, wie Sie sehen, nur ein alternder Revolverheld.«

»Ja, vom Äußeren her. Und es stimmt, daß Sie keine Zukunft mehr haben. Wenn Ihre Sehkraft nachläßt, sind Sie erledigt. Soviel ich weiß, haben Sie kein Geld auf der hohen Kante, weil Sie oft für wenig oder nichts gearbeitet haben. Auf der einen Seite sind Sie ein Held, auf der anderen ein Dummkopf.«

»Sie verstehen es, einem Mann zu schmeicheln, Miß

Latham. Mir unverständlich, warum Sie nicht verheiratet sind und ein halbes Dutzend Kinder haben.«

»Gegen Beleidigungen von männlicher Seite bin ich immun. Also brauchen Sie es gar nicht erst zu versuchen. Ich will Sie nur für einen Job engagieren. Das ist alles. Nach zwei Wochen sind Sie von meinem Anblick für immer befreit.«

»Und warum wünschen Sie, daß ich Sie heirate?«

»Sie sollen mich ja gar nicht wirklich heiraten, sondern sich nur für meinen Ehemann ausgeben. Und zwar zwei Wochen lang. So lange, wie meine Schwester hier in Texas bei mir zu Besuch ist.«

»Das macht mich neugierig, Miß. Warum gerade ich? Meinen Sie nicht auch, daß ein alternder Revolverheld die schlechteste Wahl für einen Ehemann ist?« Sie hatte inzwischen zwar einiges Nette über ihn gesagt, aber die Bemerkung über sein Alter war ihm unter die Haut gegangen. Und dann die Sache mit seiner Sehkraft. Er konnte doch heute noch so scharf sehen wie mit 18. Na ja, kann sein, daß die Buchstaben in der Zeitung etwas kleiner geworden waren, aber ... Er verfolgte den Gedanken nicht weiter. Noch eine herabsetzende Bemerkung von ihr, und er würde sie erwürgen.

»Meine Wahl ist gerade deshalb auf Sie gefallen, weil Sie so sind, wie Sie sind. Ich möchte auf meine Schwester ... Eindruck machen.« Wie in Verzweiflung hob sie die Hände: die erste Emotion, die sie zeigte. »Wer versteht schon, was Liebe ist? Ich bestimmt nicht. Wenn man einen Mann heiratet, soll man sich meiner Meinung nach einen nehmen, der für einen sicheren Lebensunterhalt sorgt, verläßlich ist und ein guter Vater zu werden verspricht. Aber andere Frauen denken nicht so. Sie wünschen sich einen gefährlichen Mann, der ausgesprochen dumme, ja, kindische Dinge tut. Zum Beispiel schneller schießt als seine Gegner. Kurzum, Mr.

Hunter, die meisten Frauen wünschen sich einen Mann, wie Sie es sind.«

Cole blieb die Luft weg. Er vergaß sogar, die Zigarre weiterzurauchen. Er war auf einmal so fasziniert von ihr, daß er auf einem brennenden Pulverfaß hätte sitzen können, ohne es zu merken. »Und ich würde Eindruck auf Ihre Schwester machen?« fragte er leise.

»O ja. Sie sind genau der Typ, der auf Rowena Eindruck machen wird. Sie ähneln ihrem Jonathan, nur daß er seine ... Sie würden es wohl nicht Talente nennen ... sagen wir also, er hat seine Fähigkeiten dazu benutzt, um eine irre Menge Geld zu machen, indem er andere Leute in Angst und Schrecken versetzt.«

»Hört sich ja so an, als sei er ein richtiger Teufel.«

»Ist er auch. Aber gerade das scheint den Frauen zu gefallen. Ich will damit nicht sagen, daß Jonathan ein schlechter Mensch ist. Man hält ihn allgemein für einen sehr guten Geschäftsmann. Und in seiner Art ist er ebenso verständnisvoll wie Sie. Er ist nur der Ansicht, daß der Zweck in jedem Fall die Mittel heiligt, vorausgesetzt, die Sache geht zu seinen Gunsten aus.«

»So bin ich?« platzte er heraus und hätte sich nachträglich dafür die Zunge abbeißen können.

»Ja. Sehen Sie mal, diese Weidekriege gingen Sie doch eigentlich gar nichts an. Wie eitel müssen Sie sein, daß Sie dachten, Sie könnten sie schlichten!«

Er konnte sich nicht enthalten zu antworten: »Aber ich *habe* sie doch geschlichtet.«

»Das ist es ja gerade. Jonathan geht beim Geldverdienen genau so vor wie Sie, wenn Sie sich in das Leben anderer Menschen einmischen und jeden totschießen, der sich Ihnen in den Weg stellt.«

Soll ich mich vielleicht noch dafür entschuldigen, daß ich geboren bin? dachte Cole. Voller Ironie sagte er: »Tut mir leid, daß ich Ihnen mißfallen habe. Tut mir ebenfalls leid, daß Frauen wie Ihre Schwester etwas von mir halten.«

»Ach, schon gut«, antwortete sie ernsthaft. »Keiner von uns ist frei von Eitelkeit. Ich bin zum Beispiel äußerst stolz auf das, was ich jetzt vorhabe. Meine Schwester kommt mit den besten Absichten nach Texas. Sie möchte mir einen Ehemann verschaffen. Sie sagt, ich würde sonst noch eine vertrocknete, säuerliche ...« Eine abwehrende Handbewegung. »Ist ja egal. Rowena spricht alles aus, was ihr gerade in den Sinn kommt.«

»Im Gegensatz zu Ihnen. Sie sind ja ein Muster an Takt und Höflichkeit.«

Sie sah ihn scharf an. Meinte er das ernst, oder machte er sich über sie lustig? Doch er ließ sich nichts anmerken. »Rowena hat sich vorgenommen, mein Leben nach ihren Plänen zu gestalten. Und sie wird sich darin nicht beirren lassen, wenn ich ihr nicht zuvorkomme.«

»Ich verstehe das nicht. Sie sagen, daß sie sich einen Mann und Kinder wünschen. Offenbar können Sie trotz all Ihren Charmes keinen finden. Warum lassen Sie dann Ihrer Schwester nicht freie Hand?«

»Weil sie einen Mann wie Sie dazu überreden wird, mich zu heiraten.«

Cole sah sie fassungslos an. Könnte einer Frau wirklich nichts Schlimmeres geschehen, als ihn zum Mann zu bekommen? Es hatte immerhin einige Frauen gegeben, die ihn für das beste gehalten hatten, was ihnen zustoßen konnte.

Sie stieß einen Seufzer aus. »Ich sehe schon, ich habe es Ihnen nicht deutlich genug erklärt.«

»Das ist wahrscheinlich mein Fehler«, sagte Cole freundlich. »Die vielen Kugeln, die im Laufe der Jahre dicht an meinem Kopf vorbeigeballert, sind müssen mich blöd gemacht haben. Bitte, erklären Sie mir doch alles ganz genau!«

»Ich wünsche mir wirklich einen Ehemann, und ich denke, ich werde auch einen bekommen ... irgendwann. Aber der Mann, den ich mir wünsche, sieht anders aus als der, den Rowena für mich sucht. Ich wünsche mir einen einfachen, netten Mann. Nicht so einen wie Jonathan oder Sie. Ich will keinen gutaussehenden Mann, bei dem ich jede Nacht befürchten muß, daß er mit anderen Frauen loszieht.«

Cole vermutete, daß das irgendwie ein Kompliment für ihn war, wußte aber nicht recht, inwiefern.

»Ich wünsche mir einen Mann, auf den ich mich verlassen kann. Der bei mir ist, wenn ich schlafen gehe und wenn ich aufwache. Der unser Baby wiegt, wenn es die ersten Zähne bekommt. Der mich pflegt, wenn ich krank bin. Mit anderen Worten: ich wünsche mir einen erwachsenen, reifen Mann, der klug genug ist zu wissen, daß man Streitigkeiten auch beilegen kann, ohne auf andere Leute zu schießen.«

Cole rutschte unruhig hin und her. Diese Frau wurde ihm immer unsympathischer. »Wenn Sie so einen Pantoffelhelden haben wollen, warum holen Sie sich dann keinen?« Er glaubte seinen Ohren nicht zu trauen. Seine Stimme hatte beleidigt, ja, beinahe eifersüchtig geklungen.

»Können Sie sich vorstellen, wie meine Schwester reagieren würde, wenn sie zu Besuch kommt und sieht, daß ich mit einem kleinwüchsigen, kahlköpfigen Mann verheiratet bin, der besser über Bücher als über Waffen Bescheid weiß? Rowena würde mich noch mehr bemitleiden, als sie es jetzt schon tut.«

Plötzlich stand sie auf und ballte die Fäuste. »Mr. Hunter, Sie können sich ja nicht vorstellen, wie es ist, wenn man neben einer Schwester wie Rowena aufwächst. Immer hat man mich an ihr gemessen. Es ist ungerecht, daß sie außer ihrer Schönheit auch noch so viele Talente besitzt. Rowena kann einfach alles. Sie reitet, als wäre sie mit den Pferden verwachsen. Sie kann kochen, sie kann tanzen, und sie spricht vier Sprachen. Rowena ist himmlisch. Sie hat sich sogar gegen unseren Vater aufgelehnt, und er hat sie deswegen nur noch mehr geliebt. Wenn ich ihm dagegen einmal widersprochen habe, schickte er mich ohne Abendessen ins Bett.«

Sie atmete tief ein, um sich zu beruhigen. »Jetzt sind meine Eltern tot, und ich lebe allein in einem riesigen, düsteren alten Haus, und meine Schwester kommt nach Texas, um einen Ehemann für mich zu finden. Sie sagt, sie täte es aus Liebe zu mir. In Wirklichkeit tut sie es aus Mitleid. Ich tue ihr leid. Sie denkt, ich würde allein nie einen Ehemann kriegen, doch sie könnte mit ihrem Charme jemand dazu bringen, daß er mich nimmt.«

Dann sah sie ihn scharf an. »Es ist kaum ein Jahr her, daß mein Vater gestorben ist. Zu seinen Lebzeiten hatte ich nie Gelegenheit, nach einem Ehemann Ausschau zu halten. Er sagte immer, er habe eine Tochter verloren, und werde, verdammt noch mal, dafür sorgen, daß er nicht auch noch die zweite verliert. Jetzt bin ich frei und fest davon überzeugt, daß ich einen Ehemann finden werde. Aber nicht bis nächste Woche, wenn Rowena eintrifft. Wenigstens keinen guten Ehemann. Dafür braucht man schon einige Zeit. Man muß ja jeden gründlich prüfen. Heiraten ist eine ernste Angelegenheit. Selbst wenn ich Rowena mit einem Mann am Arm entgegentrete, wie ich ihn mir wünsche, würde sie mich bemitleiden, weil es kein eleganter, rücksichtsloser Killer mit unbarmherzigem Blick und kantigem Kinn ist wie ihr Mann.«

Unwillkürlich fuhr sich Cole mit der Hand übers Kinn. Besaß er ein kantiges Kinn? War er elegant? Verdammt, diese Frau machte ihn verrückt. Wäre er wirklich ein rücksichtsloser Killer, dann wäre sie die erste, die er um die Ecke bringen würde.

»Und nur um bei Ihrer schönen Schwester Eindruck zu schinden, wünschen Sie, daß ich mich zwei Wochen lang für Ihren Ehemann ausgebe?«

»Ja, genau. Für diese zwei Wochen zahle ich Ihnen 5000 Dollar, und Sie werden in dieser Zeit natürlich in einem gemütlichen Heim wohnen und gutes Essen erhalten.«

Das hörte sich ja so an, als wolle sie andeuten, daß er in einer Höhle lebte und sich von Würmern und sonstigem Dreck ernährte! Selbstverständlich hatte diese Pension mal ein Großreinemachen nötig, und vielleicht ließ das Essen auch einiges zu wünschen übrig. Aber er hatte doch auch schon mal in St. Louis in einem prächtigen Hotel gewohnt und erstklassig gegessen ... Na ja, da hatte er gerade einen gutbezahlten Auftrag erledigt und war dort geblieben, bis sein Geld zur Neige ging. Ihr kahlköpfiger Farmer hätte mit so viel Geld vielleicht etwas Vernünftigeres angefangen.

»Nun?« fragte sie ungeduldig.

»Miß Latham, ich fürchte, wenn ich zwei Wochen mit Ihnen zusammen leben müßte, würde ich hinterher wegen Mord aufgehängt werden – begangen an Ihnen.«

Obwohl er sie mißtrauisch beobachtete, verriet sie keinerlei Gemütsbewegung – falls sie so etwas überhaupt kannte. »Damit wäre die Sache wohl erledigt. Ich wünsche Ihnen für die Zukunft alles Gute und hoffe, daß Sie noch viele Jahre mit Ihren Kugeln rumballern können. Guten Tag, Sir.«

Damit verließ sie das Zimmer und schloß die Tür hinter sich.

Cole ging zu dem Wandschränkchen, holte eine Flasche Whisky heraus und nahm einen herzhaften Schluck. Was würde Miß Sauber und Ordentlich wohl dazu sagen, daß er schon am frühen Morgen zu trinken begann? Wahrscheinlich würde die lästige Person ihn nur strafend anblicken.

Dann begab er sich ans Fenster, zog den Vorhang ein Stück zur Seite und sah sie draußen über die Straße gehen. Nicht ein Mann drehte sich nach ihr um. Sie war nun mal die unattraktivste Frau, die ihm je vor Augen gekommen war. Und doch hatte sie etwas an sich, das ihm unter die Haut ging.

»Verdammt noch mal!« sagte er laut. In wenigen Minuten hatte sie es fertiggebracht, daß er sich als Versager fühlte. Er, Coleman Hunter, im ganzen Südwesten als ein Mann bekannt, mit dem man rechnen mußte! Ein Mann, der jede Frau im Lande haben konnte.

Als er vom Fenster zurücktrat, sah er sich zufällig im Spiegel über der Kommode. Er drehte sich zur Seite, stellte sich gerade hin und zog den Bauch ein. Kein Bauch mehr zu sehen! Sein Leib war noch so flach wie am Tage seiner ersten Schießerei. Verärgert griff er nach seinem Hut und ging aus dem Haus.

Vier Stunden später saß er auf der vorderen Veranda des Sheriffbüros und zerschnitzelte einen kleinen Holzstab, bis nichts mehr davon übrig war. Diese Frau war für ihn der reinste Unglücksrabe. Denn nur zehn Minuten, nachdem er die Pension verlassen hatte, war ein Laufjunge mit einem Telegramm gekommen. Darin teilte ihm ein Rancher in Plano mit, daß er seinen Auftrag zurücknehme. Der Mann hatte ihn engagieren wollen, damit er eine Bande von Viehdieben aufspürte und tötete. Jetzt telegrafierte er ihm, daß ein Jüngerer, der weniger Geld dafür verlangte, den Auftrag bereits für ihn erledigt habe.

Diese Nachricht hatte Cole so wütend gemacht, daß er zu Nina gegangen war und ihr gesagt hatte, er wolle sie, und zwar sofort. Nina erwiderte, er habe zu warten, bis er an der Reihe sei, und außerdem habe er für das letztemal noch nicht bezahlt. Seit wann hatte er denn für eine Frau zu bezahlen? Die Frauen waren doch ganz verrückt danach, mit ihm ins Bett zu gehen!

»Nina«, sagte er und kam sich selber dabei blöd vor, »findest du mich, na ja, du weißt schon, attraktiv?«

Das brachte sie zum Lachen. »Was fehlt dir denn, Cole, mein Süßer? Hast du dich in ein Mädchen verliebt, das dich für so alt hält, daß du ihr Vater sein könntest?«

Das war wohl die einzige Beleidigung, die Miß Latham nicht ausgesprochen hatte. Und nun hatte Nina es nachgeholt. Zuerst eine vertrocknete alte Jungfer und jetzt eine Prostituierte. Er dachte: vielleicht ist es besser, ich verschwinde rasch aus Abilene, bevor ich graue Haare kriege und mir die Zähne ausfallen.

»Was ist dir denn für eine Laus über die Leber gelaufen?« fragte ihn der Sheriff, der neben ihm auf der Veranda saß.

»Bei mir ist alles in Ordnung«, erwiderte Cole scharf. »Wie kommst du auf die Idee, daß bei mir was nicht stimmt?«

»Weil ich dich noch nie so früh auf den Beinen gesehen habe. Wenn du überhaupt jemals bei Tageslicht aufstehst, dann doch nur, um dich mit einem Kerl herumzuschießen. Wie kommt es, daß du nicht wie sonst im Saloon bist?«

»Also so schätzt du mich ein? Als jemand, der nichts anderes im Leben zu tun hat, als Leute totzuschießen, zu trinken und zu spielen? Wenn du mich für so einen Taugenichts hältst, warum hast du mich noch nicht festgenommen? Wenn ich ein Killer sein soll, warum hast du mich noch nicht hängen lassen?«

Der Sheriff sah Cole amüsiert an. Sie kannten sich seit vielen Jahren und waren oft zusammen geritten, bis der

Sheriff die Nase voll von harten Bettrollen und gekochten Bohnen hatte. Er hatte eine dralle Witwe geheiratet und zwei Söhne gezeugt, die jetzt sein ein und alles waren. »Hat Nina dich abgewiesen?«

»Nein, Nina hat mich nicht abgewiesen«, log Cole. »Was habt ihr in der Stadt dagegen, wenn man ab und zu mal Lust hat, was anderes zu tun als sonst?«

»Irgend jemand muß dir heute auf die Zehen getreten haben. Wer war es? Ist einer von den Dalton-Jungs in der Stadt, und ich weiß noch nichts davon?«

Cole gab keine Antwort. Denn in diesem Augenblick kam die abscheuliche kleine Miß Latham aus dem Hotel und ging die Straße entlang zur Bank.

Der Sheriff betrachtete noch immer seinen langjährigen Freund und versuchte zu ergründen, warum der so schlechter Laune war. Plötzlich sah er, wie Coles Augen ihren Ausdruck veränderten. Jetzt hatte er den Blick, den man sonst nur an ihm gewahrte, wenn er einen Falschspieler beobachtete, der vielleicht ein As im Ärmel versteckt hatte. Oder irgendwelche Revolvermänner, die jeden Moment ziehen konnten, um sich hinterher zu rühmen, sie hätten Cole Hunter erschossen. Ungläubig bemerkte der Sheriff, daß Coles Blicke an einer kleinen, nichtssagenden Frau in einem unaufdringlichen braunen Kleid hingen. Normalerweise flog Cole nur auf fesche Damen in roter Seide und schwarzer Spitze. Er hatte doch immer gesagt, er kämpfe nur gegen Männer, weil er keine Lust habe, mit Frauen zu kämpfen. Deshalb liebe er nur leichte Frauen.

»Wer ist sie?« fragte Cole aufgeregt und zeigte mit der Messerklinge auf die Frau.

Abilene war keine kleine Stadt, aber der Sheriff setzte seinen ganzen Stolz darein, immer zu wissen, wer hier kam und ging. »'ne Frau mit Geld.« Er biß ein Stück Kautabak ab. »Ihr Vater kam aus dem Osten her und kaufte ein paar 100 Morgen gutes Land nördlich von hier, erbaute das größte Haus, das die Mehrzahl der Einheimischen je gesehen hatte, ließ sich dort nieder und wartete ab. Die meisten hielten ihn für verrückt. Vier Jahre später wurde dort die Eisenbahnlinie gelegt, und er verkaufte der Gesellschaft sein Land zum fünffachen Preis, den er bezahlt hatte. Davon baute er eine ganze Stadt, die er nach sich Latham nannte, und vermietete die Häuser an Leute, die dort arbeiten wollten. Ein harter Mann. Es wird erzählt, daß er jeden auf die Straße setzt, der nur 24 Stunden mit der Miete im Rückstand ist.«

»Das war einmal«, sagte Cole. »Er ist seit fast einem Jahr tot.«

»Ach ja?« sagte der Sheriff. »Hab ich noch gar nicht gehört.« Womit er andeuten wollte, Cole solle ihm mehr darüber erzählen. Aber der hatte in ihm immer ein altes Klatschmaul gesehen und dachte gar nicht daran, ihn aufzuklären.

»Und seine Frau?« fragte Cole.

»Es heißt, die habe er auch gekauft. Er ging für einige Monate in den Osten zurück und kam mit ihr wieder.« Der Sheriff grinste. »Ich habe gehört, sie soll die schönste Frau gewesen sein, die man dort je gesehen hat. Hab mich mal mit einem Cowboy unterhalten, der für ihn gearbeitet hatte. Der sagte, wenn sie auftauchte, brachte kein Mann mehr einen Ton heraus. Sie standen alle nur da und starrten sie an.«

»Und sie hatte eine Tochter, die genauso aussah wie sie«, sagte Cole leise.

»Ja, eine echte Schönheit«, sagte der Sheriff lachend. »Und danach hatte sie noch eine Tochter, die aber im Aussehen nach ihm kam. Muß 'ne echte Enttäuschung für ihn gewesen sein.«

Cole schwankte, ob er diese Göre in Schutz nehmen

sollte oder nicht. Er war eigentlich dafür, aber dann dachte er an die Bemerkung vom »alternden Revolverhelden« und ließ es bleiben. Wenn ihn das nächstemal so ein Gernegroß zum Duell herausforderte, sollte er Miß Latham auf ihn hetzen. Ihre scharfe Zunge konnte dem Kerl tiefere Wunden beibringen als Coles Geschosse.

Er hatte gerade den vierten Holzstab zerschnippelt, als der Tumult ausbrach. Unter den verschlafenen Augen des Sheriffs und den geistesabwesenden Blicken Coles waren vier Männer zur Bank geritten, hatten sich Taschentücher vors Gesicht gebunden und waren in die Bank eingedrungen, um sie auszurauben. Der Sheriff wurde erst aufmerksam, als ein Schuß knallte und gleich darauf ein Mann auf die Straße schwankte, der sich die blutige Hand vor den Bauch hielt.

Ein Bankraub war eigentlich etwas, worin Cole sich nicht einzumischen pflegte. Er konnte ja dabei mit Männern in Schußwechsel geraten, die er als seine Freunde betrachtete, oder mit denen er vor kurzem noch am Lagerfeuer gesessen hatte. Deshalb überließ er solche guten Taten lieber den Dummköpfen, die sich einen Stern an die Brust geheftet hatten. Gestern noch wäre er ruhig auf der Veranda sitzen geblieben, während der Sheriff aufsprang und losrannte. Der junge Deputy kam aus dem Büro und rannte ihm nach.

Doch heute war es anders. Heute fuhr es ihm durch den Kopf: *Sie ist da drin.* Da er nicht das geringste Interesse an ihr hatte, war seine Reaktion eigentlich unverständlich. Ja, wenn es Nina oder sonst eine Bekannte gewesen wäre! Aber so?

Er nahm sich keine Zeit zum Überlegen. Ungeachtet seines sogenannten Bauchs, seines fortgeschrittenen Alters und der angeblich nachlassenden Sehkraft flankte er über den Pferdebalken, machte sich im Laufschritt auf den Weg und lag bald gute acht Meter vor dem Sheriff. Eben noch hatte er träge in der Sonne geruht, und im nächsten Moment schoß er wie eine Schlange rasend schnell dahin – ein Strich in der Landschaft.

Die Banditen hatten nicht damit gerechnet, daß ihnen beim Überfall auf die Bank von Abilene ein Mann von Coles Ruf in die Quere kommen würde. Sie glaubten, es nur mit einem dicken Sheriff, einem grünen Deputy und einigen uninteressierten Bürgern zu tun zu haben. Schließlich war es nur eine kleine Bank, um deren Geschicke sich nicht mehr als ein Dutzend Menschen kümmerten. Daher hielten sie den Überfall für ein leichtes Unternehmen. In wenigen Minuten würden sie rein und wieder raus sein. Aber die Sache ging von Anfang an schief. Zuerst fühlte sich ein Farmer bemüßigt, den Helden zu spielen, und daraufhin verlor der jüngste und aufgeregteste der Banditen die Nerven und schoß auf ihn.

»Raus hier!« schrie ein Bandit, schnappte sich die schon mit Geld gefüllten Satteltaschen und stürzte zur Tür. Es war das letzte, was er in diesem Leben tat. Cole Hunter schmetterte die Tür mit dem Fuß auf und ging dann in Deckung, um das Sperrfeuer abzuwarten. Kaum hatte es nachgelassen, stürmte er, aus zwei Schießeisen feuernd, in die Bank. Als sich der Pulverdampf verzog, lagen drei tote Männer auf dem Boden.

Der vierte Bandit packte die nächststehende Person und benutzte sie als Schutzschild. Zufälligerweise war es Miß Latham.

»Laß deine Kanonen fallen, oder sie kriegt 'ne Kugel in den Schädel!« rief der maskierte Mann und setzte der Frau die Waffe an den Kopf.

Erfreut sah Cole, daß sie kein sonderlich entsetztes Gesicht machte. Er sprach sie aber nicht an. Dann hätte der Mann gewußt, daß sie eine Bekannte von ihm war, und das hätte dem Kerl einen Vorteil in die Hand gegeben. Inzwischen waren der Sheriff und sein Deputy eingetroffen. Cole bedeutete ihnen, sie sollten draußen bleiben. Dann bückte er sich, ließ die beiden Revolver fallen und sagte ruhig: »Da liegen sie.« Der Bandit näherte sich der Tür, und Cole ließ ihn keine Sekunde aus den Augen. Im Gürtel hatte er noch eine dritte Waffe, eine einschüssige Derringer. Aber er konnte sie erst ziehen und abfeuern, wenn Miß Latham ihm nicht mehr in der Schußlinie stand. Wie konnte er sie dazu bringen?

»Warum mischst du dich denn hier ein, Hunter? Sonst bist du doch auf unserer Seite.«

Gestern hätte Cole eine solche Bemerkung noch erfreut. Ja, er hätte dem Mann sogar zugestimmt. Aber heute sah es anders aus. Vielleicht weil Miß Latham ihn voll unverrückbaren Vertrauens anblickte. Sie hatte ja gesagt, er sei ein Held.

»Bin zufällig vorbeigekommen«, sagte er, »und brauchte etwas Abwechslung. Fing schon an, mich zu langweilen. Dachte mir, da wirst du mal reinrollen.«

»Kann ich verstehen«, sagte der Bandit. Die Augen hinter seiner Maske hatten einen fröhlichen Ausdruck. Langsam ging er weiter auf die Tür zu und schob dabei immer Miß Latham als Deckung vor.

Cole hatte sich schon damit abgefunden, daß Miß Latham seinen versteckten Hinweis in dem Wort »rollen« nicht begriffen hatte. Doch da biß sie dem Banditen in den Arm. Überrascht ließ er sie los. Sie ließ sich zu Boden fallen und *rollte* sich weg. Cole zog die Derringer und schoß – doch der Bandit war um den Bruchteil einer Sekunde schneller. Seine Kugel traf Cole in den rechten Unterarm.

2

Cole lehnte sich an das Kopfende des Bettes, die Augen wegen der blendenden Sonne geschlossen. Er hatte starke Kopf- und Bauchschmerzen, ganz zu schweigen von dem Pochen im rechten Unterarm. Aber am schlimmsten war seine Gemütsverfassung. Gestern hatte der Arzt ihm die Kugel des Schweinehunds von Bankräuber herausoperiert. Cole war es vorgekommen, als hätte es stundenlang gedauert, und daher hatte er eine große Menge Whisky geschluckt.

Als alles vorbei war, erklärte ihm der Arzt, daß die Kugel den Knochen durchschlagen habe. Daher würde er den Arm auf Monate hinaus nicht gebrauchen können. Zuerst wegen des Gipsverbandes. Danach würde es noch längere Zeit dauern, bis er so weit war, daß er seinen Schußarm wieder voll einsetzen könne.

Cole mußte sich sehr zusammennehmen, sonst hätte er in Gegenwart von Arzt und Sheriff einen Wutanfall bekommen. Wenn man in Rechnung zieht, dachte er, wie besoffen ich war, als ich die schlechte Nachricht hörte, müßte man mir für meine Selbstbeherrschung einen Orden verleihen. Ihn quälte der Gedanke, daß er jetzt auch seine beiden nächsten Aufträge nicht wahrnehmen konnte. Der eine war leicht: ein reicher Mann wollte seinen Landbesitz vergrößern, und Cole sollte einen kleinen Farmer dazu überreden, dem reichen Mann seine paar Morgen zu verkaufen, dann wären er und seine Familie besser dran. Eine solche Aufgabe lag Cole. Er brauchte dabei nur zu reden und dem Mann den Standortwechsel mit glänzenden Zukunftsaussichten schmackhaft zu machen. Normalerweise genügte es, wenn er durchblicken ließ, daß woanders vielleicht Gold zu finden sei. Dann war so ein überarbeiteter Farmer schnell bereit, seinen Pflug im Stich zu lassen.

Der zweite Auftrag war schwieriger. Ein Rancher wollte eine Rinderherde durch das Gebiet eines ihm feindlich gesinnten Mannes treiben und suchte zum Schutz seines Viehs und der Cowboys mehrere bewaffnete Männer.

Wie sollte Cole mit dem Schußarm im Gipsverband diese Aufträge erledigen? Dem ersten Rancher könnte er immerhin sagen, daß es ihm möglich sei, den Auftrag auch ohne Kanone durchzuführen. Aber wenn sich das bewahrheitete, würde es sich schnell herumsprechen. Und dann würden die Rancher bald den Dorfpfarrer zum »Überreden« mißliebiger Farmer einsetzen. Dabei mußte er bei seinen Kunden doch gerade den Eindruck erwecken, daß jeder Auftrag gefährlich wäre und einen Mann mit einem schnellen Schießeisen erforderte.

Und jetzt war er auf Monate hinaus lahmgelegt. Und warum? Nur weil so ein unbedeutendes Weib ihm einige Redensarten an den Kopf geworfen hatte, die seine Gefühle verletzten. Ja, das war der ganze Grund. Er kam sich vor wie ein Grundschüler in der ersten Klasse, der gerade eine schlechte Note für seine Rechenarbeit bekommen hat. Hinzu kam, daß die magere kleine Miß Latham ihn wahrhaftig an seine erste Lehrerin erinnerte. Die war ihm immer wie ein mürrischer alter Bussard erschienen. Sie pflegte ihm und den anderen Schülern auf den Kopf zuzusagen, daß sie dumm wären und es nie zu etwas bringen würden. Miß Latham hatte ihm das Gefühl vermittelt, er müßte ihr etwas beweisen und vielleicht auch sich selbst. Sie hatte ihn dazu veranlaßt, ihr zu zeigen, daß er kein Verbrecher war.

Dazu wirbelten ihm noch weitere unangenehme Gedanken durch den Kopf. War er angeschossen worden, weil seine Sehkraft nachgelassen hatte oder weil seine Reaktionszeit nicht mehr ausreichte? Wenn eins davon zutraf, konnte es nur an seinem fortgeschrittenen Alter liegen.

Er wälzte sich im Bett umher und versuchte, eine bequeme Lage für seinen schmerzenden Körper zu finden. Seinen seelischen Zustand konnte er sowieso nicht verbessern. Dabei schlug er die Augen einen Spalt weit auf. Um ein Haar hätte er einen Schrei der Überraschung ausgestoßen. Denn an seinem Bett stand wie ein stummes Gespenst – Miß Latham.

»Was machen Sie denn hier?« fragte er. Seine Stimme verriet, daß er ihr die Schuld gab. Nur ihretwegen war ihm dieses Mißgeschick zugestoßen.

»Ich wollte mich bei Ihnen entschuldigen«, sagte sie ruhig. Was sie wirklich dachte, war ihr nicht anzusehen. Er war daran gewöhnt, daß die Frauen sich weinend vor Kummer an seine Brust warfen und Dinge sagte wie: »Hilf mir! Hilf mir!« Aber dieses Weib war so kalt wie ein Fisch auf Eis.

»Und mich bei Ihnen zu bedanken«, fuhr sie fort. »Ich weiß nicht, was aus mir geworden wäre, wen Sie nicht eingegriffen hätten.«

Das besänftigte ihn einigermaßen. Und er wollte ihr schon etwas Nettes antworten, als sie plötzlich sagte: »Allerdings hätte mich der Bandit auch nie gepackt, wenn Sie nicht, aus allen Rohren feuernd, in die Bank gestürzt wären. Na ja, es ist wohl in guter Absicht geschehen.«

Cole legte den Kopf wieder aufs Kissen und verdrehte die Augen zur Decke. »Es sieht aus, als ob ich jetzt noch eine Zeit im Fegefeuer verbringen muß, bevor ich in die Hölle komme. Wollen Sie mir helfen, Miß Latham? Dann zeigen Sie mir Ihre Eisenbahnfahrkarte! Ich will mit eigenen Augen sehen, daß Sie schleunigst aus der Stadt verschwinden. Sie fahren hoffentlich sehr, sehr weit weg und so bald wie möglich. Ich habe nämlich noch einen gesunden Arm und zwei gesunde Beine, und ich fürchte, Sie schaffen es, daß ich mir die auch noch breche oder sonst was.«

Sie schien seine Ironie nicht zu bemerken. Denn sie sagte: »Entschuldigen Sie.« Dann wandte sie ihm den Rücken zu, hob den Rock, holte eine Lederbrieftasche aus der Geheimtasche unter dem Rock und entnahm ihr einen Gegenstand, den sie ihm dann reichte.

In dem trüben Licht erkannte er nicht gleich, was es war. Deshalb ging sie ans Fenster und ließ die Jalousie hochschnellen. Cole hatte schon die Bemerkung auf der Zunge, er verfüge noch über ausreichende Sehkraft. Aber dann fiel ihm ein, daß sie ja diesmal gar nichts darüber gesagt hatte.

»Was ist das?« fragte er scharf.

»Meine Eisenbahnfahrkarte.«

»Das sehe ich. Auch daß sie nach Waco, Texas, ausgestellt ist. Aber was zum Teufel ist denn das hier für eine Liste?« Bei den letzten Worten war er laut geworden, was ihm selber mißfiel. An die Fahrkarte angeheftet war eine Liste mit den Namen von gefährlichen, zu allem fähigen Halsabschneidern und Banditen, die ihre eigene Mutter ausrauben würden. Zu seinem Leidwesen war er ihnen allen schon einmal begegnet. Einen davon hatte er sogar erschossen.

»Was haben Sie denn mit diesen Männern zu tun? Und warum ist die Fahrkarte auf Waco ausgestellt? Warum fahren Sie nicht nach Haus, wo immer Sie wohnen mögen?«

»Ich fahre nach Waco, weil ich dort hoffentlich Waco-Kid treffen werde.«

Cole fiel aufs Kissen zurück. »Würden Sie mir vielleicht verraten, was Sie von einem Hundefleisch fressenden Killer wie Waco-Kid erwarten?« Bevor sie noch antworten konnte, schoß ihm ein Gedanke durch den

Kopf, und er fuhr sie funkelnden Auges an: »Sie haben doch nicht etwa vor, *den* zu bitten, daß er Sie heiratet?«

»Aber selbstverständlich«, sagte sie ruhig.

»Man sollte Sie einsperren, wissen Sie das? Man muß Sie ja vor sich selber schützen. Wissen Sie denn, was das für Männer sind, die auf dieser Liste stehen?«

»Nein. Seit meine Schwester mich brieflich von ihrem bevorstehenden Besuch in Kenntnis gesetzt hat, hatte ich nur Zeit, mich über Sie zu informieren, Mr. Hunter. Obwohl Sie manchen Menschen Angst einzujagen scheinen, haben Ihre Kunden, denen Sie mal geholfen haben, Ihnen ein gutes Zeugnis ausgestellt. Ich gehe davon aus, daß die anderen auf der Liste genauso sind wie Sie.«

»Glauben Sie etwa, daß alle Revolverhelden ein Herz aus Gold haben?« Er hatte den Satz etwas anders formulieren wollen – es sollte daraus hervorgehen, daß *er* jedenfalls ein goldenes Herz habe. Doch nun konnte er seine Worte nicht mehr zurücknehmen.

»Ich kann mir nicht vorstellen, daß ein Mann, der seinen Lebensunterhalt mit dem Revolver verdient, überhaupt ein Herz hat. Aber das müssen Sie mit Ihrem Schöpfer abmachen. Vor ihm werden Sie eines Tages Rechenschaft ablegen müssen, nicht vor mir.«

»Lady«, preßte Cole zwischen den Zähnen hervor, »Sie verstehen es, einen Mann so zu beleidigen, daß er nicht mehr weiß, wo oben und unten ist. Sie haben Glück, daß Sie nicht als Mann geboren sind. Denn dann wären Sie keinen Tag älter als 20 geworden. Jetzt sagen Sie mir, was Sie mit dieser Namensliste anfangen wollen!«

»Das geht Sie wohl kaum etwas an, Mr. Hunter. Ihnen schulde ich nur die Bitte um Verzeihung und ... und dies.« Sie hielt ihm einen kleinen, offenbar schweren Lederbeutel hin. Aus dem Gewicht und dem klimpernden Geräusch schloß er, daß der Beutel voller Goldstücke war. Da er keine Miene machte, ihn zu nehmen, stellte sie ihn auf den Nachttisch. »Daß Ihnen etwas zugestoßen ist, war mein Fehler, und ich bezahle immer meine Schulden. Ich glaube kaum, daß ein Mann wie Sie etwas für Notzeiten zurückgelegt hat. Von diesem Geld können Sie so lange leben, bis Sie wieder in der Lage sind, Menschen totzuschießen. Ich kann den Gedanken nicht ertragen, daß Sie meinetwegen auf der Straße oder im Wald hausen müssen.«

Wieder einmal war Cole sprachlos. Es stimmte ja, er hatte nie einen Penny gespart. Warum sollte er auch? In seiner Branche wußte man ja nie, ob man den nächsten Tag erleben würde. Übrigens hatte er seit dem vergangenen Jahr keine große Lust mehr gehabt, immer im Freien auf der Erde zu schlafen. Seitdem sehnte er sich nach einem eigenen Bett. Seit neuestem verspürte er auch den Wunsch nach Besitz. Zum Beispiel nach einem Sessel, der seinem Körper angemessen war. Und vielleicht auch nach einem eigenen Haus, in dem er mehr als die zwei Hemden unterbringen konnte, mit denen er bisher immer ausgekommen war.

Mag sein, daß sie die Wahrheit gesagt hatte. Aber die wollte er jetzt nicht hören. »Ich versichere Ihnen, Miß, daß ich allein zurechtkommen kann.« Der Angriff ist die beste Verteidigung. Er hielt die Liste mit den Namen der Gesetzesbrecher in die Höhe. Selbst wenn sie mit Absicht die schrecklichsten Kerle zusammengestellt hätte, wäre kaum eine schlimmere Liste zustande gekommen.

Mit schneidender Stimme sagte er: »Dieser Mann hier erledigt seine Opfer durch Genickschuß. Wenn Sie ihn in Ihr Haus lassen, stiehlt er Ihnen alles, was Sie haben, und läßt nur Ihre Leiche liegen. Dieser hier sitzt im Gefängnis. Dieser ist schon tot.« Er ließ den Finger weiter auf der Liste wandern. »Der nächste: tot. Dann: tot. Im Gefängnis. Aufgehängt. Und diesen hier habe ich gestern in der Bank erschossen.« Er hob vielsagend die Augenbrauen und sah sie voll an. »Dieser hier ist gemeiner als eine Schlange. Dieser wurde vor einem halben Jahr beim Falschspiel ertappt und erschossen. Nein, nein! Wo haben Sie die Liste nur her? Haben Sie sie von den Fahndungsplakaten abgeschrieben?«

»Ich habe einige Damen in der Stadt gefragt, welches die aufregendsten Männer waren, denen sie mal begegnet sind.«

»Damen?« fragte er. »Wohnen diese Damen zufällig in dem Haus neben dem Saloon zum goldenen Strumpfband?«

»Ja, das stimmt«, sagte sie ernsthaft.

»Man muß Sie wirklich vor sich selber schützen. Warum fahren Sie nicht nach Haus und lassen sich von Ihrer Schwester einen Ehemann besorgen? Schlimmer als diese Männer kann er nicht sein, falls sie ihn nicht direkt unterm Galgen wegholt. Sie dürfen diese Männer nicht in Ihrem vornehmen Haus aufnehmen.«

Mit ausdruckslosem Gesicht nahm sie ihm gemessen die Fahrkarte und die Liste aus der Hand. »Sie haben natürlich recht. Außerdem würde meine Schwester ja sowieso glauben, daß man mich nur des Geldes wegen heiratet. Also hat das alles keinen Zweck.« Sie sah auf ihre Hände, zupfte an den Handschuhen und an dem Kleid, das jeden Quadratzentimeter Haut unterhalb des Halses verhüllte. Auf den Kopf hatte sie sich einen scheußlichen kleinen Hut gestülpt. Er sah aus, als hätte sie ihn aus einer Mission.

»Ach, zum Teufel«, murmelte er. Diese sanfte Frau hatte eine Zunge, die Stahl zerschneiden konnte. Sie ging ihm mächtig auf die Nerven. »So häßlich sind Sie ja nun auch wieder nicht«, hörte er sich sagen. »Wenn

Sie sich ein farbiges Kleid anziehen und einen Hut mit einer blauen Feder aufsetzen, sehen Sie ja vielleicht ganz hübsch aus. Und dann wäre jeder Mann froh, wenn er Sie kriegen könnte. Ich habe schon Frauen gesehen, die waren so häßlich wie 'ne Vogelscheuche. Trotzdem waren sie verheiratet, und sechs Kinder hingen an ihren Röcken.«

Sie lächelte dünn. »Sehr freundlich von Ihnen, Mr. Hunter, aber ich kann mir nicht mal einen Ehemann kaufen.« Ehe er etwas erwidern konnte, fuhr sie mit erhobenem Kopf fort: »Haben Sie vielen Dank für alles, Sir. Ich weiß zu würdigen, was Sie für mich getan haben. Ich verstehe jetzt auch besser, warum meine Schwester so beliebt ist. Es ist recht ... aufregend zu erleben, wie sich ein Held für einen einsetzt. Wenn jemand sein Leben riskiert, um einen zu retten, hat man das Gefühl, ein wertvoller Mensch zu sein.«

Diesmal hatte sie während des Gesprächs nicht Platz genommen, die Tür aber wie beim erstenmal die vorgeschriebenen 15 Zentimeter weit offen gelassen. Jetzt ging sie zur Tür. Mit der Hand auf dem Knopf drehte sie sich noch einmal nach ihm um. Sie bemerkte, daß er ihr nachsah, und Erstaunen malte sich auf ihren Zügen. Das war nicht mehr das übliche eiserne Pokergesicht. Und in diesem Augenblick sah sie beinahe hübsch aus. Rasch trat sie, einem seltenen Impuls folgend, dem sie sonst wohl nie gefolgt wäre, an sein Bett, beugte sich zu ihm hinab und küßte ihn auf beide Wangen. Dann verschwand sie so still, wie sie gekommen war.

3

»Hölle, Tod und Teufel!« fluchte Cole. Er glaubte nur zu flüstern. Doch in Wirklichkeit hatte er so laut gesprochen, daß die Wirtin die Tür aufmachte und in sein Zimmer kam. Sie war eine Witwe und hatte das Haus von ihrem verstorbenen Mann geerbt. Inzwischen hatte sie viele Heiratsanträge bekommen. Doch von einer zweiten Ehe wollte sie nichts wissen. Einmal hatte sie Cole anvertraut, daß es ihr Freude mache, Männer um sich zu haben, mit denen sie sich unterhalten könne. Das sei besser als ein Ehemann, der nachts im Bett umherzapple.

»Was ist denn jetzt schon wieder mit Ihnen los?« fragte sie im Ton einer Frau, die während ihrer Ehe zu der Einsicht gekommen war, daß zwischen einem Mann und einem Kind kaum ein Unterschied besteht.

»Sie können mir ja doch nicht helfen«, murmelte er und drehte ihr den Rücken zu. Es war ihm peinlich zu sagen, daß er sich mit dem rechten Arm in Gipsverband und Schlinge nicht das Hemd und schon gar nicht die Hose zuknöpfen konnte. Mit der linken Hand war er einfach zu ungeschickt. Und dazu hatte er noch im rechten Arm höllische Schmerzen.

Die Wirtin erfaßte sofort die Situation, trat zu ihm und knöpfte ihm Hemd und Hose zu, als wäre er ihr Sohn. Um sein Ansehen zu wahren, reckte Cole das Kinn und machte sich so steif wie sein Revolverlauf. Daher mußte sie sich auf die Zehenspitzen stellen, um an die obersten Hemdknöpfe heranzukommen.

Nachsichtig lächelte Mrs. Harrison zu ihm hoch und dankte Gott, daß sie nicht wieder geheiratet hatte. »Erinnern Sie sich an das kleine Mädchen, das Sie vor ein paar Tagen aufgesucht hat? Das Sie dann später in der Bank gerettet haben?«

»Als Mädchen kann man sie wohl kaum bezeichnen.«

»In meinem Alter kann ich das schon.«

Er schätzte Mrs. Harrison auf unter 45, aber sie gab sich gern für älter aus, weil es ihr dann leichter fiel, den vielen Männern, die sie – und ihr Geld – heiraten wollten, einen Korb zu geben.

Dann verabreichte sie ihm einen mütterlichen Schubs, der ihn in den Sessel beförderte. So konnte sie ihm die Socken und Stiefel anziehen. Cole ließ sich das nur ungern gefallen, denn er glaubte, er könnte es selber. Andererseits gefiel es ihm, daß sie sich so um ihn bemühte. Vielleicht wurde er wirklich alt. Wer hatte ihm das gesagt? Miß Latham natürlich! »Was ist mit ihr?« fragte er schärfer als beabsichtigt.

»Ihre Schwester ist in der Stadt.«

»Rowena?« fragte er überrascht und viel zu neugierig.

»Ja, ich glaube, so heißt sie. Sie kennen wohl die ganze Familie?«

»Ich kenne überhaupt keinen von denen. Und ich bin auch nicht scharf darauf. Die gehen mich nichts an.«

Zu seiner großen Enttäuschung sagte seine sonst so geschwätzige Wirtin kein Wort mehr. Schließlich mußte Cole das Gespräch selbst wieder in Gang bringen. »Ich habe gehört, sie soll sehr gut aussehen.«

Mrs. Harrison unterdrückte ein Lächeln. Ihr war seine Neugier, mehr zu erfahren, nicht entgangen. Sie tat weiterhin so, als erzählte sie ihm alles aus eigenem Antrieb und er hörte ihr nur aus Höflichkeit zu.

»Sie ist bestimmt die schönste Frau auf der ganzen Welt. Sie sollten sie mal sehen. Sie ist heute mit dem Zug gekommen, im eigenen Sonderwagen wohlgemerkt! Im Umkreis von 30 Metern sind die Männer stehengeblieben und haben sie angestarrt. Sie sieht umwerfend aus. Und nett ist sie! Vier Männer sind sich beinahe in die Haare geraten, weil jeder ihre Koffer tragen wollte. Und sie tat so überrascht, als wäre ihr das noch nie passiert! Wie vornehm! Natürlich ist sie nie ein häßliches Entlein gewesen, sonst hätte sie nicht so eine Schönheit werden können. Also müssen sich die Jungs schon immer ein Bein um sie ausgerissen haben.«

Aus irgendeinem unerfindlichen Grund ärgerte Cole sich über diese allzu lange Lobrede auf Rowenas Schönheit. »Ja, ja, ich glaub's Ihnen ja, daß sie schön ist. Aber wie geht es Miß Latham? Sie ist doch bei dem Getümmel nicht etwa zu Schaden gekommen, oder?«

»Sie meinen, daß die Cowboys sie bei dem Streit um die Koffer umgerannt hätten? Beinahe wäre es dazu gekommen, aber der Sheriff ...«

»Was hatte der denn da zu suchen?«

»Er kam wie der Blitz angesaust, um die schöne Frau willkommen zu heißen. Da kommt mir gerade eine Idee. Stellen Sie sich vor, sie hätte einen Hang zur Unehrlichkeit! Sie kommt an einem Ende der Stadt an, und alle eilen hin, um sie zu sehen. Nehmen wir an, sie hätte ein paar Spitzbuben als Partner. Dann wäre es für die doch ein leichtes, die Stadt am anderen Ende auszuplündern und sich ungesehen mit der Beute davonzumachen.«

»Verschonen Sie mich mit Ihren verbrecherischen Ideen! Ich habe mich nicht nach der Horde dummer Cowboys erkundigt, die eine Frau schon für eine Schönheit halten, nur weil sie sauber gewaschen und gekleidet ist. Ich wollte wissen, ob Miß Latham bei dem Banküberfall vor zwei Tagen verletzt worden ist. Sie können sich doch noch erinnern, wie?«

»Ich weiß gar nicht, warum Sie deshalb gleich so unhöflich werden.« Sie hatte ihm gerade den zweiten Stiefel angezogen. Jetzt richtete sie sich auf und warf ihm einen Blick aus dem Augenwinkel zu. »Sie sind wohl in diese kleine Miß Latham verknallt?«

»Ich bin in keine Frau verknallt. Ich frage rein aus menschlichem Interesse, weiter nichts.« Aber er wußte, daß dem nicht so war. Verdammt noch mal, ob er es wollte oder nicht, das kleine Ding tat ihm leid. Wie mußte sie sich neben einer Schönheit wie ihrer Schwester vorkommen? Und was wollte diese Frau hier in Abilene? Konnte sie ihre unscheinbare kleine Schwester nicht in Ruhe lassen? Mußte sie ihr denn durchs ganze Land folgen, damit jeder den großen Unterschied zwischen ihnen beiden sehen konnte?

»Geht's Ihnen auch gut?« fragte die Wirtin.

»Natürlich geht's mir gut«, sagte er grob und wollte seine Uhr in die Tasche stecken. Er fummelte so lange damit herum, daß er sie beinahe fallen gelassen hätte. Er konnte sie gerade noch mit der rechten Hand auffangen, und ein stechender Schmerz durchzuckte seinen Arm.

»Sie sollten lieber wieder ins Bett gehen.«

»Und Sie sollten sich lieber um Ihre Angelegenheiten kümmern!«

Sie richtete sich empört auf. Sie war zwar daran gewöhnt, daß die Männer den ganzen Klatsch aus der Stadt von ihr hören wollten, aber dabei so taten, als interessierte sie das alles nicht. Aber sie hatte keine Lust, sich weiter mit einem so schlechtgelaunten Kerl abzugeben. »Wie Sie meinen«, sagte sie spitz und kräuselte hochmütig die Nase.

4

Cole hob schon die Hand, um an die Tür zur Präsidentensuite zu klopfen, wie der Hotelbesitzer sein bestes Zimmer hochtrabend nannte. Doch er hielt noch einmal inne. Wäre es nicht besser, gleich wieder zu gehen?

Die ganze Sache ging ihn doch überhaupt nichts an. Er hatte mit der scharfzüngigen Miß Latham und ihrer aufdringlichen Schwester nichts zu tun. Vor vier Stunden hatte ihm seine Wirtin erzählt, daß die schöne ältere Schwester der unscheinbaren Miß Latham eingetroffen sei. Seitdem hatte Cole die Leute in der Stadt kaum von etwas anderem reden hören. Immer wieder war ihm versichert worden, daß die ältere Schwester hinreißend und so liebenswürdig sei, als wäre sie sich ihrer Schönheit gar nicht bewußt.

In den beiden Tagen, die Mrs. Rowena Soundso in der Stadt weilte, schien sie bereits mit jedermann Bekanntschaft geschlossen zu haben. Ob Cole einen Laden, einen Saloon oder sogar das Bordell besuchte, überall sprach man von ihr. Nina sagte, sie habe gehört, daß er die jüngere Schwester kenne. »Ich meine diese fade kleine Blondine. Kannst du dir vorstellen, daß eine Mutter zwei so verschiedene Töchter auf die Welt gebracht hat? Kein Wunder, daß sie nach der zweiten Tochter keine Kinder mehr haben wollte.« Cole solle unbedingt für sie herausfinden, wie Rowena ihre Haare pflegte, daß sie so weich und glänzend aussahen. »Weißt du«, sagte Nina, »wenn diese Frau bei uns einsteigen würde, könnte sie Millionen scheffeln. Mach ihr doch mal den Vorschlag!«

Nachdem Cole sich all dieses Gerede einige Stunden lang angehört hatte, stand ihm die begabte Mrs. Rowena bis obenhin. Anscheinend war er der einzige Mensch in der Stadt, der ihr nicht verfallen war. Vielleicht deshalb, weil er der einzige war, der sie verstand. Mit der Schönheit verhält es sich merkwürdig. Ein häßlicher und ein schöner Mensch mochten die gleiche böse Tat vollbracht haben, aber die Tat des Häßlichen wird unweigerlich strenger beurteilt werden. Cole hatte das wieder und wieder erlebt. Er hatte beobachtet, wie die Mitglieder derselben Verbrecherbande, die bei einem gemeinsamen Überfall geschnappt worden waren, zu verschieden langen Haftstrafen verurteilt wurden – abgestuft nach ihrem guten oder weniger guten Aussehen. Als er erfuhr, daß man den alten Ohne-Nase-Wilson endlich festgenommen hatte, wußte er, daß der Mann auf keine Gnade rechnen konnte. Prompt wurde er schon 24 Stunden später gehängt. Dagegen war es dem gutaussehenden Billy Whittier schon dreimal gelungen, mit Hilfe von hübschen Mädchen, die er becirct hatte, den Mühlen der Gerechtigkeit zu entkommen.

Von wegen, sie wäre sich ihrer Schönheit nicht bewußt, dachte Cole. Sie wußte genau Bescheid. Ebenso wie der Hirsch, wenn der Jäger hinter ihm her ist. Oder wie ein Revolverheld, wenn ein Zunftkollege in die Stadt kommt.

Ihm konnte auf diesem Gebiet niemand etwas vormachen. Wer schön ist, weiß es auch. Miß Latham hatte gesagt, man nenne ihn den schönsten Mann von Texas. Ein Titel, den er ihrer Ansicht nach nicht mehr verdiene. Ein Titel übrigens, den er haßte, seit ihn eine Journalistin, die nicht viel besser aussah als Miß Latham, in ihrer Zeitung so genannt hatte. Aber überrascht hatte ihn das keineswegs. Wer mit Schönheit begnadet ist, ist sich dessen immer bewußt. Er erlebt ja ständig, daß die Leute sich nach ihm umdrehen. Als er noch ein Knabe gewesen war, hatten alle weiblichen Wesen über seine schwarzen Locken streichen wollen. Und als er erwachsen war, wollten alle Frauen seinen Körper streicheln.

Nie im Leben war es ihm schwergefallen, eine Frau zu erobern.

Das heißt, bis zu dieser Woche. Zuerst hatte ihm Miß Latham gesagt ... was war es doch gleich? Daß er ein kantiges Kinn habe? Und einen unbarmherzigen Blick?

Aber das spielte ja alles keine Rolle. Ins Gewicht fiel allein die Tatsache, daß sie ihm für einen Auftrag bares Geld angeboten hatte – es war ein unglaublich blöder Auftrag, aber immerhin ... Mit seinem gebrochenen Arm und den aufgekündigten Verträgen war er auf jede Art von Arbeit angewiesen. Er wollte zwar nicht vorgeben, daß er mit ihr verheiratet wäre. Doch sie mußte vor ihrer aufdringlichen Schwester beschützt werden, die erst zufrieden war, wenn sie die begeisterte Aufmerksamkeit aller Männer, Frauen und Kinder in Abilene auf sich vereinigt hatte.

Diese zauberhafte Rowena war also jetzt dabei, die ganze Stadt zu becircen. Und zwischendurch quälte sie ihre schwache kleine Schwester. Nun, schwach war wohl nicht die rechte Bezeichnung für Miß Latham. Doch im Vergleich zu der geltungsbedürftigen Rowena war sie weich wie Wachs.

All dies erklärte aber nicht, warum er jetzt vor Miß Lathams Hotelzimmer stand. Er dachte doch gar nicht daran, ihren Auftrag zu übernehmen. Ein Mann übernimmt keinen Auftrag, bei dem er ständig so tun muß, als ob ... Er war immer stolz auf seine Ehrlichkeit gewesen. Also war es für ihn ausgeschlossen, einen Auftrag anzunehmen, bei dem er zu dauerndem Lügen gezwungen war. Keine Rede von Schießeisen oder Diplomatie, nur eine Lüge nach der anderen.

Als Cole die Hand hob, um anzuklopfen, sah er das Bild vor sich, das ihn erwartete: die kleine Miß Latham, wie sie ihre prachtvolle, faule, verwöhnte Schwester vorn und hinten bediente.

Doch auf den traumhaften Anblick, der sich ihm nach dem Öffnen der Tür wirklich bot, war er nicht gefaßt. Er hatte eine weltgewandte Frau erwartet, die sich in Seide und Spitzen hüllte und ihr Gesicht erstklassig zu schminken verstand. Deshalb war er völlig verblüfft, als er Rowena zum erstenmal sah. Das schöne, feingebildete Gesicht war makellos rein. Die kastanienbraunen Haare – scheinbar kilometerlang – hatte sie im Nacken zu einem dichten Zopf geflochten, der ihr über eine Schulter fiel. Ihre großen Augen waren weder grün noch grau. Sie hatten die Farbe eines Teichs, auf den das Mondlicht fällt. Mit entwaffnender Unschuld sahen sie ihm entgegen.

»Hallo«, sagte sie mit wohlklingender Stimme, in der leichte Neugier anklang. Gleich darauf strahlte sie, gleichsam von innen erhellt, über das ganze Gesicht. »Sie sind doch Mr. Hunter! Sie haben Dorie das Leben gerettet, nicht wahr? Oh, kommen Sie herein! Es ist uns eine Ehre. Bitte, nehmen Sie Platz! Dorie, guck mal, wer hier ist!«

Bisher hatte Cole noch kein Wort gesprochen. Sie nötigte ihn zum Nähertreten und bot ihm einen höchst bequemen Sessel an. Wie aus dem Nichts erschienen ein Glas Whisky und eine Zigarre. Nach wenigen Minuten fühlte er sich wie zu Hause. Ihm war, als hätte er schon immer in diesem behaglichen Luxus gelebt.

Rowena beugte sich beflissen vor. »Wie geht es Ihrem Arm? Der Arzt sagte, es werde lange Zeit dauern, bis Sie ihn wieder voll benutzen können. Ich staune immer noch, daß ein Mann, der so viel zu verlieren hat wie Sie, sein Leben riskiert, um eine Frau zu retten, die er kaum kennt. Dafür kann ich Ihnen gar nicht genug danken.«

Cole ertappte sich dabei, wie er in diese erstaunlichen Augen sah, in denen er zu ertrinken meinte. Als er endlich die ersten Sätze herausbrachte, hörte es sich so an, als wäre er ein grüner Junge. »Nicht der Rede wert. Hätte jeder andere Mann auch getan.« Genüßlich nippte er an dem Whisky. So einen guten hatte er noch nie getrunken. Ob sie ihn aus England mitgebracht hatte? Und die milde Zigarre schmeckte herrlich. In seinem ganzen Leben hatte er sich nicht so behaglich gefühlt.

»Jeder andere Mann?« wiederholte Rowena lächelnd. »Ihre Bescheidenheit ist genauso groß wie Ihre Talente und ihr Mut. Ist er nicht wunderbar, Dorie?«

Rowena trat einen Schritt zurück. So geblendet war Cole von Rowenas Schönheit und ihrer freundlichen Gastlichkeit gewesen, ganz zu schweigen von ihren schmeichelhaften Worten, daß er Miß Latham glatt übersehen hatte. Vorher hatte er sie für grau und langweilig gehalten, aber wie unansehnlich wirkte sie jetzt erst neben dem strahlenden Glanz ihrer Schwester! Nun, im Beisein Rowenas wäre wohl selbst ein Pfau im vollen Schmuck seiner Federn grau erschienen.

Miß Latham ruhte auf einer Couch, einen verbundenen Fuß ausgestreckt. Ein Blick in ihr Gesicht, und Cole kam wieder zur Besinnung. Miß Latham grinste spöttisch! Ihre Miene drückte deutlich aus, was sie dachte. *Habe ich es Ihnen nicht gesagt*? Er erschrak. Auf einmal kam ihm zu Bewußtsein, wie leicht er es der schönen Rowena gemacht hatte, ihn um den kleinen Finger zu wickeln.

Cole dachte daran, sich zu rechtfertigen, obwohl ihn ja keiner beschuldigt hatte. Aber der Blick, den Miß Latham ihm zugeworfen hatte, sprach Bände.

Sofort setzte Cole das Whiskyglas ab, legte die Zigarre hin und setzte sich kerzengerade auf. »Ich wollte mich erkundigen, wie es Miß Latham geht«, sagte er. »Ich hoffe, gut.« Gleich darauf ärgerte er sich, daß er diese Worte an Rowena gerichtet hatte. Was war nur los mit ihm? Er war doch wohl öfter schon schönen Frauen begegnet. Immerhin war an dieser Frau etwas Besonderes. Sie schien gar nicht zu merken, welche Wirkung sie auf andere Menschen ausübte. Sie sah so frisch wie der erste Sonnenstrahl am frühen Morgen aus, so unschuldig wie Tau auf den Wiesen, so süß wie …

Dann hörte er Miß Latham sagen: »Rowena, ich glaube, da hat sich schon wieder jemand in dich verliebt.«

»Sei doch nicht albern, Dorie!« erwiderte Rowena. »Mr. Hunter ist doch deinetwegen gekommen. Sieh mal, er hat ja nur Augen für dich!«

Da fiel es Cole wie Schuppen von den Augen. Miß Latham hatte also recht gehabt: Rowena liebte ihre Schwester heiß und innig. Vielleicht war es ihr noch nicht einmal zu Bewußtsein gekommen, daß ihre Schwester keineswegs so himmlisch schön war wie sie selber. Möglicherweise glaubte Rowena, daß alle Menschen so wären wie sie.

Er wechselte einen kurzen, fragenden Blick mit Miß Latham und wurde mit einem ihrer seltenen schmalen Lächeln belohnt. Es war natürlich blödsinnig, aber dieses Lächeln wärmte sein Herz. Es schien ihn zu einem neuen Menschen zu machen. Rowena hatte ihr schönes Äußeres, aber ihre farblose Schwester hatte Verstand.

»Mrs … entschuldigen Sie, aber ich kenne Ihren Familiennamen nicht.«

»Westlake. Aber sagen Sie, bitte, Rowena zu mir! Ich habe so viel von Ihnen gehört, daß ich das Gefühl habe, sie schon seit langem zu kennen.«

»So?« fragte er, als wäre er sehr überrascht. »Hat Miß Latham Ihnen von mir erzählt?« Sein Selbstbewußtsein hob sich. Offenbar war die jüngere Schwester, die für seinen Geschmack allzu sehr von sich überzeugt war, doch ein wenig von ihm beeindruckt worden, so wie er von ihr.

»Wieso?« antwortete Rowena unschuldig. »Nein, Dorie hat kein Wort über Sie gesagt. Auch nicht von den Vorgängen in der Bank. Ich habe das alles in der Stadt gehört.«

Woraufhin Miß Latham leicht die Brauen hob, um ihm zu verstehen zu geben, daß sie genau wisse, was er eben gedacht hatte.

Verdammt noch mal, diese Frau brachte ihn ständig auf die Palme! »Rowena, warum sind Sie eigentlich hergekommen?« fragte er dann – und ärgerte sich schon wieder. Wie kam er dazu, sie so was zu fragen? Hatte sich ja angehört, als wäre er ihr gestrenger Vater! Dabei verband ihn doch nichts mit Miß Latham. Sie interessierte ihn nicht die Spur. Er hatte zwar mit dem Gedanken gespielt, ihren Auftrag doch anzunehmen. Aber jetzt war ihm klar, daß das nicht ging. Hauptsächlich deshalb nicht, weil er in Gegenwart der kleinen Miß Latham nur auf Mordgedanken kommen würde.

Rowena lachte, was sich sehr hübsch anhörte – er hatte es auch nicht anders erwartet. »Ich bin hergekommen, um dafür zu sorgen, daß meine Schwester endlich einen Entschluß faßt«, sagte sie mit entwaffnender Ehrlichkeit. »Dorie kann das nämlich nicht allein.« Rowena besaß die Fähigkeit, ihren Gesprächspartner zu der Überzeugung zu bringen, daß sie ihm – und nur ihm allein – volles Vertrauen schenkte. »Sie müssen wissen, Mr. Hunter ...«

»Cole«, sagte er.

»Sehr nett von Ihnen«, sagte sie, als hätte er ihr ein wertvolles Geschenk überreicht. Und fuhr fort: »Es gibt einen wunderbaren Mann in Latham – das ist die Stadt, in der wir aufgewachsen sind und wo Dorie immer noch lebt –, der seit Jahren in meine kleine Schwester verliebt ist. Und ich werde alles tun, um ihr die Augen zu öffnen und sie zur Heirat mit ihm zu überreden.«

Cole warf einen Blick auf Miß Latham. Aber sie hatte

den Kopf gesenkt und besah sich irgend etwas an ihrem Rock. Plötzlich war Cole, als gebe es ein Band zwischen Miß Latham und ihm. Es mochte schwach sein, doch war er ganz sicher, daß sie noch keinem anderen Menschen so viel über ihr Leben, über ihre Schwester, diese schöne Frau, die Miß Lathams Geschicke lenken wollte, erzählt hatte wie ihm. Sie hatte auch behauptet, er, Cole, sei ein Held. Er wußte selber, daß er das nicht war. Doch in diesem Augenblick fühlte er sich zu ihrem Schutzengel berufen. Auch wenn Rowena von den besten Absichten geleitet wurde, war es möglicherweise seine Aufgabe, ihre Einmischung zu verhindern.

»Sie haben hoffentlich nichts dagegen, wenn ich Sie etwas frage«, sagte Cole. »Was ist das für ein Mann, den sie Ihrer Meinung nach heiraten sollte?«

»Alfred?« sagte Rowena, und ihre Augen funkelten. »Er ist ein liebenswerter Mann, ein Schatz. Er ist ungefähr 1,63 m groß. Ich weiß, das ist ziemlich klein, aber nicht für Dorie, die ja selber so klein und zierlich ist, nicht so eine große Kuh wie ich. Ich brauchte einen Mann, der weit über 1,80 m ist. Dorie hat es gut, sie kann fast jeden Mann nehmen. Alfred zählt ungefähr 43 Jahre und ...«

»51«, sagte Miß Latham mit gleichgültiger Stimme.

»Ach ja? Nun, auf einige Jährchen kommt es ja nicht an. Der Charakter ist entscheidend, und charakterlich ist Alfred ein Juwel. Im übrigen ist er sozusagen schon zum Ehemann dressiert, denn er war zweimal verheiratet und wurde zweimal Witwer, der arme, liebe Mann, und hat drei Kinder. Dorie liebt aber Kinder abgöttisch, und in dem großen Haus, das Vater ihr hinterlassen hat, ist genügend Platz für alle. Aber wichtiger als alles andere ist es, daß Alfred nach ihr verrückt ist und ihr auf Schritt und Tritt folgt. Die beiden passen fabelhaft zusammen.«

»Wie Salz- und Pfefferstreuer«, sagte Miß Latham angeekelt.

»Dorie, wirklich! Nur weil Alfreds Haare schon stark gelichtet sind und er einige Muttermale auf der Kopfhaut hat, kannst du ihn noch lange nicht mit einem Pfefferstreuer vergleichen.«

Cole verbarg ein Lächeln. Doch als er zu Miß Latham hinüberblickte, war ihm nicht mehr nach Lächeln zumute. Für ihn mochte es ein Witz sein, für sie aber nicht. Daß er sich niemals irgendwo für dauernd niedergelassen hatte und mit 38 Jahren noch ledig war, hatte seinen Grund. Seine Eltern hatten einander gehaßt. Seine Mutter war in einen kleinen Farmer verliebt gewesen. Doch ihr Vater hatte sie gezwungen, einen Mann seiner Wahl zu heiraten, und es hatte nie zwei Menschen gegeben, die sich mehr haßten als seine Eltern. Mit zwölf Jahren war er aus dem Haus gegangen und nie zurückgekehrt. Wenn seine Eltern noch am Leben waren, lagen sie sich bestimmt noch genauso erbittert in den Haaren wie früher.

Wenn er jetzt die zauberhafte Rowena betrachtete, mußte er Miß Latham recht geben: sie konnte sicherlich jeden Mann zu einer Heirat mit ihrer unansehnlichen Schwester bewegen. Da Rowena diese Wirkung schon auf Cole hatte, konnte er sich gut vorstellen, wie groß ihre Wirkung auf einen kleinen, kahlköpfigen Mann sein mußte, den wahrscheinlich in seinem ganzen Leben noch nie eine gutaussehende Frau auch nur angeguckt hatte. Und zweifellos würde Rowena auch die stille kleine Miß Latham davon überzeugen, daß sie diesen Mann, der sie an einen Pfefferstreuer erinnerte, gern heiraten wollte.

Er hob sein Whiskyglas, trank einen Schluck und beobachtete wieder die beiden Schwestern. Auf einmal fand er Rowena gar nicht mehr so schön, wie er anfangs gemeint hatte. Jetzt sah er in ihr so etwas wie eine Despotin. Umgekehrt erschien ihm Miß Latham durchaus nicht mehr so unansehnlich wie zu Anfang. Sie war klug und konnte auch witzig sein, wenn sie wollte. Sie verdiente etwas Besseres als einen dicken Mann, der ihr drei Kinder überlassen und dann losgehen und ihr Geld verschwenden würde.

Nein, er konnte nicht zulassen, daß sie einen Mann heiratete, den sie nicht heiraten wollte. Im Geist sah er seine Eltern vor sich, wie sie sich gegenseitig anschrien. Niemand verdiente ein solches Leben – schon gar nicht die Kinder. Und deshalb konnte Cole jetzt nicht dazu schweigen. Doch womit er herausplatzte, war für ihn selber unglaublich. Er fragte Miß Latham: »Willst du es ihr sagen, meine Liebe, oder soll ich es tun?«

Sie sah ihn verwundert an, denn sie hatte ja keine Ahnung, was er meinte.

»Es werden ja sowieso bald alle erfahren«, sagte er in einschmeichelndem Ton, mit der Stimme eines Verliebten. »So was kann man einfach nicht ewig geheimhalten.« Dann bedachte er Rowena mit jenem Blick, der schon viele Frauenherzen zum Schmelzen gebracht hatte. »Ihre Schwester und ich haben uns nämlich verlobt und wollen heiraten.«

Dorie richtete sich auf. »Nein, bitte, das brauchen Sie nicht zu tun.«

Rowena blickte von einem zum anderen. Cole sah sie trotzig an, während Dorie vor Verlegenheit rot geworden war. Dann lachte Rowena glockenhell. »Dorie, Liebling, man hat mir gesagt, er sei ein Held, aber ich habe nicht geahnt, wie weit das bei ihm geht. Hören Sie, Sie haben Dorie das Leben gerettet, aber das bedeutet doch nicht, daß Sie jetzt bis in alle Zukunft für sie verantwortlich sind. Nein, Dorie fällt unter meine Verantwortung wie früher unter die unseres Vaters.«

Er mußte wohl doch eine ritterliche Ader haben. Denn bei diesen Worten Rowenas sträubten sich seine Nackenhaare. Sie redete ja so, als wäre Miß Latham ein altersschwaches Schoßhündchen, das zwar allgemein beliebt, aber völlig nutzlos war! In Wirklichkeit war Miß Latham alles andere als nutzlos. Sie war so klug wie ein Mädchen vom College. Nicht eine Frau unter tausend hätte verstanden, was er bei dem Banküberfall mit »rollen« gemeint hatte. Sie hatte es nicht nur auf der Stelle verstanden, sondern auch den Kopf oben behalten, sich etwas ausgedacht, womit sie den Banditen ablenken konnte, und dann blitzschnell gehandelt. Und jetzt stellte ihre Schwester sie als ein nutzloses Wesen hin, das man so bald wie möglich loswerden mußte!

»Bitte nicht ...«, begann Dorie.

Doch da schoß Cole in die Höhe, durchquerte rasch das Zimmer, stellte sich neben sie und legte ihr seine gesunde Hand auf die Schulter. »Es ist wirklich so, Mrs. Westlake, Ihre Schwester und ich lieben uns und wollen demnächst heiraten. Sie wird *meine* Frau und nicht die irgendeines anderen Mannes.«

Dorie sah flehend zu ihm auf. »Nein, das können Sie nicht tun. Es war ein Fehler von mir, Sie darum zu bitten.« Dann wandte sie sich an ihre Schwester. »Rowena, glaub ihm nicht! Er lügt. Wann hätte sich denn je ein Mann in mich verliebt?« Und wieder zu Cole: »Was Sie da tun, ist völlig unnötig. Ich hätte nie davon sprechen sollen. Hätte wissen müssen, daß es nicht funktionieren kann. Rowena, laß dir erzählen, was ich angestellt habe! Ich ...«

Cole wußte, daß er sie unbedingt zum Schweigen bringen mußte. Aber wie? Er konnte nicht mitansehen, wie sie sich vor ihrer schönen Schwester erniedrigte. Deren Miene verriet ja deutlich, daß sie nicht eine Sekunde daran glaubte, Cole hätte sich in ihre unbedeutende kleine Schwester verliebt. Ihr hochmütiger Gesichtsausdruck ärgerte Cole maßlos.

»Ich habe Mr. Hunter gebeten, daß er ...« setzte Dorie erneut an. Sie sprach zögernd wie ein Kind, das zugeben muß, gelogen zu haben, und nun seine Bestrafung erwartet.

Ohne zu überlegen, schob Cole seinen gesunden Arm unter Miß Lathams Schulter und zog sie hoch. Sie war ein so kleines Ding, zierlich und zerbrechlich, und wog fast nichts. Er wollte sie ja nur zum Schweigen bringen. Doch da er ihr nicht gut die Hand auf den Mund legen konnte und ihm nichts anderes einfiel, küßte er sie einfach. Es war kein leidenschaftlicher Kuß, nicht mal ein Kuß, wie er ihn sonst austeilte. Zwei Münder prallten nur hart aufeinander.

Sekunden später beendete er den Kuß, drehte sich zu Rowena um und sagte herausfordernd: »Bitte, da sehen Sie selbst ...«

Sein Blick fiel auf die Frau an seiner Seite. Er hielt sie immer noch fest, ihre Füße hingen in der Luft, ihr Körper war so leicht wie eine Puppe, und sie sah ihn aus großen verwunderten Augen an.

Für Cole blieb die Zeit stehen. Er wußte gar nicht recht, was geschehen war. Aber der Kuß, den er dieser Frau gegeben hatte – falls man ihn überhaupt einen Kuß nennen durfte – unterschied sich von allen Küssen, die er je erlebt hatte. Und er hatte Hunderte von Frauen geküßt. Er küßte ja gern und hatte nie eine gebotene Gelegenheit ungenutzt verstreichen lassen, ob in einem Saloon oder hinter der Kirche. Aber dieser Kuß war anders gewesen.

Als wäre Rowena gar nicht anwesend, als wären diese Frau und er die einzigen Menschen auf der Welt, wandte er sich wieder ihr zu und küßte sie richtig.

Dazu zog er sie fest an sich. Sie war gar nicht so mager,

wie er gedacht hatte. Sie hatte nette Rundungen. Und daß sie etwas klein war, gefiel ihm gerade. Sie erschien ihm so winzig, daß er glaubte, sie würde sich in nichts auflösen, wenn er sie kraftvoll an sich drückte.

Er küßte sie also, sanft zuerst, als koste er ihre Frische und Reinheit. Er zweifelte keinen Augenblick, daß er der erste Mann war, der sie je angefaßt, an sich gezogen und geküßt hatte. Entfernt konnte er sich noch erinnern, daß er sie beim ersten Zusammentreffen als stachliges, feindliches Ding empfunden hatte. Das konnte doch nicht dieselbe Frau sein wie dieses weiche, nachgiebige Wesen in seinen Armen! Sie öffnete sich ihm wie keine Frau zuvor. Und in ihrem Kuß lag etwas, das er nicht benennen konnte. Etwas, das er noch nie erlebt hatte. Wenn er es nicht besser wüßte, hätte er es für Liebe gehalten. Aber das war unmöglich. Zwischen ihnen war ja gar nichts.

Jetzt legte er beide Arme um sie. Dabei fühlte er kaum den Schmerz in dem verletzten Arm, der in der Schlinge lag. Mit der guten linken Hand drehte er ihren Kopf zu sich, um ihre Lippen besser zu erreichen und kennenzulernen. Er saugte an ihrer Unterlippe und zog sie in seinen Mund. Wie süß das schmeckte – süßer als bei jeder anderen Frau!

Es mußten wohl mehrere Minuten vergangen sein, bis er Rowenas Stimme vernahm. Aber ihrem Klang war zu entnehmen, daß sie schon längere Zeit vergeblich versucht hatte, seine Aufmerksamkeit zu erregen.

Es fiel ihm schwer, ihr zuzuhören. Nur widerwillig drehte er sich um. Und dann sah er sie wie durch eine Nebelwand, als wäre sie weit entfernt. Noch immer hielt er Dorie in den Armen. Er hatte gar keine Lust, ihren weichen, nachgiebigen Körper loszulassen. Außerdem wäre sie bestimmt hingefallen, so hingegeben hing sie an ihm.

»Meine Güte, na so was!« sagte Rowena in äußerstem Erstaunen. »Ich dachte schon, ich müßte einen Eimer kaltes Wasser über euch beiden ausgießen.« Sie wollte den Vorfall ins Lächerliche ziehen. Doch das mißlang. Die beiden sahen sie nur völlig verwirrt an.

»Ja, also, ich ...« stammelte Cole wie ein Schuljunge. Der Körper in seinen Armen wurde schwerer. Jetzt hätte er Miß Latham getrost absetzen können. Doch er hatte gar keine Lust dazu. Weitere Minuten vergingen, ehe er bemerkte, daß sie die Hände auf seine Schultern gelegt hatte und kräftig dagegen drückte.

»Mr. Hunter«, sagte sie, »lassen Sie mich, bitte, los!«

Cole kam wieder zu Verstand. Auf einmal wurde er sehr verlegen. »Ja, natürlich«, sagte er und ließ Miß Latham wie eine verbotene Frucht fallen. Sie landete mit einem dumpfen Schlag auf dem Sofa. Doch er packte nicht zu, um ihr aufzuhelfen. Vielmehr hätte er fast alles getan, um sie nicht mehr berühren zu müssen.

»Jetzt habe ich gesehen, wie verliebt ihr beide seid«, sagte Rowena. »Ich hatte ja keine Ahnung davon. Dorie, wie konntest du das vor mir geheimhalten? Du hast mich in dem Glauben gelassen, Mr. Hunter hätte dich in der Bank nur gerettet, weil er ein Mann von großem Pflichtbewußtsein ist, ein Mann, der sich für seine Mitmenschen einsetzt, ein Mann, der ...«

»... ein Dummkopf ist«, vollendete Cole, fuhr sich mit der Hand über die Augen, warf einen flüchtigen Blick auf Miß Latham und sah, daß sie genauso verdattert war wie er. Natürlich – da so etwas wie eben noch nicht mal einem Mann mit seiner großen Erfahrung je passiert war, mußte es für sie erst recht ein völlig neues Erlebnis gewesen sein.

»Wißt ihr, was ihr tun solltet?« sagte Rowena in einem Ton, als gäbe es für sie kein Hindernis auf der

Welt. »Ihr solltet euch auf der Stelle trauen lassen. Gleich jetzt.«

Dorie fing gerade an, sich zu erholen. »Rowena, das ist doch lächerlich. Mr. Hunter ...«

»Ja«, hörte Cole sich sagen, »das wäre gut.«

Rowena hörte gar nicht auf die beiden. Für sie gab es überhaupt keine Probleme. »Wir werden sofort zur Kirche gehen und ...«

»NEIN!« Dorie schrie beinahe, sprang von dem Sofa auf und ballte die Fäuste.

»Dorie, dein Knöchel!«

»Rowena, bis auf eine Schürfwunde ist mein Knöchel völlig in Ordnung. Und wegen einer Schürfwunde legt man sich nicht ins Bett.« Sie wandte sich an Cole: »Mr. Hunter, ich entschuldige mich für meine Schwester. Sie mischt sich gern in die Angelegenheiten anderer Menschen ein. Und da ihr Mann und ihre Kinder nicht hier sind, konzentriert sie sich auf mich – und jetzt auch auf Sie.« Sie reckte sich und sah ihm in die Augen. »Es stimmt, daß wir beide über ... über gewisse Dinge gesprochen haben. Aber das ist schon einige Tage her, und inzwischen hat sich die Lage geändert.«

»Was hat sich geändert?« fragte er kurz.

Selbstverständlich hatte sich nichts geändert. Im Gegenteil, es war alles so gekommen, wie Dorie vorausgesagt hatte. Rowena war nach Texas angereist, um ihre langweilige kleine Schwester unter die Haube zu bringen, und dabei ließ sie sich durch nichts beirren. Ob sie Dorie nun einem kahlköpfigen älteren Mann oder einem Revolverhelden zur Frau gab, schien ihr völlig gleichgültig zu sein.

»Rowena«, sagte Dorie leise, »könntest du uns eine Zeitlang allein lassen? Ich habe mit Mr. Hunter zu reden.«

Rowenas lachende Antwort klang in Coles Ohren

vulgär. »Ich weiß nicht recht, ob ich das Liebespaar allein lassen darf. Eigentlich dürfte ich das erst nach der Hochzeit tun.«

Cole war viel zu alt, um sich mit einer Frau rumzustreiten, die so tat, als trüge sie noch Kniehosen und brauchte eine Anstandsdame. Er warf ihr einen Blick von jener Art zu, der schon manchen Mann dazu veranlaßt hatte, den Revolver im Halfter steckenzulassen.

»Ich ... äh, ich gehe mal eben raus«, sagte Rowena und verschwand durch die Tür.

Sobald sie draußen war, ergriff Dorie das Wort. »Mr. Hunter, ich habe mich vor drei Tagen sehr dumm aufgeführt. Es geschah aus panischer Angst. Ich war allein in Latham, und meine Schwester hatte mir brieflich mitgeteilt, sie werde nach Amerika und bis nach Texas kommen, um ›mich mal richtig ranzunehmen‹, wie sie es ausdrückte. Wenn Rowena sich etwas in den Kopf setzt, führt sie es auch aus. Sie schrieb, daß ich mich seit Vaters Tod in dem Haus hinter meinen Büchern vergraben hätte, niemals ausginge und keine Männer kennenlernte, geschweige denn einen Ehemann. Außerdem denkt sie, alles, was sie glücklich macht, müßte auch jeden anderen glücklich machen. Sie fühlt sich wohl als verheiratete Frau. Deshalb setzt sie voraus, daß ich auch gern verheiratet wäre.«

»Eine Heirat ist aber die einzige anständige Möglichkeit, zu den sechs Kindern zu kommen, die Sie sich wünschen.«

»Ach, wissen Sie, ich bin jetzt fast 30. Da ist es zu spät, noch eine Familie zu gründen.«

»Also hatte Ihre Schwester ganz recht. Sie wollen sich wirklich in ihren Büchern vergraben.« Während er das sagte, betrachtete er sie neugierig. Es war schwer, ihr augenblickliches Benehmen mit ihrem Verhalten vor wenigen Minuten in Einklang zu bringen. Jetzt benahm sie sich wieder hölzern steif. Wie ganz anders hatte sie sich gegeben, als er sie in den Armen gehalten und geküßt hatte! War er etwa wirklich im Begriff, senil zu werden? Vielleicht sollte er öfter zu Nina gehen. Doch Nina mit all ihrer Erfahrung, ihrem Gelangweiltsein und ihrer Manie, immer zur falschen Zeit das falsche Wort zu sagen, erschien ihm geradezu schmutzig im Vergleich zu Miß Lathams Frische.

»Es geht weder meine Schwester noch Sie etwas an, was ich mit meinem Leben anfange«, versetzte Dorie scharf.

Da hatte sie allerdings recht. Am besten, er ginge jetzt auch zur Tür hinaus, ohne sich noch einmal umzuschauen. Aber wann hatte er je das getan, was für ihn am besten gewesen wäre? Dann hätte er nicht mit zwölf Jahren von zu Haus ausreißen und nie einen Revolver umschnallen dürfen. Und wenn er diese magere Frau nicht aus den Händen der Bankräuber gerettet hätte, würde er jetzt nicht hier sein, hätte sie nie geküßt und dabei nie diese eigentümlichen Gefühle erfahren.

Irgend etwas an dieser Frau fesselte ihn. Möglich, daß er sich zu viel mit den falschen Frauen abgegeben hatte. Vielleicht waren alle »ehrbaren« Frauen wie Dorie? Ach nein, das konnte er nicht glauben.

Er meinte jetzt, das Problem zu erkennen. Sie war eine Herausforderung für ihn, und einer Herausforderung hatte er sich noch nie entziehen können. Man brauchte nur zu ihm zu sagen: »Cole, das bringst du nie fertig!« Dann sträubten sich seine Nackenhaare – und er tat genau das, was man ihm nicht zugetraut hätte.

Miß Latham schien seine Gedanken lesen zu können. Sie merkte, wie ein Entschluß in ihm reifte und holte tief Luft. Dann sah sie ihn so liebenswürdig an, daß Cole zum zweitenmal dachte: sie ist viel hübscher, als ich angenommen habe.

»Das ist alles sehr nett von Ihnen«, sagte sie, »aber ich muß Sie jetzt bitten, Vernunft anzunehmen. Nach dem, was sich in den letzten Minuten hier abgespielt hat, müssen Sie einsehen, daß wir nicht mal so tun könnten, als wären wir verlobt. Es ist unmöglich.«

Manchmal kam er sich in Gegenwart dieser Frau regelrecht dumm vor. Er hatte keine Ahnung, was sie eigentlich meinte. Er wußte nur, daß er sie liebend gern noch einmal küssen würde. Sollte dieser Kuß vorhin ein einmaliger Glücksfall gewesen sein? »Was ist unmöglich? Und warum?«

»Wir fühlen uns zueinander hingezogen, und das ändert alles. Ich hätte ja nie gedacht, daß zwischen uns solche starken Gefühle entstehen würden. Bisher habe ich Männer, die am Rande des Verbrechens wandeln, nie attraktiv gefunden. Ich kann Ihnen versichern, daß meine … daß unsere plötzlich aufgetretenen Gefühle mich genauso schockiert haben wie Sie. Bei solcher gegenseitigen Anziehungskraft dürfen wir überhaupt nicht daran denken zusammenzubleiben, gleich aus welchem Grund. Das Ergebnis wäre einfach schrecklich.«

Mit großem Verlangen blickte Cole auf das Whiskyglas. Doch leider war es leer. Er brauchte jetzt dringend einen Drink. Wovon in aller Welt redete denn die Frau? »Das Ergebnis?«

»Mr. Hunter«, antwortete sie geduldig, »ich habe bereits zugegeben, daß dies alles ein Fehler gewesen ist. Mein Fehler. Ich habe Ihnen gesagt, daß mich der bevorstehende Besuch meiner Schwester in Panik versetzt hat. Allein aus diesem Grunde habe ich einen Plan in Szene gesetzt, der, wie ich jetzt einsehe, grenzenlos naiv war. Es tut mir leid, daß ich das getan habe, und ich möchte jetzt einen Schlußstrich darunter ziehen.«

»Was für ein Ergebnis?« fragte er erneut. Er verstand

immer noch nicht, wovon sie eigentlich redete. Im allgemeinen verstand er sich doch gut auf Frauen. Schließlich beherrschte er die englische Sprache.

Sie stieß einen Seufzer aus, als wäre sie es leid, daß sie ihm die einfachste Sache von der Welt auch noch erklären mußte. »Als wir ... äh, als wir uns geküßt haben, haben wir sehr stark füreinander empfunden, womit ich nie gerechnet hatte. Denn an dem Tag, als ich Sie in Ihrem Hotelzimmer aufsuchte, habe ich noch nichts dergleichen verspürt. Man kann eine Scheinehe mit einem Mann führen, für den man nichts empfindet. Aber es ist unmöglich bei einem Mann, mit dem man gern ...«

Auf seinen gutaussehenden Zügen war noch immer nicht der leiseste Schein von Verständnis zu entdecken.

»Kinder, Mr. Hunter«, sagte sie herb und zog eine Grimasse. »Kinder. Vielleicht kann ein Mann es nicht verstehen, daß ... daß eheliche Rechte sozusagen nicht nur zum beiderseitigen Vergnügen ausgeübt werden. Bei dem, was Mann und Frau in der Ehe tun, entstehen doch Kinder. Nach unseren Gefühlen bei unserem einzigen Kuß zu urteilen, würden wir, falls wir längere Zeit zusammenbleiben ... nun, wir würden früher oder später zusammen ins Bett gehen. Und ich habe Angst, mit Ihnen ein Kind zu zeugen. Ich kann mir nämlich keinen schlechteren Vater vorstellen als Sie. Das heißt, wenn Sie überhaupt bei mir blieben, was ich bezweifle. Jedenfalls will ich kein Kind allein aufziehen, und ich will auch nicht, daß mein Kind einen Vater hat, der wenig mehr kann, als den Hahn seines Revolvers zu spannen.«

Cole blinzelte sie ungläubig an. »Ist denn kein Whisky mehr da?« fragte er grob. Sie reichte ihm die Flasche. Im Gegensatz zu ihrer Schwester dachte sie gar nicht daran, ihm höflich einzugießen. Sie reichte ihm einfach die Flasche und hatte dabei wieder diesen Lehrerinnenblick, der zu fragen schien: Verstehen Sie, was ich meine?

Es fiel ihm nicht leicht, aber er stellte die Flasche gleich wieder hin. Dann nahm er schwerfällig auf dem Sessel Platz und schaute sie an. Also, schüchtern war sie jedenfalls nicht mehr. Sie hatte nicht gesagt, daß sie ihn haßte und nicht mit ihm ins Bett gehen wollte. Nein, sie ließ keinen Zweifel daran, daß sie nichts lieber täte, als mit ihm ins Bett zu hüpfen. Nur daß sie dann vielleicht ein Kind zeugen würden und er einen verdammt schlechten Vater abgäbe. Soviel ihm bekannt war, hatte noch nie jemand seine Qualitäten als Vater überhaupt in Betracht gezogen. Man hatte seinen Wert als schneller Revolverschütze beurteilt – ja, und als Friedensstifter und gelegentlich auch als Liebhaber, aber noch nie als Vater eines Kindes, das es gar nicht gab.

Vielleicht wurde er wirklich alt. So hatte sich doch noch nie eine Frau verhalten. Er erinnerte sich an Frauen, die schon den Verstand verloren, wenn er ihnen nur die ersten Blusenknöpfe aufmachte. Wenn er eine Frau geküßt und der Blitzstrahl zwischen sie gefahren war wie vorhin bei dem Kuß mit Miß Latham, dann hatten sie nie über die nächsten zwei Stunden hinaus gedacht. Dann gab es keine Beherrschung, keine Überlegung mehr. Nur Leidenschaft. Richtige wilde Leidenschaft.

Aber nicht bei der unbedeutenden kleinen Miß Latham. Die verlor ihre Beherrschung nicht. Sie sagte, sie sehne sich nach Leidenschaft, wolle aber die Folgen vermeiden, und deshalb verzichte sie lieber ganz darauf. Was natürlich, von ihr aus gesehen, vernünftig war. Aber wenn er mal eine vernünftige Frau kennengelernt hatte, dann hatte sie ohnehin kein sinnliches Verlangen, kein Feuer in den Adern gehabt. Sie war aber leidenschaftlich, er hatte es ja vorhin gespürt. Und doch konnte sie sich beherrschen.

»Mr. Hunter, fühlen Sie sich nicht wohl?«

Nein, wollte er sagen. Er fühlte sich tatsächlich nicht wohl. Bevor er diese Frau kennengelernt hatte, war alles in Ordnung gewesen. Aber jetzt begann er an seiner ganzen Lebensführung zu zweifeln. Er mußte prüfen, ob sein Leben wirklich wertlos war. Er war wurzellos, das stimmte. Er hatte ja kein Zuhause. Das hatte er nie gehabt. Nicht daß er je danach Verlangen gehabt hätte. Aber wenn er eins gehabt hätte, wäre er dort bestimmt auch geblieben. Und wenn er je mit einer Frau ein Kind zeugen würde, wäre er auch kein schlechterer Vater als jeder andere. Er würde seinem Kind gern einige Sachen beibringen. Und nicht nur alles, was mit Waffen zusammenhing. Er hatte allerhand im Leben gelernt, und das würde er sicherlich gern weitergeben.

Auf einmal wurde es ihm wichtig, dieser Frau zu zeigen, daß er mehr als ein gewöhnlicher Revolverschwinger war. Oder ein Held. Wenn jemand anders ihn einen Helden nannte, würde ihm das schmeicheln. Doch bei Miß Latham hörte es sich so an, als wäre ein Held ein Mensch ohne Verstand, der nie an die Folgen seiner Handlungen dachte.

»Wie soll ich denn meinen Lebensunterhalt verdienen, solange mein Arm nicht heil ist?«

Erschrocken sagte sie: »Ich habe keine Ahnung. Brauchen Sie Geld? Schließlich ist es ja meine Schuld, daß Sie ... nun, es ist gewiß nicht allein meine Schuld, aber ich fühle mich für Ihre Verwundung mitverantwortlich. Ich kann Ihnen einen Bankscheck geben.«

»Ich will kein Almosen. Ich brauche einen Job.«

Sie lächelte dünn. Mehr bringt sie wohl nicht fertig, dachte er. »Ich werde Sie bestimmt engagieren, wenn ich das nächstemal jemand ermordet sehen möchte.«

Diese Frau ging ihm ständig unter die Haut. So etwas

hatte er noch nie erlebt. »Ich begehe keine Morde«, gab er erbost zurück.

Ihr Mund wurde zu einem dünnen Strich. »Gewiß nicht, solange Sie Ihren Arm nicht gebrauchen können. Mr. Hunter, vor einigen Tagen, bevor das alles geschehen ist, habe ich mit Ihnen über Ihre Zukunft gesprochen. Das hat Sie damals nicht berührt. Dabei habe ich Sie sogar gewarnt, daß Ihnen so etwas einmal zustoßen könne.«

Es kam ihm vor, als wiese seine Mutter ihn zurecht. Was hatte sie ihm immer vorgehalten? *Ich habe dir doch gesagt, daß es dazu kommen wird. Aber nein, du wolltest ja nicht auf mich hören. Du mußtest unbedingt deinen Kopf durchsetzen. Du hörst ja nie auf einen guten Rat.*

Cole fuhr sich mit der Hand über die Augen. Wenn er je einen Mord begehen sollte, dann würde diese Frau das Opfer sein. Aber vorher wollte er ihr noch beweisen, daß er doch etwas wert war. »Miß Latham, Sie haben mir einen Job angeboten, und ich nehme das Angebot an.«

Jetzt setzte *sie* sich hin. »Nein«, sagte sie flüsternd, »das ist ein Irrtum.«

Er fühlte neue Kräfte in sich aufsteigen. »Miß Latham, sagen Sie mir, was tun Sie so den ganzen Tag?«

»Wie bitte?«

»Womit Sie sich die Zeit vertreiben, möchte ich wissen. Was tun Sie, wenn Sie zu Haus in Latham sind? Als Dame im Nähzirkel kann ich Sie mir nicht vorstellen. Sie geben doch sicherlich auch keine Gartenpartys und Teegesellschaften. Was tun Sie in dieser Stadt, die Ihr Vater Ihnen hinterlassen hat?«

Überrascht erwiderte sie: »Offenbar haben Sie auch Erkundigungen eingezogen.«

Das war ja wohl ein Kompliment. Heiliger Himmel, ein Kompliment von diesem mageren kleinen Ding, und schon wurde ihm warm ums Herz! Er nahm sich zusammen und wartete auf ihre Antwort.

»Ich bin Haus- und Grundbesitzerin«, sagte sie, hielt inne, und ihr Gesicht spiegelte gemischte Gefühle wider. Also war sie doch keine vollkommene Pokerspielerin. »Mein Vater hat mir die Stadt Latham hinterlassen, weil Rowena ja reich geheiratet hat. Er hielt es für ausgeschlossen, daß ich je einen Mann kriegen würde, sei er nun reich oder nicht. Deshalb wollte er meinen Unterhalt sicherstellen. Zugegeben, Latham ist nur eine Kleinstadt. Ohne die Eisenbahn würde es sie gar nicht geben. Aber sämtliche Häuser und Geschäfte gehören mir.«

»Sie treiben also Mieten ein?« Ihm war bewußt, daß das eine kleinliche Revanche von ihm war. Sie hatte seine Tätigkeit als wertlos bezeichnet, nun stellte er ihre als läppisch dar.

»Und ich bin Dachdecker, ich höre mir an, warum die Leute ihre Miete nicht bezahlen können, und mache so ungefähr alles in der Stadt, was nötig ist. Wenn ich Ihnen einen Rat geben darf, Mr. Hunter: Sollte Ihnen jemand eine Stadt schenken wollen, nehmen Sie sie nicht an!«

»Ich werde daran denken«, sagte er und lachte. »Diesen Rat hat mir noch keiner gegeben.« Er sah, wie sie mit im Schoß gefalteten Händen dasaß. »Mir scheint, daß Sie einen Mann brauchen, der mehr tut, als Ihnen nur die Schwester vom Leib zu schaffen.«

»Natürlich, das weiß ich«, sagte sie und warf ihm einen Blick zu, der deutlich besagte: sehr intelligent sind Sie aber nicht. »Ich brauche dringend einen Ehemann. Er müßte an meiner Stelle die Stadt Latham übernehmen. Mein Vater war ein Mann, der keine Faulpelze duldete. Er war ...« Sie suchte nach dem treffenden Wort.

»Ein Tyrann?«

»Genau«, bestätigte sie und sah ihn mit funkelnden Augen an. »Er war ein schrecklicher Tyrann. Ich habe ihn geliebt, hatte aber ebenso viel Angst vor ihm wie alle anderen. Außer natürlich Rowena, aber das steht auf einem anderen Blatt. Mein Vater pflegte zu sagen, daß seine beiden Töchter kein Rückgrat besäßen und daß wir zu weich wären. Aber ich würde wenigstens nicht heiraten und damit die Stadt irgendeinem Schuft ausliefern, der es nur auf mein Geld abgesehen habe, wie es Rowena leicht hätte passieren können.«

»Warum nicht?« fragte Cole und wußte sofort, daß es eine alberne Frage war.

»Mein Vater sagte, ich sei zu sensibel, um einen Schuft zu heiraten. Wenn überhaupt, würde ich einen vernünftigen Mann nehmen.«

Er konnte sich nicht helfen, er mußte sie fragen: »Warum heiraten Sie dann nicht Ihren Pfefferstreuer?«

»Alfred könnte überhaupt nicht streng zu den Mietern sein. Ich habe Rowena gesagt, daß Alfred zur Zeit nur deshalb hart arbeitet, weil ihm nichts anderes übrigbleibt. Sobald er mein Geld hätte, würde er keinen Finger mehr rühren. Bei allem Fleiß, den er jetzt zeigt, ist er im Grunde seines Herzens ein ganz fauler Mensch. Ich will einen Mann haben, der meine Arbeit übernimmt und mit den Mietern meines Vaters umzugehen versteht. Dann kann ich zu Haus bleiben.«

»Sie haben Ihr Leben anscheinend bis ins einzelne geplant.«

»Selbstverständlich. Wenn man nicht im voraus plant, läßt man sich treiben. Das kann man wohl in der Jugend tun, aber wir bleiben ja nicht ewig jung.«

Cole wurde es unbehaglich. Er rutschte auf dem Sessel hin und her. »Wenn Sie nichts dagegen haben, möchte ich Ihnen eine persönliche Frage stellen.« Ohne ihre Genehmigung abzuwarten, fuhr er fort: »Haben Sie jemals etwas Unvernünftiges getan?«

»Ja«, sagte sie ohne Zögern. »Ich habe einen Revolverschwinger gebeten, mich zu heiraten.«

Cole zuckte innerlich zusammen und war wieder einmal sprachlos. Er griff in die Tasche und holte eine dünne Zigarre hervor. Aber wegen des verletzten Arms konnte er sie nicht anzünden. Vielleicht war er eitel, jedenfalls war er es gewöhnt, daß Frauen ihn bedienten. Wäre er mit irgendeiner beliebigen anderen Frau im Zimmer gewesen, dann wäre sie bestimmt gleich aufgesprungen und hätte ihm beim Zigarrenanzünden geholfen. Doch Miß Latham blieb sitzen, schaute ihn nur an und dachte gar nicht daran, ihm zu helfen.

Ärgerlich warf er die unangezündete Zigarre auf den Tisch. »Miß Latham, Sie haben recht. Sie haben in allem recht. Ich habe das Gefühl, daß meine Zeit als kaltblütiger Killer sich ihrem Ende zuneigt.« Er machte eine Pause, um ihr Gelegenheit zu geben, ihm zu widersprechen. Aber sie widersprach nicht. »Ich schlage Ihnen ein Geschäft vor. Wenn Sie mir helfen, helfe ich Ihnen.«

»Wie meinen Sie das?«

»Sie sind vor ein paar Tagen zu mir gekommen. Sie wollten ihre Schwester in dem Glauben wiegen, daß Sie schon einen Ehemann hätten. Dann würde sie Sie in Frieden lassen, und Sie könnten in aller Ruhe Ihre Erkundigungen fortführen ... ich glaube, so haben sie es bezeichnet.«

Er wartete ab, bis sie genickt hatte. »Ihre Erkundigungen beziehen sich auf einen passenden Ehemann, der Ihnen das Mieteeintreiben abnimmt, sich die Beschwerden Ihrer Mieter anhört und Ihren Kindern ein zärtlicher Vater ist. Trifft das so ungefähr zu?«

»Ja.«

»Und ich brauche für einige Monate einen Ort, an

dem ich meine Verwundung ausheilen kann. Außerdem könnte ich Geschmack daran finden, einen Beruf zu erlernen.«

»Ich verstehe. Aber wenn man eine Stadt besitzt, ist das noch lange kein Beruf.«

»Vielleicht könnte ich lernen, wie man einen Saloon führt. Danach könnte ich mir dann ein Haus kaufen und mich dort niederlassen.«

»Nein, das würde nicht klappen.«

»Warum nicht?« fragte er.

»Weil ... nun, Sie wissen es doch. Weil wir es nicht lange aushalten würden, uns aus dem Wege zu gehen.«

Cole wollte seinen Ohren nicht trauen. Er hatte noch nie einer Frau nachgestellt. Die Frauen waren immer von allein zu ihm gekommen. Was vermutlich an seinem guten Aussehen lag. Manchmal hatten sie auch so getan, als wären sie ihm »zufällig« begegnet. Was natürlich nicht zutraf. Er brauchte nur in eine Stadt zu kommen, und innerhalb weniger Stunden pflegten sich ein oder auch mehrere hübsche Mädchen auffällig vor ihm zu zeigen. Und jetzt erklärte diese Zwergin – eine Frau, die zugegeben hatte, daß nur ein kleiner, kahlköpfiger Mann mit Muttermalen auf dem Kopf sie zur Frau haben wollte, und auch der nur ihres Geldes wegen –, er, Coleman Hunter, würde sich nicht beherrschen können, wenn er längere Zeit in ihrer Nähe verbringen müsse!

»Glauben Sie mir, Miß Latham«, sagte er voller Ironie, »ich würde mich durchaus beherrschen können!« Und wenn ich an sieben Abenden der Woche in den Puff gehen müßte, dachte er. Wirklich, diese Frau überspannte den Bogen. Zu behaupten, er könne sich in ihrer Nähe nicht beherrschen, das war mehr, als er hinnehmen konnte. Er würde ihr schon zeigen, wie sehr sie sich irrte.

»Und Rowena«, fuhr sie fort, ohne zu ahnen, was Cole dachte, »sagt jetzt, daß sie nicht eher aus Texas abreisen wird, bis sie uns als Eheleute gesehen hat. Das bedeutet: wenn wir unser Scheinverlöbnis vier Jahre aufrechterhalten, wird sie hier vier Jahre ausharren. Meine Schwester mag sanft und weich aussehen, aber sie hat einen eisernen Willen.«

»Wie ist Ihr Vater nur auf die Idee gekommen, seine Töchter wären weichherzig?« murmelte Cole.

In Miß Lathams Augen war also alles, was er wußte, wertlos. Nun, das Leben hatte ihn gelehrt, schnelle Entscheidungen zu treffen. Ihre Worte und seine Verwundung hatten ihn vermutlich veranlaßt, manches in neuem Licht zu sehen. Abgesehen von dem Geld, was er brauchte, was sollte er denn in der Zeit *tun*, bis sein Arm verheilt war?

Ihren ursprünglichen Vorschlag würde sie vermutlich nicht aufrechterhalten. Doch Cole hatte das Schuldgefühl in ihren Augen gesehen, als er seinen verwundeten Arm erwähnte. Er hatte für Frauen immer nur freundliche Gefühle gehegt, aber diese Frau forderte ihn heraus. Rasch beschloß er, die schwachen Punkte auszunutzen, die er an ihr bemerkt hatte. Wenn sie Rowena für eine Tyrannin hielt, dann sollte sie jetzt mal Cole Hunter kennenlernen!

»Na schön, Miß Latham, Sie fühlen sich also für meine Armverwundung nicht verantwortlich«, sagte er mit ironischer Betonung. »Das nennt man wohl christliche Nächstenliebe. Aber Tatsache ist, daß ich nur noch zwei Dollar und 25 Cent besitze.« Das stimmte zwar, aber er war schon häufig pleite gewesen, noch schlimmer als jetzt, und hatte doch immer jemand gefunden, der ihm Geld zum Pokern vorstreckte. Davon hatte er dann leben können. Aber das brauchte sie ja nicht zu wissen.

»Ich finde, Sie sind mir eine Gefälligkeit schuldig.«

»Ich habe Ihnen doch Geld angeboten.«

»Und ich habe Ihnen gesagt, daß ich auf Almosen verzichte. Ich möchte einen bürgerlichen Beruf erlernen.« Das war glatt gelogen. Ebenso gut hätte er sich die Pest an den Hals wünschen können. Er vermochte sich nicht als Geschäftsinhaber zu sehen, auch wenn es ein Geschäft war, in dem er Bier an Betrunkene verkaufte. »Sie könnten mir die Gelegenheit verschaffen, etwas zu lernen, was mir in späteren Jahren zugute kommen wird. Zum erstenmal sehe ich einen Weg, mein bisheriges unwürdiges Leben, in dem ich Menschen töten mußte, hinter mir zu lassen, ein geachteter Bürger zu werden, mich zu bessern und ein Leben zu führen wie normale Menschen. Es ist das erstemal, daß sich mir diese Chance bietet, und entgegen Ihrer Ansicht bin ich kein Dummkopf. Miß Latham, ich will diese Gelegenheit ergreifen!«

Vielleicht habe ich meinen Beruf wirklich verfehlt, dachte Cole. Ich hätte Priester werden sollen oder reisender Verkäufer von Schlangenöl. Oder vielleicht Senator. Zum Teufel, ich kann so viel heiße Luft reden, daß es für einen Präsidenten reicht!

Nur nicht anhalten, wenn du dem Sieg nahe bist! Er ließ sie gar nicht zu Worte kommen, sondern fuhr fort: »Jetzt will ich Sie mal etwas fragen. Wie viele Männer haben Sie schon geküßt?«

Sie sah ihn unsicher an. »N ... nur Sie.«

»Hab ich mir gedacht. Sie bilden sich also ein, uns beide verbände etwas Besonderes, Einzigartiges. Lassen Sie sich von mir gesagt sein: das stimmt nicht. Wenn bei uns Gefühle aufgekommen sind – nun, diese Gefühle entstehen immer, wenn ein Mann und eine Frau sich küssen. Wenn Sie den Pfefferstreuer küßten, würde es Ihnen genauso ergehen.«

Deutlich sah er ihr die Enttäuschung an, auch wenn

sie es zu verbergen suchte. Ihr trauriger Blick hätte ihn fast bewogen, seine Lüge zurückzunehmen. Aber nur fast.

»Worin liegt für Sie das Problem? Sie denken, wenn wir einige Zeit zusammenleben, werde ich mich nicht beherrschen können und unbedingt mit Ihnen ins Bett steigen wollen. Nichts könnte falscher sein.«

Er gab ihr keine Gelegenheit zu einer Erwiderung, sondern spann sein Garn weiter: »Miß Latham, ich mache Ihnen einen geschäftlichen Vorschlag: Heiraten Sie mich auf sechs Monate, und übergeben Sie mir für diese Zeit die Verwaltung Ihrer Stadt! Falls Sie danach feststellen, daß ich meine Aufgabe zu Ihrer Zufriedenheit erledigt habe, geben Sie mir 5000 Dollar. Das reicht für mich, um irgend etwas Neues anzufangen.«

»Wäre es nicht viel einfacher, wenn ich Sie als Geschäftsführer und Mieteneintreiber einstelle?«

Verdammt! Das Weib hatte eine unangenehme Art, ihn zu durchschauen. Er hob eine Braue und sagte lächelnd: »Wenn ich nur Ihr Geschäftsführer bin, wird Ihre Schwester nicht von Ihnen ablassen. Dann können Sie mich ja zur Hochzeit mit Alfred einladen. Werden seine Kinder auch daran teilnehmen? Wie alt sind sie überhaupt?«

»Seine Söhne sind 25, 23 und 20 Jahre alt«, sagte sie.

Diese Mitteilung versetzte Cole einen gelinden Schock. Es dauerte eineig Zeit, ehe er Worte fand. »Sie liegen also nicht mehr in den Windeln«, sagte er leise. Und dachte: Diese kleine Frau ist völlig anders, als ich anfangs geglaubt habe. Bei ihrem ersten Treffen hatte er angenommen, sie brauchte überhaupt niemand, sie könnte gut allein für sich sorgen und mit der halben Welt fertig werden. Aber nun sah er allmählich klarer, was sie bewogen hatte, zu einem Revolverschwinger zu gehen und ihn zu bitten, sie zu heiraten.

Zum Teil war es geschehen, weil sie ihn für einen »Helden« hielt. Mittlerweile haßte er dieses Wort. Doch inzwischen regten sich in ihm Beschützerinstinkte. Ihre Schwester wollte sie mit einem Faulenzer mit drei erwachsenen Söhnen verheiraten. Die vier Männer würden natürlich in ihr Haus einziehen, ihre Stadt übernehmen und ihr ganzes Geld verschwenden.

Aber nun war er des Redens und Streitens müde. Ganz plötzlich empfand er eine gewisse Sympathie mit Rowena. Kein Wunder, daß sie ihre hilflose Schwester nicht allein in dem großen Haus wissen wollte, wo sie allen Frauenausbeutern in diesem Lande auf Gnade und Barmherzigkeit ausgeliefert wäre. Kein Wunder, daß sie bemüht war, ihr einen Mann zu verschaffen, der ihr Beschützer sein würde. Rowenas Irrtum lag nur darin, daß sie diesen alten Kerl mit den erwachsenen Söhnen für den geeigneten Mann hielt.

»Sie werden mich heiraten, ist das klar? Später finden Sie immer noch einen bestechlichen Richter, der die Ehe annulliert. Aber im Augenblick sind wir beide aufeinander angewiesen. Sie brauchen Schutz vor ihrer ›wohlmeinenden‹ Schwester, und ich brauche einen Ort, wo ich meinen Hut an den Haken hängen kann, bis mein Arm verheilt ist.« Er packte sie an den Oberarmen und hob sie hoch, bis ihrer beider Nasenspitzen auf gleicher Höhe waren. »Und sagen Sie kein Wort mehr über Kinder oder Ermorden oder sonstwas! Ich werde Ihre Stadt tadellos in Ordnung bringen. Es sieht doch ganz danach aus, daß man Sie dort übervorteilen will, indem man einfach keine Miete mehr zahlt.«

»Sie wollen sie alle erschießen?« fragte sie außer Atem.

Er ließ sie so überraschend los, daß sie beinahe gestürzt wäre. Wollte sie ihn absichtlich wütend machen, oder tat sie es aus Unbedacht? »Hier!« rief er zornig und schnallte den Revolvergürtel ab. Schmerzen schossen ihm durch den Arm, als er ihn aufzog, und er merkte, daß die Wunde wieder zu bluten anfing. Aber er wäre lieber gestorben, als daß er seine mutige Geste unterlassen hätte. Er wurde schwindlig vor Schmerzen und hielt sich nur durch seine Willenskraft auf den Beinen. Doch er reichte ihr den Gürtel, als brächte er ihr ein heidnisches Opfer dar. »Ich gebe Ihnen mein Schießeisen«, sagte er. »Ich brauche es nicht, um in Ihrer Stadt die Mieten einzutreiben. Und wenn ich versuchen sollte, Sie anzurühren, dann dürfen Sie mich mit meiner Erlaubnis über den Haufen schießen. Sind wir uns jetzt einig?«

Stumm und mit großem Ernst nahm sie den schweren Revolvergurt in Empfang. Sie brauchte eine ziemlich lange Zeit, um sich zu entscheiden. Aber schließlich sagte sie: »Ja«, und das war's dann.

Cole wußte nicht, ob er zufrieden oder entsetzt sein sollte. Doch er ließ sich nichts anmerken. »In Ordnung, dann wollen wir gehen, ja? Ihre Schwester wartet.«

Er reichte ihr den Arm. Sie zögerte noch. Dann aber hakte sie sich bei ihm ein, und sie gingen auf die Tür zu. In der linken Hand hielt Dorie seinen Revolvergurt. Die Halfter schleifte mit einem Ende über den Fußboden.

5

Dorie versuchte den Anschein zu vermeiden, daß sie ständig auf dem Sprung säße. Doch das fiel ihr schwer. In den letzten Tagen hatte sie ihren ganzen Energievorrat verbraucht, und es war ihr fast unmöglich, sich noch länger zu beherrschen. Im Schlafzimmer des Sonderwagens, den irgendein hoffnungslos vernarrter Verehrer

Rowena zur Verfügung gestellt hatte, saß sie am Tisch einem Fremden gegenüber, der jetzt ihr Mann war.

Vor einem Monat hatte sie den Plan einer Scheinheirat mit einem Revolverschwinger ausgeheckt. Damals war er ihr glänzend erschienen. Endlich würde sie einmal alle Welt vor den Kopf stoßen. Sie würde ihre Schwester schockieren, die glaubte, sie in- und auswendig zu kennen. Sie würde ganz Latham schockieren, wo man sie bisher als alte Jungfer verlacht hatte. Beinahe wünschte sie sogar, ihr Vater wäre noch am Leben, dann hätte sie auch ihm einen Schock versetzen können. Aber es stand zu bezweifeln, daß Charles Latham durch irgend etwas zu schockieren gewesen wäre. Er wäre nicht mal schokkiert gewesen, wenn Dorie ihm gesagt hätte, sie wolle eine Raupe heiraten. Er hätte nur nein gesagt. Oder wenn der Präsident der Vereinigten Staaten Dorie zur Frau verlangt hätte, ihr Vater hätte auch dann einfach nein gesagt. Diese Dummheit, so pflegte er zu sprechen, habe er der einen Tochter gestattet, aber der anderen würde er sie nie durchgehen lassen.

So war Dorie mit einem kalten Alleinherrscher statt eines Vaters aufgewachsen. Mit einem Mann, der in seinem Haus und draußen in seiner Stadt keine andere Meinung gelten ließ als die eigene. Das einzige auf der Welt, das ihn milder stimmen konnte, war Rowenas Schönheit.

Charles Latham hatte eine sehr schöne Frau geheiratet und ihr gleich von Anfang an mit den schwersten Strafen gedroht, falls sie ihm je untreu werden würde. Rowena bezweifelte das zwar, aber Rowena hatte ja in einer Welt voller romantischer Wachträume gelebt. Dorie dagegen mutmaßte, daß ihre Mutter nach der Geburt der zweiten Tochter den Tod buchstäblich herbeigewünscht hatte. Ihr Mann hatte ihr bestimmt ausführlich erklärt, wie enttäuscht er sei, daß sie ihm wieder nur eine Tochter und keinen Sohn geschenkt hatte, der seinen Namen weiterführen konnte. Und so war ihr der Lebensmut abhanden gekommen und sie war gestorben.

Ihre Mutter war nicht die einzige, die sich in allem Charles Lathams Willen hatte beugen müssen. So wußte Dorie nach dem Tod ihres despotischen Vaters überhaupt nicht, was sie mit der neugewonnenen Freiheit anfangen sollte. Bisher hatte ihr Vater immer bestimmt, wann sie zu Bett gehen, wann sie aufzustehen und was sie zu essen habe. Er hatte ihr Leben vollständig geplant und geregelt.

Immerhin war ihr klar, daß ihre isolierte Lebensweise, fast ausschließlich in Gesellschaft ihres Vaters, sie ein wenig ... seltsam hatte werden lassen. Rowena hatte es nur ihrer unglaublichen Schönheit zu verdanken, daß sie ein normales Leben führen konnte. Wer so aussah wie Rowena, der brauchte gar nicht aus dem Haus zu gehen, um andere Menschen kennenzulernen – die Leute kamen zu ihr. Ihr Vater konnte noch so sehr dagegen sein, Rowena ließ sich den Verkehr mit anderen Leuten nicht verbieten. Bis Jonathan Westlake auftauchte und sie für immer mit sich nahm.

Aber niemand kam, um Dorie zu besuchen. Kein gutaussehender junger Mann wollte den Zorn ihres Vaters auf sich laden, indem er an die Haustür klopfte und sie zu sprechen wünschte. Der hätte ihn doch nur mit einer Standpauke abgewiesen. Und Dorie besaß ja nicht Rowenas Schönheit. Bei Rowena genügte ein Blick, und ihr Vater schmolz dahin.

Während also Rowena vor Jahren Latham verlassen und sich dem Einfluß ihres Vaters entzogen hatte, mußte Dorie bleiben. In diesem großen, düsteren Haus arbeitete sie als Haushälterin und Sekretärin ihres Vaters. Abends saß sie mit ihm in einem Zimmer. Doch niemals war es zu einem Gespräch oder einer freundschaftlichen Stimmung gekommen. Sie saßen nur stumm da. Er hatte ja gesagt, nachdem zwei Frauen ihn verlassen hätten, werde er es der dritten, verdammt noch mal, auf keinen Fall erlauben. So kam es, daß er Dorie nur ganz selten aus den Augen ließ.

Als er gestorben war, fiel es Dorie schwer, etwas anderes als Erleichterung zu empfinden. Mag sein, daß sie ihn geliebt hatte. Doch solchen »weichen« Gefühle wie Liebe hatte er in seinem Hause nicht gestattet. Charles Latham glaubte an strenge Disziplin in allen Dingen. Rowena hatte einmal die Vermutung geäußert, daß ihr Vater seine Frau wahrscheinlich nur zweimal im Leben geküßt habe – und das zu einer Zeit, als sie noch daran glaubten, daß beim Küssen Kinder entstehen.

Während all dieser Jahre mit ihrem Vater, als Dorie in ständiger Furcht vor ihm und seinem Zorn jede Gefühlsäußerung unterdrückte, hatte sie oft überlegt, was sie unternehmen würde, wenn sie frei wäre – nach seinem Tode also. »Wilde« Dinge hatte sie sich ausgemalt wie Reisen in fremde Länder. Und sie hatte sich vorgestellt, sie würde plötzlich so schön wie Rowena sein und erwachsene Männer ins Zittern geraten, wenn sie nur die Wimpern hob.

Dabei hatte sie übersehen, welche Bürde er ihr hinterlassen hatte: eine ganze Stadt in Ordnung zu halten. Menschen, die sie ihr Leben lang persönlich oder wenigstens vom Sehen her kannte, verwandelten sich über Nacht in Bittsteller, die nur noch die Hand aufhielten. Sie mußte Geld für die Reparatur von Dächern, Veranden und die Reinigung von Abflüssen aufbringen. Ihre Arbeit schien nie ein Ende zu nehmen.

Und als hätte sie nicht schon genügend Ärger am Hals, kündigte ihr Rowena auch noch ihren in wenigen Tagen bevorstehenden Besuch an. Wobei Rowena, die nie etwas verschweigen konnte, unmißverständlich hinzufügte, sie werde nicht eher wieder wegfahren, bis sie für ihre Schwester einen Ehemann gefunden habe.

Natürlich hatte der Angestellte im Telegrafenamt diese Nachricht nicht nur in ganz Latham, sondern auch mindestens bei der Hälfte aller Durchreisenden bekanntgemacht. Es wäre keine Überraschung für Dorie gewesen, wenn inzwischen sämtliche Einwohner von San Francisco darüber informiert wären, daß ihre aufdringliche Schwester ihr einen Ehemann verschaffen wollte.

Dorie liebte ihre Schwester. Doch manchmal fehlte es Rowena an gesundem Menschenverstand. Glaubte sie wirklich, Dorie wäre entzückt, wenn sie das Telegramm las, und würde begeistert ausrufen: »Oh, wie wunderbar, meine Schwester will mich mit einem Mann verheiraten, den ich gar nicht kenne?«

Während Dorie sich noch von dem Schreck erholte und täglich das Gelächter und die spöttischen Bemerkungen ihrer Mieter, ob jung oder alt, mitanhören mußte, schickte ihr die wohlmeinende Schwester ein zweites Telegramm, in dem sie sie aufforderte, Alfred ja nicht vor ihrer Ankunft zu heiraten.

Dies war allerdings Dories Fehler gewesen. Vor zwei Jahren, als ihr Vater noch lebte, hatte Rowena schon einmal aus ihrem schönen Haus in England geschrieben, sie mache sich Sorgen um ihre kleine Schwester. Schon damals hatte sie angekündigt, daß sie nach Amerika kommen wolle, um einen Mann für sie zu finden. Das hatte Dorie zutiefst erschreckt. Denn wenn ihr Vater mit der Möglichkeit rechnete, er könne auch seine zweite Tochter verlieren, würde er ihr das Leben noch schwerer machen. Nach Rowenas Eheschließung hatte er seine jüngere Tochter sowieso schon fast wie eine Gefangene gehalten. Doch im Laufe der Jahre war das Gängelband etwas lockerer geworden. Nun durfte Dorie schon in den Feldern hinter dem Haus spazierengehen und nachmittags mit einem Buch am Flußufer sitzen. Und wenn ihr Vater die Mieten eintrieb, nahm er sie im Wagen mit. Tatsächlich hatte sich das Verhältnis zwischen Dorie und ihrem Vater mit jedem Monat nach Rowenas Hochzeit gebessert. Nicht daß sie Gespräche miteinander geführt hätten. Aber sie waren doch nicht mehr in dem Maße Gefangene und Wächter wie vorher.

Doch wenn Rowena ihren Kopf durchsetzte und zurückkam, um ihren Vater zum Einverständnis mit einer Eheschließung Dories zu zwingen, würde er Dorie inzwischen das Leben zur Hölle machen. Andererseits hätte Dorie nur zu gern Rowena freien Lauf gelassen, wenn sie wirklich daran hätte glauben können, daß sie ihr einen fabelhaften Ehemann verschaffen würde. Doch sie kannte Rowenas Geschmack. Sie neigte zu Dichtertypen mit zerknitterten Hemden, die so blödsinnige Dinge von sich gaben wie: »Das Leben ist eine Landstraße, auf die sich nur wenige Menschen begeben.« Bei solchen sinnlosen Sätzen bekam Rowena weiche Knie. Dorie hatte ihr schon tausendmal erklärt, daß es gar nicht ihr Verdienst gewesen sei, einen so starken und intelligenten Mann wie Jonathan für sich gewonnen zu haben. Vielmehr habe Jonathan sie ausgewählt, sei ihr auf Schritt und Tritt gefolgt und habe sie regelrecht belagert, bis Rowena weich geworden war und ihm das Jawort gegeben hatte.

Dorie fürchtete nun, Rowena würde ihr einen Mann aufdrängen, der Sherry trank und am kleinen Finger einen Ring trug. Aus reinem Selbstschutz begann sie ihr Briefe zu schreiben, in denen zu lesen war, daß sie einen Mann aus Latham zu heiraten gedenke. Leider hatte sie versäumt, einen solchen Mann zu erfinden. Ein Mann, der nur in ihrer Phantasie bestand, konnte ja jederzeit bei einer romantischen Tragödie den Tod finden und Dorie in schwarzem Trauergewand zurücklassen. Statt dessen hatte sie einen Mann erwähnt, den Rowena genauso gut kannte wie sie selbst: Alfred Smythe. Als Dorie mit dem Briefeschreiben anfing, war Alfreds zweite Frau gerade gestorben. Wenn ihr Vater und sie an seinem Haus vorbeifuhren, sah Alfred, der in Dories Augen so alt wie ihr Vater war, sie immer so an, als überlege er, ob sie seine Nr. 3 werden könne.

Von da an hatte die Sache immer deutlichere Formen angenommen. Zu ihrer großen Überraschung merkte Dorie, daß sie ein Talent zum Fabulieren besaß. Vielleicht weil sie selber nichts Nennenswertes erlebte, konnte sie sich auf dem Papier ausleben. Sie erfand für Rowena eine große romantische Liebesgeschichte mit Alfred. Und je mehr sie darüber schrieb, um so begeisterter war Rowenas Reaktion. Was wiederum dazu führte, daß Dorie ihre Erzählungen immer ausschweifender gestaltete. Sie stellte Alfred in glänzenden Farben dar, schilderte seinen stolzen Gang und behauptete, daß er ein gefährlicher Mann wäre. Äußerlich sei er zwar nur ein Ladeninhaber, doch in Wirklichkeit wäre er in allerlei tollkühne und gefahrvolle Unternehmungen verwikkelt. Für Dorie bestand Tollkühnheit allerdings schon darin, wenn sie sich eine Stunde lang den Blicken ihres Vaters entzog. Daher schilderte sie auch nie genau, was Alfred denn nun Wagemutiges betrieb. Andeutungen konnten ja viel aufregender sein als eingehende Beschreibungen.

Doch dann wurde Rowena es müde, auf eine Vermählungsanzeige Dories zu warten, und teilte ihr brieflich mit, sie werde nach Amerika kommen und die Hochzeit selber ausrichten. Sofort schrieb ihr Dorie zurück, sie habe sich von Alfred getrennt, Rowena brauche also nicht mehr zu kommen. Woraufhin Rowena jenes Telegramm schickte, durch das ganz Latham erfuhr, daß sie für ihre Schwester, der man das Herz gebrochen hätte, einen neuen Mann suchen werde und demnächst eintreffe. Dorie antwortete unverzüglich mit einem Telegramm, das besagte, sie werde Alfred nunmehr doch heiraten, so daß Rowenas Besuch sich erübrige. Damit nicht wieder die ganze Stadt davon erfuhr, ließ sie das Telegramm durch einen Zugschaffner gegen Bezahlung auf dem nächsten Bahnhof aufgeben. Dorie plante sogar, Hochzeitseinladungen drucken zu lassen und eine an Rowena zu schicken, wobei aus dem Datum hervorgehen sollte, daß die Eheschließung bereits erfolgt wäre. Aber da hatten sich ihre früheren Briefe schon als Bumerang erwiesen. Rowena schickte ihr zweites Telegramm, in dem sie ihre Teilnahme an den Hochzeitsfeierlichkeiten ankündigte.

Nach dem Erhalt des zweiten Telegramms geriet Dorie in Panik. Was sollte sie nur tun? In ihrer Art war Rowena ein genauso großer Tyrann wie ihr Vater. Und Rowena brauchte nicht mal Gewissensbisse darüber zu empfinden, daß sie Dorie zur Ehe zwang. Denn die hatte ihr ja all die von leidenschaftlichen Formulierungen wimmelnden Briefe geschickt. Rowena glaubte daher, daß Dorie diesen schrecklichen kleinen Alfred Smythe wirklich liebte.

Als einziger Ausweg fiel Dorie ein, jemand anders zum Mann zu nehmen. Es mußte aber jemand sein, der Rowenas Sinn für Romantik Genüge tat. Sonst würde sie ja kaum glauben können, daß sich Dorie so rasch nach ihrer großen Leidenschaft für Alfred schon wieder verliebt hätte.

Dorie war nicht umsonst ihres Vaters Tochter. Einen Ehemann zu ergattern hieß für sie, ihn zu kaufen. Ungefähr so wie ein neues Paar Schuhe. Ihr Vater hatte ja seine Frau auch gekauft. Er war zur Ostküste gefahren und hatte die Zeitungen nach Meldungen über Bankrotte durchgesehen. Sobald er einen Bankrotteur mit einer attraktiven Tochter gefunden hatte, zahlte er dessen Schulden und heiratete die Tochter.

Also plante Dorie, einen Mann zu heiraten, der dringend Geld brauchte. Allerdings mußte es einer sein, der eine gewisse romantische Aura besaß. Sonst würde ihre Schwester sie doch nicht in Ruhe lassen. Tagelang stellte sie eine Liste geeigneter Männer zusammen. Durch Zufall erfuhr sie, daß der Schmied in Latham einen davon kannte, den man allgemein für einen Killer hielt. Doch der Schmied versicherte Dorie, Cole Hunter habe ein ausgesprochen weiches Herz. Cole sei sich dessen zwar nicht bewußt, und er könne schneller ziehen als jeder andere. Aber die »echten« Killer machten ihre Witze über sein weiches Herz.

»Er ist voller Güte«, behauptete der Schmied. »Ihm kommen immer die Tränen, wenn er jemand umlegen muß.«

Eine gute Nachricht für Dorie. Sie beschloß, ihn zu bitten, in eine Scheinehe einzuwilligen.

Sie suchte ihn in Abilene auf. Leider war er ganz anders, als sie nach der Schilderung des Schmieds erwartet hatte. Und das Schlimmste war, daß er sie offenbar überhaupt nicht leiden konnte. Dies allerdings überraschte Dorie nicht. Sie hatte ja nie Erfolg bei Männern gehabt. Eigene Erfahrungen besaß sie ohnehin nicht. Aber als Rowena noch in Latham gewohnt hatte, war sie einigen Jünglingen begegnet, die ihre prachtvolle Schwester besucht hatten. Das war jedesmal eine Katastrophe gewesen.

Rowena war gezwungen, ihr einzuschärfen: »Dorie, du darfst Charles Pembroke nicht sagen, daß er die Intelligenz einer Mohrrübe besitzt und sich wie ein Elefant im Porzellanladen benimmt!«

Eine Zeitlang hielt Dorie gehorsam den Mund und beobachtete Rowena nur – um von ihr zu lernen. Doch was ihre Schwester da trieb, fiel ihr mächtig auf die Nerven. Rowena machte ein Getue um jedes männliche Wesen, das sie traf, mochte der Kerl auch noch so blöde und abstoßend sein. Dorie fand das unehrlich, und Aufrichtigkeit stand für sie an oberster Stelle.

So kam es dazu, daß Rowena verheiratet war und zwei hübsche Kinder hatte, während Dorie allein in einem großen, düsteren Haus saß und fremde Leute finanziell unterstützte. Warum Männer lieber angelogen werden wollten, als die Wahrheit zu hören, konnte Dorie immer noch nicht begreifen.

Aus diesem Mr. Hunter wurde sie überhaupt nicht klug. Bei ihrem ersten Besuch konnte sie seine Reaktion noch einigermaßen verstehen. Ihm mißfiel eben wie allen Männern ihre Aufrichtigkeit. Rowena hätte ihm mit schönen Lügen geschmeichelt, und er hätte ihr bestimmt bald aus der Hand gefressen. Aber Dorie hatte ihm die Wahrheit gesagt, und da hatte er ihr zu verstehen gegeben, daß er sie nicht ausstehen könne.

Dorie fühlte sich dadurch verletzt, denn eigentlich gefiel er ihr ganz gut. Warum, wußte sie selber nicht. Vielleicht war es die Aura des Helden, die sie anzog. Als er sie aus den Händen des Bankräubers gerettet hatte, kam sie sich wie eine Heroine aus jenen Romanen vor, die ihr Vater in seinem Hause nie geduldet hatte.

Doch Mr. Hunter teilte ihre Gefühle nicht. Als sie ihn wieder aufsuchte, um sich zu entschuldigen, war er nicht nur ärgerlich wie beim erstenmal, sondern ausgesprochen wütend geworden.

Aber dann erschien er in ihrem Hotelzimmer und wollte sie plötzlich doch heiraten. Vielleicht unter dem Einfluß von Rowenas Schönheit. Anders konnte sie sich seinen Sinneswandel nicht erklären. Solange er nur sie kannte, entwickelte er eine herzhafte Abneigung gegen sie. Nachdem er Rowena gesehen hatte, wollte er sie plötzlich zur Frau haben.

Na gut, was machte das schon aus? Es war sowieso nur für eine begrenzte Zeit. In sechs Monaten würde er seine 5000 Dollar in Empfang nehmen und verschwinden. So dumm war Dorie nicht, ihm zu glauben, daß er den »Beruf« eines Mieteneintreibers erlernen wollte. Er wollte nur das Geld haben – und vielleicht eine Möglichkeit, sich Rowena zu nähern. Das wollten ja schließlich alle Männer. Danach würde Dorie ihn los sein. Eine perfekte Abmachung also.

Nun saß sie ihm gegenüber an dem kleinen Tisch. Hinter ihnen stand das riesige Bett. An Dories Finger prangte der schwere Trauring – ein Geschenk Rowenas. Sie stocherte auf ihrem Teller herum. Es dauerte eine ganze Weile, bis sie bemerkte, daß Mr. Hunter etwas zu ihr gesagt hatte.

Sie schaute hoch. »Wie bitte?«

»Ich habe gesagt, wenn du einen Ehemann haben willst – einen richtigen, meine ich –, dann müßtest du dich bemühen, etwas charmanter zu sein.«

Dorie blinzelte verwirrt. Charmant! Dieses Wort kannte sie nur in Verbindung mit Rowena, die so charmant war wie eine gute Fee. Sonst wußte sie nichts damit anzufangen.

Seit der kaltherzigen Farce, die sich Trauungszeremonie nannte, fragte sich Cole, worauf in aller Welt er sich da eingelassen hatte. Er hatte sich nie für eine romantische Natur gehalten, aber diese rasche, oberflächliche Prozedur mit einem Priester, der nur an seinen gedeckten Abendbrottisch dachte, war nicht das, was er sich unter einer Trauung vorstellte. Die Braut mußte doch ein hübsches Kleid tragen und Blumen in der Hand haben, oder? Hieß es nicht immer, daß eine Hochzeit für Frauen ein ganz besonderes Ereignis ist? Und vom

Bräutigam erwartete man, daß er so tat, als ließe ihn die ganze Sache kalt, im Inneren aber doch an dem Blumenduft und an der spitzenübersäten Braut Gefallen finde.

Seit der Trauung hatte er kaum ein Wort gesprochen und alles dieser herrschsüchtigen Schwester Dories überlassen. Nach wenigen Stunden in Rowenas Gesellschaft war es Cole aufgegangen, daß sich unter ihrem schmeichelnden, honigsüßen Gehabe ein stählerner Wille verbarg. Unablässig scharwenzelte sie um ihn herum. Wenn er ihr geglaubt hätte, müßte er sich für den klügsten, tapfersten und bestaussehenden Mann auf diesem Planeten halten. Doch während sie ihm Schmeicheleien sagte, sorgte sie dafür, daß Dories Hochzeit auch wirklich zustande kam. Sie ordnete an, wo sie stattfinden sollte, wo Dorie und er die Flitterwochen zu verbringen und wann sie nach Latham zurückzukehren hätten. Rowena bestellte das Hochzeitsessen und ließ ihre Reisekoffer packen. Doch als sie am Schluß der Trauungszeremonie sagte: »Dorie, jetzt darfst du ihn küssen«, da riß bei Cole der Geduldsfaden.

»Sie ist jetzt meine Frau«, sagte er mit jener leisen, drohenden Stimme, die er immer anwandte, wenn er meinte, einen Falschspieler ertappt zu haben. Eins mußte man Rowena lassen: sie wußte, wann sie den Rückzug anzutreten hatte. Fortan traf sie keine Anordnungen mehr, sondern trat höflich beiseite und lächelte so zufrieden, als wäre alles ihr Werk gewesen.

Jetzt war er also mit einer Fremden allein, die seine Frau war und doch wieder nicht. Auf einmal spürte er das Verlangen, sie näher kennenzulernen. War sie nun so hart, wie sie ihm beim ersten Zusammentreffen erschienen war? Oder war sie so weich, wie sie ihm danach manchmal vorgekommen war? War sie berechnend oder unschuldig? Wollte sie den anderen mit ihrer spitzen Zunge absichtlich verletzen, oder war ihr gar nicht bewußt, was sie tat?

Ohne von ihrem Teller aufzublicken, sagte sie: »Ich weiß nicht recht, wie man das macht, charmant zu sein. Das habe ich immer meiner Schwester überlassen.«

Über Rowenas Charme hatte Cole seine eigenen Ansichten. Er fand ihn viel zu dick aufgetragen. Jetzt sah er Dories Scheitel vor sich und dachte: Ich habe sie noch niemals richtig lächeln sehen. Kann sie überhaupt lächeln? Und falls ja, wie mag sie dann aussehen?

Er setzte sich aufrecht wie ein Lehrer vor seiner Schulklasse hin. »Passen Sie gut auf, Miß Latham ... äh, Mrs. Hunter!« Irgendwie fand er es nett, daß sie jetzt seinen Namen trug. »Ich erteile Ihnen jetzt Unterricht in Charme.«

Sie blickte überrascht auf.

»Nehmen wir an, du bist mit einem Mann allein und möchtest gern mit ihm ins Gespräch kommen. Was sagst du dann? Antworte!«

Ihrer Miene nach zu urteilen, nahm sie die Sache völlig ernst. »Was tut *er* denn?«

»Er tut gar nichts. Fast überall auf der Welt ist der gesellschaftliche Verkehr Sache der Frau. Der Mann ist stark und schweigsam, und die Frau muß ihn aus der Reserve locken.«

»Ach so«, sagte Dorie. Das hatte sie noch nicht gehört. Doch es erklärte einiges, was sie bisher nicht verstanden hatte. »Aber ich wollte eigentlich wissen, womit der Mann seinen Lebensunterhalt verdient. Vielleicht läßt sich daran ein Gespräch anknüpfen.«

»Gute Idee. Der Mann ist Farmer.«

»Na, dann frage ich ihn, wie seine Ernte ausgefallen ist.«

»Hmmmm«, machte Cole. »Das kannst du bei einem

Farmer machen, der so alt ist, daß er dein Vater sein könnte. Aber wenn es sich nun um einen jungen, gutaussehenden Mann mit breiten Schultern handelt?«

In Dories Augen blitzte der Schalk auf. »Wir breit sind denn seine Schultern?«

Cole blieb todernst. Mit den Händen deutete er an: »Ach, ungefähr so. Nein, so breit!«

Dories Augen funkelten stärker. »Mr. Hunter, es gibt keinen Mann, der so breite Schultern hat.«

Betroffen schaute Cole von seinen ausgestreckten Händen auf seine eigenen Schultern. Er hatte genau deren Breite angezeigt! Schon wollte er sie darauf aufmerksam machen. Da las er ihr an den Augen ab, daß sie ihn nur necken wollte. Na schön, dachte er, das werde ich ihr heimzahlen.

»Ich habe mich geirrt. Dieser Mann neben dir ist kein Farmer, sondern ein berühmter Friedensstifter.«

»Friedensstifter? Du meinst, ein Revolverschwinger? Ein Killer? Ein ...«

Jetzt machte Cole ein sehr ernstes Gesicht. »Mrs. Hunter, würden Sie bitte beim Thema bleiben? Ich erteile Ihnen hier Unterricht in Charme. Und bisher haben Sie mir noch nicht bewiesen, daß Sie auch nur die Bedeutung dieses Wortes kennen.«

»O doch. Charme bedeutet lügen.«

Cole war baff. »Charme bedeutet lügen?«

»Jedenfalls bei Rowena.«

»Gib mir ein Beispiel!«

Dorie wollte gerade erwidern, daß sie ihm nicht vormachen könne, wie Rowena zu lügen pflegte. Aber da fiel ihr ein, daß sie ihre Schwester ja oft genug dabei beobachtet hatte. Sie mußte also imstande sein, Rowena nachzuahmen.

Sie stützte die Ellenbogen auf den Tisch und beugte sich über den Teller weit vornüber, so daß ihr Gesicht dicht vor seinem war. Dann klapperte sie mit den Wimpern. »Oh, Mr. Hunter, ich habe schon so viel von Ihnen gehört! Man hat mir gesagt, wie klug Sie sind, wie erfolgreich Sie Streitigkeiten schlichten und ohne fremde Hilfe ganze Städte von Verbrechern säubern. Meine Güte, Sie müssen mir schon verzeihen, daß ich Sie so anstarre, aber Sie sind ja ein bedeutender Mann. Es ist nämlich so: Ich habe Daddy gebeten, daß er mir einen Saphir schenkt. Er soll die Farbe Ihrer Augen haben, und ich konnte dieses tiefe Blau noch nirgendwo finden. Vielleicht könnten Sie mich beim nächstenmal zum Juwelier begleiten. Dann kann ich dem Mann *zeigen*, welches Blau ich meine.«

Dorie lehnte sich wieder zurück und kreuzte die Arme vor dem Busen.

Einen Augenblick brachte Cole kein Wort heraus. Sie hatte sich natürlich über ihn und ihre Schwester lustig gemacht. Aber, verdammt noch mal, es hatte ihm gefallen, was sie über ihn gesagt hatte. Am liebsten hätte er sich das blanke Messer vorgehalten, um darin seine Augen zu sehen.

Doch er sah ihr an, daß sie genau wußte, was er dachte. Und das hielt ihn davon ab. 2:0 für sie, dachte er.

»Lügen«, sagte er, »Lügen sind abscheulich. Du weißt doch, daß auch Männer lügen, nicht wahr?«

»Bei Rowena nicht. Da haben sie es gar nicht nötig. Wenn sie ihr vorschwärmen, wie schön sie ist, brauchen sie doch nicht zu lügen.«

»Wahrer Charme ist frei von Lügen.«

»Von wegen! Rowena ist Expertin in Charme, und sie lügt nur.«

»Dann ist es nicht der wahre Charme. Sie becirct die Männer durch ihre Schönheit. Aber was ist, wenn ihre Schönheit verblüht? Kein Mann achtet auf Lügen, wenn sie von unschönen Lippen fließen.« Sie hörte ihm jetzt aufmerksam zu. Anscheinend gefielen auch ihr Lügen, wenn sie sich nur so anhörten, als wären sie wahr.

»Ich werde dir jetzt wahren Charme vorführen. Gib mir deine Hand!«

Sie tat es nicht, sondern hielt die gefalteten Hände weiter dicht am Körper. »Wenn du mir jetzt lauter blödes Zeug über meine herrliche Schönheit erzählen willst, habe ich kein Interesse.«

»Traust du mir solchen Unsinn zu? Los, gib mir jetzt deine Hand!« Verdammt noch mal, diese Frau setzte ihm aber zu! Mit Sicherheit gab es keine andere Frau auf der Welt, die sich weigern würde, bei ihm Unterricht in der Kunst der Verführung zu nehmen. Vor allem, wenn der Verführer ihr eigener Mann war.

Zärtlich nahm er ihre Hand in seine. Bei einer anderen Frau hätte er sich vorsehen müssen, sie nicht zu erschrecken. Aber gab es überhaupt etwas, das dieses kleine Wesen erschrecken konnte? Er hob ihre Hand an sein Gesicht, drückte aber keinen Kuß darauf, sondern legte sie an seine Wange. »Wissen Sie, was mir an Ihnen gefällt, Mrs. Hunter?« Ohne ihre Antwort abzuwarten, fuhr er fort: »Mir gefällt, daß Sie so ehrlich sind. Mein ganzes Leben lang habe ich mir immer nur Komplimente anhören müssen. Die Männer sagen ausschließlich angenehme Dinge zu mir, weil sie Angst vor mir haben. Und die Frauen sind so hingerissen von meinem blendenden Aussehen, daß sie in meiner Nähe wie die Kätzchen schnurren.« Er rollte die beiden R in dem Wort »schnurren« so seidenweich, daß Dorie die Augen weit aufriß.

»Es ist ein Erlebnis, endlich mal eine Frau kennenzulernen, die mir gegenüber völlig ehrlich ist. Die mir auf den Kopf zusagt, daß ich noch vieles lernen muß. Und es ist wie ein frischer Wind, wenn sie meinen Verstand herausfordert. Du erweckst in mir den Wunsch, harte Arbeit für dich zu verrichten. Ich möchte dir beweisen, daß ich auch Arbeiten erledigen kann, die du mir nicht zutraust.«

Er führte ihre Hand an seine Lippen und küßte die einzelnen Fingerknöchel. »Und was Schönheit angeht, so spürt man bei dir gewisse Funken, mit denen deine Schwester nicht aufwarten kann. Sie ist eine vollerblühte, üppige, glanzvolle Rose. Du bist ein süßes, scheues, zartes und doch kräftiges Veilchen. Deine Schönheit erschließt sich nicht jedem auf den ersten Blick. Sie ist von feinerer Art. Man muß ihr nachspüren, und das ist viel mehr wert.«

Dorie saß ganz still da, und bei jedem seiner Worte wurden ihre Augen größer. Ein Prickeln stieg von ihrer Hand den Arm hinauf und verbreitete sich im ganzen Körper.

Plötzlich ließ er ihre Hand los. »So«, sagte er, »das verstehe ich unter Charme ohne Lügen.«

Dorie schüttelte den Kopf, um wieder klar denken zu können. Dann sagte sie: »Für mich sind das charmante Lügen.«

»Und was meinst du, ist wahr?«

»Daß du mich für einen unangenehmen, lästigen Menschen hältst. Allerdings bin ich nicht nur lästig, sondern auch reich, und du brauchst Geld.«

Noch niemals hatte Cole sich so beleidigt gefühlt. Sie behauptete also, er hätte sie allein ihres Geldes wegen geheiratet. Was natürlich nicht stimmte. Er hatte sie geheiratet, weil ... Verdammt, er wußte auch nicht genau, warum er sie geheiratet hatte, aber bestimmt nicht ihres Geldes wegen. Ein Mann, der des Geldes wegen heiratete, war ... war ... wie hieß das noch? Ach ja, ein Gigolo. Es machte ihm nichts aus, wenn man ihn einen

Killer nannte, aber er wollte nicht für einen Mann gehalten werden, der eine Frau für seine Zwecke ausnutzte.

Abrupt stand er auf. »Eins wollen wir jetzt mal klarstellen. Ich habe dich geheiratet, weil du Schutz brauchst, und du bezahlst mich, weil ich dir diesen Schutz biete. Ich bin gewissermaßen dein Leibwächter. Wenn mein Arm geheilt und deine Schwester nicht mehr im Lande ist, schütteln wir uns die Hand und trennen uns wieder, und damit hat sich's. Einverstanden?«

»Selbstverständlich«, sagte sie ruhig. Ihr Blick war klar und verriet keinerlei Gemütsbewegung.

»Wenn du nichts dagegen hast, gehe ich jetzt zu Bett. Wir haben einen langen Tag hinter uns.«

Wieder riß sie die Augen auf, und daran erkannte er, woran sie dachte. Doch warum er so ärgerlich war, konnte er sich nicht erklären.

An der Wand standen zwei feste Koffer. Die holte er jetzt und stellte sie mitten aufs Bett, so daß sie eine Art Trennwand bildeten. Vielleicht ärgerte er sich deshalb so, weil er sich bisher vor Frauen kaum hatte retten können und diese kleine Maus nun so tat, als hätte er sich auf einmal in einen gemeinen, abstoßenden Satyr verwandelt. Wie ekelhaft sie ihn fand, ging ja schon daraus hervor, daß sie ihm nicht einmal die Hand hatte reichen wollen.

»Da«, sagte er barsch und deutete mit dem Kopf auf das zweigeteilte Bett. »Genügt dir das für Sitte und Anstand? Ich weiß nicht, wie du darauf kommst, daß ich es darauf abgesehen hätte, widerspenstige Jungfrauen zu deflorieren, aber ich kann dir versichern, daß dem nicht so ist.«

»Ich habe es nicht so gemeint ...«, begann sie.

Doch er schnitt ihr das Wort ab. »Geh jetzt zu Bett!

Und mach nicht so ein besorgtes Gesicht! Ich werde dich bestimmt nicht belästigen.«

»Ich bin ja gar nicht besorgt«, sagte sie leise. Dann schlüpfte sie hinter den hübschen kleinen Wandschirm neben dem Bett und begann sich auszuziehen. Von dem Moment an, da Cole ihre Hochzeit angekündigt hatte, war Rowena nicht müßig geblieben. Unentwegt hatte sie Dorie unsinnige Ratschläge gegeben: sie solle ja keine Angst haben, aber Mr. Hunter das Gefühl einflößen, daß er der Klügere von ihnen beiden wäre. »Das ist für einen Mann äußerst wichtig«, hatte Rowena gesagt. »Das Gefühl muß er einfach haben.« Dorie begriff überhaupt nicht, wovon ihre Schwester redete.

Plötzlich hörte sie ihn fluchen: »Verdammt noch mal!« Dann folgte ein klirrendes Geräusch, als sei ein abgesprungener Knopf im Porzellanwaschbecken gelandet.

Sie lugte um den Wandschirm. Cole hatte die Stirn gerunzelt und versuchte sich auszuziehen. Doch sein verwundeter Arm erschwerte ihm jede Bewegung. Was für ein Held, dachte sie. Ein Mann, der nie um Hilfe bittet.

Im langen weißen Nachthemd, das sie vom Hals bis zum Fußboden bedeckte, trat sie hinter dem Schirm hervor und ging zu ihm. Er wollte ihr vermutlich sagen, daß er sich auch allein ausziehen könne, aber wenigstens auf diesem Gebiet hatte Dorie Erfahrungen gesammelt. In seinem letzten Lebensjahr war ihr Vater ein Pflegefall geworden, und sie war die einzige gewesen, der er gestattete, sich um ihn zu kümmern. Daher war sie es gewöhnt, einen erwachsenen Mann an- und auszukleiden.

»Laß mich!« sagte sie mit fester Stimme, und in kurzer Zeit hatte sie Cole bis auf die lange Baumwollunterwäsche ausgezogen. Dabei merkte sie gar nicht, daß er halb ungläubig, halb amüsiert vor sich hinlächelte.

Ebensowenig nahm sie wahr, mit welch einem Gesichtsausdruck er ihr dichtes Haar betrachtete, das sie zu einem unschuldigen Dutt zusammengelegt hatte. Tagsüber saß die Frisur straff und erstaunlich fest um ihren Kopf, ohne eine einzige lose Strähne. Aber jetzt wirkte es viel weicher, und an vielen Stellen wagten sich kleine Locken hervor. Das Erstaunlichste war, daß ihr Nachthemd beinahe aufreizende Wirkung auf ihn ausübte. Er war daran gewöhnt, Frauen in schwarzer oder roter Spitze zu sehen und nicht in reinem, sauberem, jungfräulichem Weiß. Die Umrisse ihres Körpers waren nicht einmal zu erahnen. Doch gerade das machte ihn neugierig, was sich unter dem Nachthemd verbergen mochte, viel neugieriger, als hätte sie durchsichtige Seide getragen.

Als er in der Unterwäsche dastand, zog sie die Bettdecke zurück und nötigte ihn, sich hinzulegen. Als habe sie so etwas schon tausendmal getan – was ja auch zutraf – deckte sie ihn dann ordentlich zu, gab ihm einen flüchtigen Kuß auf die Stirn, wandte sich ab, blies die Kerze neben dem Bett aus und ging zur Tür.

Sie hatte die Hand schon auf dem Türknopf, als ihr bewußt wurde, wo sie sich befand und was sie gerade getan hatte. Überrascht drehte sie sich um. Cole hatte einen Arm unter den Kopf geschoben und grinste sie unverschämt an.

Unvermittelt brachen beide in ein Gelächter aus.

»Willst du mir denn keine Gutenachtgeschichte erzählen?« fragte Cole.

Dorie wurde rot. »Mein Vater ...«, begann sie, mußte wieder lachen und fuhr dann fort: »Was für eine Gutenachtgeschichte willst du denn hören? Eine über Bankräuber und Schießereien um 12 Uhr mittags?«

»Kommen meine Freunde auch darin vor?«

Das brachte sie erneut zum Lachen. »Wenn die Geschichte von Verbrechern handelt, müssen es ja deine Freunde sein, oder?«

Erst legte er die Stirn in Falten, dann lächelte er. »Du meinst wohl, wenn ich ins Gefängnis käme, würde ich dort ein Wiedersehen mit meiner Familie feiern können, was?«

»Wenn nicht in der Kirche, dann auf dem Friedhof«, erwiderte sie. Es sollte ein Scherz sein, verfehlte aber seine Wirkung, weil es der Wahrheit zu nahe kam. Weder Cole noch sie mochten daran erinnert werden, daß er ständig vom Tod bedroht war.

An ihrer Seite des Bettes brannte noch eine Lampe. Dorthin ging sie jetzt. Sie war ja nicht im Haus ihres Vaters, wie sie vorhin ein paar Sekunden lang gewähnt hatte, und dieser Mann dort war nicht ihr invalider Vater. Ohne einen Blick auf die schweren Koffer zu werfen, die er in der Bettmitte hingestellt hatte, zog sie die Decke zurück, blies die Lampe aus und schlüpfte mit dem Rücken zu ihm ins Bett. Eine Weile herrschte Stille. Dann fragte sie: »Hast du nette Eltern gehabt?«

»Nein«, antwortete er zögernd. »Und du? Mochtest du deinen Vater, diesen Haustyrann?«

»Darüber habe ich mir nie Gedanken gemacht. Ich glaube, ja. Ich kannte ja keinen anderen.«

»Jetzt hast du also keine anderen Angehörigen mehr als deine Schwester?«

»So ist es. Und sie lebt jenseits des Meeres auf einem anderen Kontinent.« Pause. »Und sie hat einen Mann und zwei Kinder.«

»Demnach bist du ganz allein.« Sie gab keine Antwort, und er hatte auch keine erwartet. Das laute Geräusch des fahrenden Zuges schien sie beide einzuhüllen. Cole dachte: Da liegen wir nun beide im Bett, ohne uns zu berühren, und doch ist es fast intim. Er hatte noch nie eine ganze Nacht mit einer Frau im Bett verbracht, weil er es sich zur festen Regel gemacht hatte, nach vollendetem Akt fortzugehen. Nach dem Sex waren die Sinne des Mannes eingelullt, und dann konnte er leicht einem Schurken zum Opfer fallen, der sich als großer Mann bewähren wollte, indem er Cole Hunter erschoß. Ohne Sex mit einer Frau zusammen zu sein, war eine neue Erfahrung für ihn. Er drehte sich um, beugte den Arm und stützte den Kopf in die Hand. »Bist du müde? Falls ja, dann ...«

Sie rollte sich herum und sah ihn an. Nur schwaches Mondlicht drang durch die Vorhänge, aber ihre Augen waren hell und lebhaft. »Ich bin überhaupt nicht müde. Hast du vor, dich über irgend etwas mit mir zu unterhalten?«

Das war natürlich eine lächerliche Situation. Er war kein Mann des Wortes, sondern ein Mann der Tat. Na ja, er konnte schon reden, wenn es notwendig war. Oft hatte er Streitigkeiten mit Worten geschlichtet, ohne die Waffe einzusetzen, aber für müßige Plaudereien hatte er wenig Talent. Doch inzwischen war er wieder hellwach. Vielleicht deshalb, weil er neben einer Frau lag, die er nicht anrühren durfte. Oder vielleicht, weil er unglaublicherweise heute geheiratet hatte. Der Himmel mochte es wissen. Sie war alles andere als das, was er sich unter einer richtigen Frau vorstellte. Er hatte auch nicht das Verlangen gehabt, so schnell es ging, mit ihr ins Bett zu hüpfen und danach fortzugehen.

»Wie heißt du eigentlich richtig? Deine Schwester nennt dich Dorie, aber der Priester hat heute in der Kirche einen anderen Namen genannt.«

»Apollodoria. Das ist griechisch. Wenigstens hat mein Vater das behauptet. Er meinte, es sei ein alberner Name. Er hat ihn mir auch nur gegeben, weil meine Mutter es auf ihrem Totenbett so gewünscht hatte.«

Er legte sich zurück, immer noch einen Arm unter dem Kopf. »Apollodoria. Gefällt mir. Bin froh, daß dein Vater dem Wunsch deiner Mutter entsprochen hat.«

»Unsere Köchin hat mir erzählt, meine Mutter habe ihm gedroht, sie würde ihn als Spukgeist heimsuchen, wenn er mir diesen Namen nicht gäbe. Mein Vater war zwar nicht abergläubisch, aber er ging auch nicht gern ein Risiko ein.«

Cole lachte. Sie brachte es irgendwie fertig, daß in ihrem Mund auch schreckliche Dinge komisch klangen. »Erzähle mir mal etwas von dieser Stadt, die dir gehört! Von der du mir abgeraten hast, sie als Geschenk anzunehmen.«

»Es ist eine ganz kleine Stadt. Hat nur 200 Einwohner, aber die Zahl ist stark im Wachsen begriffen. Woraus man schließen darf, daß sich die Leute am Sonntagnachmittag nicht nur ausruhen.«

Wieder lachte Cole und wartete, daß sie weitersprach.

Es gibt nichts auf der Welt, das einem mehr Zuversicht einflößt als Beifall, dachte Dorie. In all den Jahren bei ihrem Vater hatte sie still geschwiegen. Er haßte ihre, wie er sie nannte, frechen Bemerkungen. Er wollte nur, daß sie immer *da* war, daß sie in seiner Nähe blieb und er sie sehen konnte. Mit Ausnahme seines letzten Lebensjahres hatte er nie von ihr verlangt, daß sie etwas *tun* sollte. Sie hatte ein unglaublich langweiliges Leben geführt. Um sich zu zerstreuen, war sie eine scharfe Beobachterin geworden. Sie sah zu, was die Menschen trieben, versuchte ihren Charakter zu ergründen und füllte die Lücken durch ihre Phantasie.

Jeden Tag war sie mit ihrem Vater in der Stadt umhergefahren und ganz still im Wagen sitzengeblieben, während er mit den Mietern sprach und deren Forderungen abschlug. Was sie dabei beobachtete, behielt sie für sich.

Und nun hatte sie hier einen Mann getroffen, der

vergnügt lachte, wenn sie ihm ihre Beobachtungen mitteilte!

»Latham ist eine sehr friedliche Stadt. Es gibt wirklich kaum Probleme. Du wirst es bestimmt für stinklangweilig halten. Am 4. Juli machen wir immer einen Ausflug. Alle sind in der Kirche. Das aufregendste Ereignis im letzten Jahr war, als Mrs. Sheren nach dem Gottesdienst beim Verlassen der Kirche der Hut vom Kopf geweht wurde. Der Hut flog über den Fluß und landete auf dem Kopf von Mr. Lesters Bullen, wo er von dem linken Horn aufgespießt wurde. Das Komische daran war, daß Mr. Lester den Bullen von weit her, von Montana nämlich, geholt und damit geprahlt hatte, daß er das wildeste und gemeinste Tier in ganz Texas sei. Vielleicht war er es auch, aber als er diesen sehr hübschen, mit Kirschen und Glyzinienblättern verzierten Strohhut auf dem Kopf trug, sah er wirklich nicht gerade wild aus.«

Cole sagte nichts dazu. Er lächelte nur im Dunkeln vor sich hin und freute sich, daß sie ihn so angenehm unterhielt. Sie konnte tatsächlich gut erzählen und sprach von den Läden, der Hotelpension und den Durchreisenden, die mit der Eisenbahn kamen.

Doch allmählich fiel ihm beim Zuhören auf, daß sie selber in keiner ihrer Geschichten vorkam. Sie erzählte alles vom Standpunkt der unbeteiligten Beobachterin. Es hörte sich so an, als hätte sie nur am Fenster gesessen und dem Leben und Treiben der anderen zugesehen. Mit keinem Wort beklagte sie sich darüber, daß sie so isoliert von allem gewesen war und ihr ganzes Leben mit einem Vater verbracht hatte, der seiner jüngsten Tochter nichts zu geben wußte. Aber Cole glaubte doch, gewisse Untertöne herauszuhören.

Gänzlich unerwartet bremste der Zug plötzlich mit einem Ruck und kam zum Halten. Hätten sie nicht im Bett gelegen, wären sie sicherlich hingefallen. Schade, dachte er, beim Fallen wäre sie womöglich in meinen Armen gelandet. Auch wenn sie ihn dauernd ärgerte, erweckte sie doch den Beschützerinstinkt in ihm.

Eine Zeitlang hörten sie nur die quietschenden Bremsen und die Geräusche des widerwillig haltenden Zuges. Instinktiv packte Cole in weitausholender Bewegung mit der gesunden Hand Dorie an der Schulter, damit sie nicht aus dem Bett rollte. Ein Koffer zwischen ihnen kam ins Rutschen, genau auf ihren Kopf zu. Cole stieß ihn auf den Boden.

Schließlich stand der Zug, und er saß über sie gebeugt, als müßte er sie vor feindlichen Pfeilen und Kugeln schützen. »Hast du was dagegen, wenn ich dir einen Gutenachtkuß gebe?« hörte er sich sagen. Vor wenigen Tagen war er 38 Jahre alt geworden. Aber jetzt kam er sich wie ein Zwölfjähriger vor, der mit einem Mädchen unterm Apfelbaum flirtet.

»Dagegen wäre wohl nichts einzuwenden«, antwortete sie im Flüsterton.

»Stimmt«, sagte er. Warum war er nur so aufgeregt? Lächerlich! Er hatte doch schon so viele Frauen geküßt. Allerdings war er mit denen auch nicht verheiratet gewesen.

Mit einem gutgezielten Tritt beförderte er den anderen Koffer zum Fußende des Bettes hin und ließ ihn auf den Boden plumpsen. Nun lag nichts mehr zwischen ihnen. Langsam beugte er sich über sie und preßte seine Lippen auf ihre. Er wußte nur zu gut, daß er vorhin gelogen hatte, als er behauptete, ihr erster Kuß wäre nichts Ungewöhnliches gewesen. In Wirklichkeit mußte er andauernd an diesen Kuß denken. Tatsächlich hatte er seitdem kaum an etwas anderes gedacht.

Als seine Lippen die ihren berührten, merkte er, daß dieser erste Kuß kein einmaliger Glücksfall gewesen war. Unerwartet starke Gefühle durchströmten ihn. Es war, als hätte er noch nie eine andere Frau geküßt und noch nie erfahren, wie es ist, einen Frauenkörper zu berühren.

Nach einer Weile hob er den Kopf und schaute in ihre staunenden Augen. Wie hatte sie diesen sanften, zärtlichen Kuß erlebt? Hatte sie ihn genossen oder nicht? Da streckte sie die Hand aus und strich ihm sanft über das Schläfenhaar. Noch nie im Leben hatte eine Berührung ihn so entflammt wie diese.

»Ach, Dorie«, sagte er, wälzte sich auf den Rücken und zog sie über sich. Innerlich fluchte er über das Pech, daß er sie nicht in beide Arme nehmen konnte. Dafür drückte er sie mit einem Arm ganz fest an sich. Aber Dorie machte es ihm leicht. Sie rollte sich bereitwillig auf ihn und begann ihn leidenschaftlich zu küssen. Sie ist ein Naturtalent, dachte er. Sie lernt schnell.

Gerade wollte er ihr zeigen, was man beim Küssen alles mit der Zunge anstellen kann. Da flog ein Geschoß durchs Fenster, zersplitterte das Glas und landete auf Dories Seite im Bett. Eine Minute früher, und es hätte sich in ihr Herz gebohrt.

6

»Hunter? Bist du da drin?«

Auf den Knall hin hatte Cole den Arm um Dorie gelegt und sich mit ihr aus dem Bett fallen lassen. Als sie auf dem Fußboden landeten, lag er auf ihr und deckte sie mit seinem Körper. »Alles in Ordnung?« fragte er sie flüsternd.

Sie nickte, und zu seiner Freude zeigte sie keinerlei Anzeichen von Hysterie und stellte, was noch besser war, auch keine Fragen. Sie sah ihn ruhig an, als erwarte sie seine Befehle, die sie gehorsam ausführen würde. In diesem Augenblick kam ihm der Gedanke: Vielleicht liebe ich sie? Welcher Mann würde eine Frau, die gehorsam seine Befehle ausführt, denn nicht lieben?

»Bleib still liegen!« sagte er. »Ich muß nachsehen, wer das ist.«

Sie tat, was er ihr gesagt hatte, und machte sich dicht an der Wagenwand ganz klein.

Vorsichtig schlich Cole zum Fenster an der anderen Seite und spähte hinaus. Im Licht des Vollmonds waren deutlich vier Reiter zu sehen. Der vorderste ritt ein braunes Pferd, auf dem er so lässig saß, als habe er nichts auf der Welt zu befürchten. Ein Mann, den man so schnell nicht vergessen oder mit jemand anders verwechseln konnte.

Cole setzte sich mit dem Rücken zur Wand und fluchte mit gedämpfter Stimme minutenlang in äußerst drastischen Ausdrücken.

»Die meisten deiner Worte habe ich noch nie gehört«, sagte Dorie auf einmal leise. Cole bekam einen Schreck, zog den Revolver, legte auf sie an und spannte den Hahn. Erst dann merkte er, daß sie es war.

Denn Dorie war inzwischen unter dem Bett zu ihm hin gekrochen. Jetzt sah er nur ihr Gesicht, das unter der überhängenden Bettdecke zu ihm aufsah. Als sie hörte, wie er den Hammer zurückzog, verschwand sie wieder unter dem Bett. Sie wartete eine Weile und spähte dann erneut zu ihm auf. Jetzt würde er wohl nicht mehr aus Versehen auf sie schießen. »Wer ist es?« fragte sie im Flüsterton.

Cole legte den Kopf an die Wagentür. »Winotka Ford. Ich hatte gehört, daß er längst tot wäre. Sonst hätte ich nie diesen Zug benutzt.« Er ärgerte sich über sich selbst. »Wie konnte ich nur so dumm sein!« Er sah sie an und erklärte: »Der Mann, den ich in der Bank erschossen habe, war sein jüngerer Bruder. Ich hätte ahnen müssen, daß Ford mich aufspüren würde. Aber ich dachte ja, er sei tot! Vielleicht habe ich mich verhört, und man hat nur davon gesprochen, daß halb Texas *wünscht*, er wäre tot.«

Mehrere Schüsse durchbrachen die Stille der Nacht. »Komm raus, Hunter! Es ist Zeit, daß du vor deinen Schöpfer trittst! Ich will sehen, wie du stirbst!«

»Was machen wir jetzt?« fragte Dorie und sah Cole an, als könnte er alle Probleme der Welt lösen.

Sie sieht wieder den Helden in mir, dachte Cole. Wenn ich ins Gras beiße, dann weiß ich wenigstens, daß es einen Menschen auf der Welt gibt, der mich für mehr als einen billigen Revolverschwinger gehalten hat.

»*Wir* machen gar nichts«, antwortete er. »*Du* bleibst hier drin, und ich gehe raus und kämpfe es mit Ford aus.«

»Hunter!« schrie es von draußen.

»Schon gut«, schrie Cole durchs Fenster. »Reg dich nicht künstlich auf! Ich muß mich erst anziehen. Ein Mann hat das Recht, in seinen Stiefeln zu sterben.« Er erhob sich und sagte zu Dorie: »Hilf mir beim Anziehen!«

Mit raschen, gewandten Bewegungen kroch sie unter dem Bett hervor, nahm seine Kleidungsstücke und half ihm, sie über der langen Unterwäsche anzulegen. »Ich will ja nicht neugierig sein, aber wie willst du schießen, wenn du dir noch nicht mal allein das Hemd zuknöpfen kannst?«

»Ich werde mit der linken Hand ziehen.«

»Ach, du bist ein beidhändiger Schütze?«

»Gib mir das Hemd!« sagte Cole.

Dorie wandte sich ab, griff schnell zur Haarbürste, drehte sich plötzlich wieder um und warf sie ihm zu. Mit der linken Hand versuchte Cole sie aufzufangen.

Aber er griff daneben, und sie fiel geräuschvoll zu Boden.

»Bist du beim Schießen mit der linken Hand genauso geschickt wie beim Fangen?«

»Halt den Mund und hilf mir in die Stiefel!« befahl er. Sie gehorchte, und er sprach leise mit ruhiger Stimme auf sie ein. »Ich habe keine Ahnung, ob er weiß, daß du auch hier bist. Wahrscheinlich wäre ihm das auch ganz egal. Er hat es auf mich abgesehen und nicht auf dich.«

Sie hockte auf den Knien vor ihm und zog ihm einen Stiefel über den Fuß. Plötzlich überkam ihn große Traurigkeit. Da stand er nun so dicht vor einem Glück, das sich ein Mann wie er nie hatte träumen lassen. Er hatte ja nie daran gedacht, zu heiraten und Kinder zu bekommen. Vielleicht hatte er gerade deshalb eingewilligt, diese kleine Frau zu heiraten, diesen Inbegriff an Sauberkeit und Frische. Eine solche Gelegenheit würde sich ihm nie wieder bieten, da sah er ganz klar. Nie wieder würde ihn ein jungfräuliches Weib aufsuchen und ihm ein Leben bieten, das so gänzlich von dem verschieden war, das er bisher geführt hatte.

Jetzt war die Gelegenheit vertan. Kein Zweifel, er hatte nur noch wenige Minuten zu leben. Winotka Ford, Sohn einer Cheyenne-Mutter und eines amerikanischen Vaters, war ein hundsgemeines Schwein. Für seinen Bruder, den Cole getötet hatte, hatte er nie etwas übrig gehabt. Aber einer wie er brauchte auch keinen besonderen Grund, um einen Mann mitten in der Nacht zu wecken und umzulegen. Er würde es einfach Rache nennen. An einem ehrlichen Kampf war Ford sowieso nicht interessiert. Er trat nie jemandem auf offener Straße entgegen, um herauszufinden, wer von ihnen schneller ziehen konnte. Ford überfiel mit Vorliebe Postkutschen und ermordete dann aus reinem Vergnügen sämtliche Insassen.

Coles einzige Hoffnung war, daß er Dorie vor Übel bewahren konnte. Er beugte sich zu ihr herab, faßte sie unters Kinn und sah ihr in die Augen. »Sowie ich rausgehe, gehst du durch die Verbindungstür und mischst dich unter die anderen Passagiere. Hast du mich verstanden? Du kümmerst dich um nichts, was du von draußen hörst, sondern bleibst im Zug. Ford darf nicht merken, daß wir beide zusammengehören.«

Plötzlich wurde Cole speiübel. Wenn Ford ihn getötet hatte, was würde den Killer davon abhalten, in den Zug zu steigen und die Passagiere auszuplündern? Selbst wenn er nicht herausbekam, daß Dorie zu ihm gehörte, war sie gefährdet. Sie war jung und verletzlich. Und hübsch! Der dicke Zopf, der ihr über den Nacken hing, die weichen Rüschen des Nachthemds am Hals und dieser Blick, mit dem sie ihn jetzt anschaute – all das machte sie sehr hübsch. Nun erst wurde Cole richtig klar, was er verlieren würde.

Rasch, aber mit großer Inbrunst küßte er sie noch einmal. Als er sich von ihr löste, merkte er, daß der Kuß ihn beinahe schwindlig gemacht hatte. »Wir sehen uns dann später, klar?« sagte er, ganz so, als würde er zurückkommen. Doch dann fuhr er in anderem Ton fort: »Sag deiner Schwester, sie soll sich um dich kümmern! Und richte ihr aus, was ich dir jetzt sage: Du verdienst einen besseren Mann als Mr. Pfefferstreuer!«

Er wünschte sehr, sie würde ihn anlächeln. Doch sie lächelte nicht. Ihre Augen waren ganz groß geworden, und wenn er noch eine Weile in diese Augen schaute, würde er in ihnen versinken. In diesem Moment war er ganz sicher, daß er gleich sterben würde. Denn in all den vergangenen Jahren war er nur deshalb am Leben geblieben, weil es ihm gleichgültig gewesen war, ob er lebte oder starb. Doch jetzt war ihm das nicht mehr gleichgültig. Jetzt wollte er gern am Leben bleiben.

»Hunter, ich gebe dir noch zehn Sekunden! Dann komme ich rein.«

»Paß gut auf dich auf, Apollodoria!« flüsterte Cole. Dann richtete er sich auf und ging durch die Hintertür des Wagens hinaus.

»Hat lange genug gedauert«, sagte Ford, als Cole auf der hinteren Plattform des Zuges auftauchte.

Cole stand regungslos da und wartete auf eine Bewegung des Gegners. Cole hatte nur eine einzige Überlebenschance. Bei der ersten Bewegung, die einer der vier Reiter machte, mußte er sich zu Boden werfen und schießen, was das Zeug hielt. Vielleicht konnte er drei von ihnen mit in den Tod nehmen. Das waren immerhin drei weniger, die Dorie etwas zuleide tun konnten. Als ersten würde er Ford erledigen. Vielleicht würden seine Männer dann die Flucht ergreifen. Oder die Feiglinge im Zug, die aus allen Fenstern zuschauten, würden sich ermannen und in den Kampf eingreifen.

7

Eben noch klopfte Cole das Herz bis in den Hals, denn er ahnte, daß dies die letzten Minuten seines Lebens waren. Im nächsten Augenblick wußte er nicht, wie ihm geschah. Denn urplötzlich sprang Dorie aus der Tür auf die Plattform. Ihr kleiner Körper verschwand fast völlig in einer Flut von Rüschen und dem umfangreichen Rockteil des langen Nachthemds. Sie hatte ihr Haar gelöst, und jetzt wehte es um ihren Kopf wie eine Mähne. Nun wurde ihm auch klar, warum sie es immer so fest aufsteckte. Denn ihre Haare waren so wild wie ein gerade von der Prärie eingefangener Mustang. Einer honigfarbenen Wolke gleich, schwebten sie ihr um den Kopf. Und verdammt noch mal, dachte er, sie sieht aus wie ein Engel. Noch nie hatte er so stark den Wunsch gespürt, einen Menschen zu schützen, wie jetzt bei ihr.

Irgend etwas mußte schrecklich schiefgegangen sein. War schon einer von Fords Männern in den Zug eingedrungen? Hatte jemand sie angefaßt? Er wollte ihr etwas zurufen. Aber sie ließ ihm keine Zeit und fing wie in Todesnot an zu schreien.

»Ihr dürft ihn nicht umbringen! Erst wenn er mir das Gold zurückgegeben hat, das er meiner Schwester und mir gestohlen hat. Er ist der einzige, der weiß, wo es versteckt ist.«

»Dorie!« rief Cole scharf und streckte den Arm nach ihr aus. Dabei ließ er jedoch keinen Blick von den vier Männern, die ihn vom Rücken ihrer Pferde aus beobachteten.

Mit allen Anzeichen des Entsetzens floh Dorie vor seinem Zugriff. Dabei übertrieb sie so stark, daß es aussah, als würde sie in dem Moment, da er sie anfaßte, an einer schlimmen Krankheit sterben.

Und dennoch wirkte ihre Schauspielerei überzeugend. Sogar Cole zog erschrocken die Stirn in Falten.

»Faß mich nicht an! Lieber sterbe ich, als mich von dir anfassen zu lassen.« Sie wandte sich an den Mann auf dem großen Braunen. »Oh, Mr. Ford, Sie können sich ja nicht vorstellen, was er für ein Schwein ist. Er mißbraucht mich!«

Dorie hatte die Aufmerksamkeit der fünf Männer und aller Passagiere, die feige und untätig in sicherer Deckung aus den Zugfenstern lugten, auf sich gezogen.

Jetzt stieg sie von der Plattform hinab. Mit einem Sprung versuchte Cole, sie am Nachthemd festzuhalten. Doch sie entwischte ihm.

»Mr. Ford, ich sehe, Sie sind ein Mann, der einer Dame in Not helfen wird«, sagte sie.

Winotka Ford hatte scharf vorstehende Backenknochen, mit denen man Rindfleisch hätte zerschneiden können. Über eine Seite des Gesichts verlief eine zwölf Zentimeter lange Narbe. Die Haare hingen ihm bis auf die Schultern. Sie waren das letztemal mit Wasser in Berührung gekommen, als er durch einen Fluß geritten war. Und seine Augen waren so kalt, daß sein Blick Klapperschlangen erschrecken würde. Er sah nicht gerade wie ein Mann aus, der irgend jemandem in der Not helfen würde.

»Dieser Mann da, dieser schreckliche Mann, hat Ihren Bruder erschossen, um mich zu entführen. Er wußte, daß ich reich bin, daß ich viel mehr Gold besitze, als er sich je erträumen konnte. Daß mein Vater Goldbarren im Millionenwert in seinem Haus versteckt hat. Dieses Wissen hat er gegen mich ausgenutzt. Zuerst hielt ich ihn für einen Freund. Da er mich bei dem Überfall gerettet hatte, dachte ich, er wäre ein guter Mensch. Und da ... da habe ich ihn geheiratet.«

Ford sah unentwegt zu Cole hinüber, der immer noch auf der Plattform stand, bereit zu ziehen. Wenn Cole hinuntersprang, um Dorie von den Männern wegzuziehen, würde er seine vorteilhafte Position einbüßen. Und da er den rechten Arm nicht gebrauchen konnte, würde er sie unmöglich aus der Schußlinie bringen können. So war er an seinen Platz gebannt.

»Du hast dir eine reiche Frau geangelt, Hunter?« fragte Ford in schneidendem, beleidigendem Tonfall. Bevor er einen Menschen umbrachte, spielte er gern mit ihm Katze und Maus.

An Coles Stelle antwortete ihm Dorie: »Nach der Hochzeit ließ er sich von meiner Schwester 50 000 Dollar in Gold geben. Dieses Gold hat er versteckt, ich weiß nicht, wo. Ich weiß überhaupt nicht mehr, wo mir der Kopf steht. Ich komme gar nicht zum Nachdenken, weil er mich ununterbrochen belästigt.«

»Dorie!« rief Cole. Zu seinem Schreck spürte er, daß man seiner Stimme anhörte, wie verletzt er war. Er hatte sie doch gar nicht belästigt, sondern mit höchster Ehrerbietung behandelt. Wie konnte er jetzt dem Tod ins Auge sehen, wenn dies die letzten Worte sein sollten, die er auf Erden hörte? Hatten seine wenigen Küssen sie denn so furchtbar angeekelt?

Dorie achtete nicht auf ihn. »Sie müssen ihn dazu bringen, daß er mir verrät, wo er das Gold versteckt hat. Danach können Sie ihn ruhig töten. Vielleicht würde ich sogar den Hahn ziehen. Nach dem, wie er mich behandelt hat, möchte ich ihn tot vor mir sehen.«

Erst in diesem Moment begriff Cole, was für ein Spiel sie spielte, und er war wütend auf sich, daß er es nicht gleich durchschaut hatte. Ihre Behauptung, sie habe ihn heiraten »müssen«, hatte ihn so verletzt, daß er gar nicht darauf geachtet hatte, was sie über das Gold erzählte. Er sah Ford an und sagte mit ruhiger Stimme: »Es gibt gar kein Gold. Ich habe nirgends Gold versteckt.«

»Lügner!« schrie Dorie ihn an und spuckte vor ihm aus.

Cole gestand es sich ungern ein, aber das schockierte ihn. Wo hatte sie so etwas Vulgäres gelernt?

Ford brach in ein Gelächter aus, was sich sehr häßlich anhörte. Vermutlich, weil er selten zu lachen pflegte. Sein Lachen klang wie die verrosteten, ungeschmierten Räder eines Pferdewagens, der jahrelang Wind und Wetter ausgesetzt war.

»Wem soll ich nun glauben, dir oder der kleinen Dame?«

»Glauben Sie ihm nicht!« schrie Dorie. »Der Kerl lügt ja wie gedruckt! Er hat meine Schwester und mich angelogen. Er belügt alle Leute. Er wurde angeschossen und konnte deshalb kein Geld mehr damit verdienen, daß er andere Menschen umbringt. Also hat er mich beschwatzt, seine Frau zu werden. Dann hat er meine Schwester gezwungen, ihm alles Gold auszuhändigen, das sie besaß. Jetzt wollte er mich nach Hause bringen, um sich das übrige Gold abzuholen. Ich glaube, daß er vorhat, mich danach zu ermorden und das Haus meines Daddys niederzubrennen. Ich glaube ...«

»Halt den Mund!« brüllte Cole sie so laut an, daß sie mitten im Satz verstummte. Zu Ford sagte er: »Sie versucht nur, mir das Leben zu retten. Es gibt kein Gold, sie hat auch keins. Sie ist so arm wie eine Kirchenmaus. Und du hast nur mit mir ein Hühnchen zu rupfen, nicht mit ihr. Dorie, geh jetzt zum anderen Ende des Zugs und halte dich hier raus!«

»Von wegen!« sagte sie. »Lieber sterbe ich, als noch einmal etwas zu tun, was du befiehlst. Sie können sich ja nicht vorstellen, zu was für abscheulichen Sachen er mich gezwungen hat. Es war widerlich. Das darf man einer Dame einfach nicht zumuten.« Sie rannte zu Ford, legte die Hände auf die Riemen der Steigbügel und sah ihn mit flehendem Blick an. »Ich bin nicht arm. Wenn ich arm wäre, könnte ich mir doch keinen Sonderwagen leisten, nicht wahr? Und ich will ihm nicht das Leben retten. Ich hasse ihn! Er hat mir alles abgenommen, und jetzt will ich es zurückhaben. Sie müssen ihn dazu bringen, daß er verrät, wo er das Gold versteckt hat. Dann können Sie ihn umlegen. Ich mache mir nicht das geringste aus ihm. Wirklich nicht.«

Cole merkte, daß Ford ihr aufmerksam zuhörte. Gold war das einzige Wort, das einen Kerl wie Ford aufhorchen ließ. Dazu kam, daß er bei Dories Andeutungen über seine »Belästigungen« bestimmt an schlüpfrige, schmutzige Dinge dachte.

Cole selber konnte sich bei ihren Anschuldigungen nur mit Mühe beherrschen. Hatte sie ihn etwa von Anfang an getäuscht? War sie ein ganz anderer Mensch als der, der sie zu sein schien? Woher hatte sie überhaupt Kenntnis von diesen »abscheulichen Sachen«, die man einer Dame nicht zumuten durfte? Wo hatte sie das aufgeschnappt?

»Watkins!« sagte Ford knapp, »du gibst Hunter und der kleinen ... Dame«, bei diesem Wort grinste er höhnisch, »... dein Pferd. Wir reiten zurück ins Lager und beraten uns da.«

Einen Augenblick dachte Cole daran, eine Schießerei anzufangen und so viele der Männer wie möglich umzulegen. Aber es war klar, daß auch er dabei sterben würde. Und wer sollte sich dann um Dorie kümmern? Sie hatte diesem verlogenen Abschaum der Menschheit gegenüber behauptet, eine reiche Frau zu sein, und überdies bewirkt, daß sie bei ihr an sexuelle Dinge dachten. Die Männer würden genau erfahren wollen, was für abscheuliche Sachen Cole angeblich mit ihr getrieben hatte. Sie wollten es bis in die letzten Einzelheiten wissen und sich dann in gleicher Weise an Dorie vergehen. »Sie lügt«, sagte Cole noch einmal, sah aber sofort ein, daß man seinen Worten keine Bedeutung beimaß. Was konnte er schon gegen solche verlockenden Begriffe wie Gold und Sex vorbringen?

»Darüber reden wir später«, sagte Ford. »Jetzt macht, daß ihr aufs Pferd kommt!«

Um Zeit zu gewinnen, sagte Cole: »Laß sie sich erst anziehen!« Vielleicht würde in der Zwischenzeit ein Blitz niederfahren und Ford und seine Männer zu Boden strecken. Oder ein Trupp Kavallerie könnte als Retter auftauchen. Vielleicht würden sich auch endlich diese sabbernden Feiglinge aus dem Zug ein Herz fassen und eingreifen. Ach, diese Hoffnungen waren genauso eitel, als wenn er erwartete, daß Winotka Ford urplötzlich von Reue befallen würde.

»Ich will aber nicht mit ihm reiten«, sagte Dorie, wich hinter Fords Braunen zurück und legte die Arme schützend vor die Brust, als hätte sie Angst, Cole würde sie schlagen.

»Sie kann mit mir reiten«, sagte einer der Männer mit lüsternem Blick.

»Nein«, sagte Ford, »sie reitet mit Hunter. Sie mag ihn ja so gern.« Im Mondschein glitzerten seine tückischen Augen. Er freute sich darauf, Dorie mit dem Mann zusammen reiten zu sehen, den sie so haßte. Er hatte große Freude daran, andere Menschen leiden zu lassen. Wenn er es zudem selber war, der ihnen Leid zufügte, dann gab ihm das ein Gefühl der Macht und verdoppelte sein Vergnügen.

»Komm hier runter, oder ich schieße dich in Stücke!« sagte Ford zu Cole. »Und mit dem Anziehen halten wir uns nicht auf. Wir reiten jetzt!«

Noch nie hatte sich Cole in einer so hoffnungslosen Zwangslage befunden. Aber er hatte sich ja auch noch nie für einen anderen Menschen verantwortlich gefühlt. Bisher hatte er nur immer für sein eigenes Wohlergehen gesorgt. Wenn er dabei getötet worden wäre, hätte sich niemand darum geschert. Sein Abgang aus dieser Welt wäre kaum aufgefallen. Aber jetzt lagen die Dinge anders. Wenn er heute abend umgebracht wurde, dann würde einem Menschen, den er liebgewonnen hatte, ein schreckliches Schicksal drohen. Ihre Hochzeit war zwar nicht unter normalen Umständen zustande gekommen, aber er hatte geschworen, an ihrer Seite zu bleiben und für sie zu sorgen, bis daß der Tod sie scheiden würde.

Das konnte allerdings nicht mehr lange dauern, denn er hatte nicht übel Lust, ihr bei nächster Gelegenheit den Hals umzudrehen.

Eine Viertelstunde später saß er mit Dorie vor sich zu Pferde. Ihr langes Nachthemd flatterte ihm um die Beine. Ihre Füße steckten in dünnen Bettpantoffeln. Um die Zügel zu führen, mußte er die Arme um sie legen, und sie schmiegte sich an ihn. In den ersten zehn Minuten nach dem Wegreiten sagte er ihr, was er von ihrem unsinnigen Auftritt hielt.

»Du hättest bleiben sollen, wo du warst. Wenn du befolgt hättest, was ich dir gesagt ...«

»Dann wärst du wahrscheinlich schon ein toter Mann«, sagte sie, gähnte und lehnte sich an ihn.

Sie hatte wirklich ein bemerkenswertes Talent, ihn wütend zu machen. Doch er bezwang sich und sagte nur ironisch: »Komm mir lieber nicht zu nahe, sonst stelle ich wieder diese abscheulichen Sachen mit dir an!«

»Zum Beispiel?« fragte sie im Ton eines Ethnologen, der die seltsamen Gebräuche eines fremden Völkerstamms studiert.

»Das weiß *ich* doch nicht. Du hast diesen Leuten erzählt, ich hätte dich unentwegt belästigt. Verdammt noch mal, Dorie, du hast uns in einen echten Schlamassel gebracht. Wir wissen doch beide, daß gar kein Gold vorhanden ist. Warum mußtest du dich einmischen? Ich hätte es viel lieber mit ihnen ausgekämpft.«

»Weil ich nicht wollte, daß du erschossen wirst«, antwortete sie einfach.

Vorübergehend war er etwas besänftigt. Natürlich war er froh, noch am Leben zu sein. Aber vor allem wünschte er aus ganzem Herzen, sie wäre irgendwo in Sicherheit und nicht die Gefangene eines gewissenlosen Banditen.

»Warum mußtest du Ford – und allen anderen, die zugehört haben – erzählen, daß ich ... daß ich ...«

»Daß du keine Sekunde die Hände von mir lassen konntest?«

Eigentlich verbot es ihm sein Stolz, weiter in sie zu dringen. Aber er war in seinen Gefühlen so verletzt und so durcheinander, daß er flüsternd bejahte.

Und so erläuterte sie es ihm. »Mein Vater hat nie etwas getan, worum ich ihn gebeten hatte. Rowena hat immer gemeint, das wäre sein Eigensinn. Aber ich glaube, er war einfach gemein. Wenn ich gern ein Buch gelesen hätte, verlangte er, daß ich mit ihm ausfahre. Wenn ich an einem schönen Tag Lust zum Spazierengehen hatte, konnte man sicher sein, daß ich im Haus bleiben mußte, möglichst im selben Zimmer wie er. Unser Bandit kam mir ebenso gemein vor wie mein Vater. Hätte ich gesagt, daß ich dich gern habe, dann hätte er alles in seiner Macht Stehende getan, um uns getrennt zu halten. Deshalb habe ich getan, was ich durch meinen Vater gelernt habe: Ich sagte ihm das Gegenteil.« Sie schmiegte sich noch enger an seine Brust. »Und es sieht so aus, als habe es gewirkt.«

Cole hatte in Frauen immer das schwache Geschlecht gesehen, das auf Schutz angewiesen ist. Aber diese Frau zwang ihn zum Umdenken. Impulsiv beugte er sich vor und küßte sie zweimal auf den Hals.

»Aufhören!« kreischte sie. »Nimm deine dreckigen Pfoten weg! Ich hasse dich! Fasse mich nicht an!«

Sie hörten Winotka Ford, der vor ihnen ritt, vor sich hin lachen. Vermutlich hatte er an diesem Abend öfter gelacht als in den letzten zehn Jahren zusammengenommen.

»Du mußt es nicht übertreiben«, sagte Cole beleidigt.

»Doch. Das muß ich tun, sonst hat er kein Vergnügen daran.«

Es war wohl der ihm bis dahin fremde Beschützerinstinkt, den sie in ihm erregt hatte. Jedenfalls quälte ihn der Gedanke, daß sie schon einmal mit einem Menschen zu tun gehabt hatte, der, wenn auch entfernt, Winotka

Ford glich. Viel lieber wäre es ihm gewesen, wenn sie einen Vater gehabt hätte, der ihr hübsche Kleider kaufte und ihr am Sonntagnachmittag süße Lutschstangen schenkte. Doch nun wurde ihm langsam klar, daß sie es als reiches Kind auch nicht besser gehabt hatte denn er als armer Leute Sohn.

Er versuchte den Gedanken abzuschütteln. Jetzt nur nicht kitschig werden! Wichtig war im Augenblick nur eins: er mußte sie beide aus der Patsche herausziehen, in die Dorie sie gebracht hatte. Wäre er allein gewesen, dann hätte er versucht, sich freizuschießen, auch wenn seine Schußhand in einer Schlinge lag. Aber jetzt mußte er ja auf Dorie Rücksicht nehmen.

Was hatte sie Ford alles erzählt? Nur mit Mühe konnte er sich noch daran erinnern. Also er, Cole, hatte angeblich 50 000 Dollar in Gold irgendwo versteckt. Und dieses Versteck kannte niemand außer ihm. Das bedeutete, daß Ford alles mögliche mit ihm anstellen würde, um ihn zu zwingen, das Versteck preiszugeben. Nur umbringen durfte er ihn nicht. Hatte sie nicht außerdem behauptet, in dem Haus in Latham wäre noch mehr Gold versteckt?

»Hast du im Haus deines Vaters Gold versteckt?«

»Nein«, sagte sie schläfrig. »Wieso?«

Mahnend drückte er ihren Arm.

»Ach so«, sagte sie, denn erst jetzt war ihr wieder eingefallen, was sie diesem widerwärtigen, schmutzigen Mann alles erzählt hatte. »Ich mußte etwas erfinden, das ihn daran hindern würde, mich umzubringen. Deshalb habe ich ihm vorgeschwindelt, ich wüßte, wo noch mehr versteckt ist. Aber ein solches Versteck existiert nicht. Mein Vater hat alles in den Treuhandfonds einer Bank in Philadelphia gesteckt, aus dem mir monatlich nur ein ganz geringer Betrag ausgezahlt wird.«

»Jetzt hör mal zu!« sagte Cole und beugte sich so weit

vor, daß sein Mund dicht an ihrem Ohr war. »Du mußt mithelfen, uns aus diesem Schlamassel zu befreien. Ich werde Ford weiterhin erzählen, daß du viel Geld hast und ich hinter diesem Geld her bin. Ich rede ihm ein, daß du mich nur einzig und allein deshalb interessierst.«

»Ist es so?« fragte sie.

»Was soll so sein?«

Da sie genau wußte, daß er sie gut verstanden hatte, verzichtete sie auf eine Antwort. Wahrscheinlich hätte er es ihr sowieso nicht gesagt. Und sie hätte es doch so gern aus seinem Munde gehört!

Er hatte jedoch seine Gründe, ihr keine Auskunft darüber zu geben. Nur jetzt nicht von Liebe reden! Verliebte Frauen stellen die dümmsten Sachen an. Sicher, sie halten dem Mann, den sie lieben, blind die Treue, auch wenn er nur ein Stück Pferdemist ist. Aber oft bringen sie sich dabei selber in große Gefahr. »Ich will die 5000 kassieren, die du mir versprochen hast, und sonst gar nichts. Danach möchte ich den Staat Texas nie wiedersehen.« Er brachte es nicht übers Herz, ihr vorzulügen, daß er sie nicht wiedersehen wollte. Aber sie sollte es vermuten. Wenn er sie in dem Glauben ließ, daß er sich nicht viel aus ihr machte, dann würde sie ihm im entscheidenden Moment besser gehorchen.

»Was soll ich tun?« fragte sie niedergeschlagen.

Ihr Ton tat ihm weh. Aber er durfte sich nichts anmerken lassen. »Ich mache Ford begreiflich, daß er ohne mich nicht an das Geld herankommt und daß ich nicht ohne dich herankomme. Und ich sage ihm auch, daß du vorhin gelogen hast, als du sagtest, du hättest es nicht gern, wenn ich dich anfasse.« Diesen Satz hatte er nicht ohne Stolz gesprochen. »Ich rede ihm ein, ich hätte dich so becirct, daß du mir alles glaubst und mir auch verraten wirst, wie ich an das Geld herankomme. Das kann man aber nur als dein Ehemann, und deshalb, werde ich sagen, hätte ich dich geheiratet. Du mußt nämlich einige Papiere unterzeichnen.«

Da sie keine Antwort gab, beugte er sich so weit vor, daß er ihr ins Gesicht sehen konnte. »Schläfst du?«

»Nein. Das soll also heißen, daß du mir, äh, schmeicheln wirst? Viele Küsse schenken und all so was, ja? Mich so weit herumkriegen, daß ich die Papiere unterzeichne? Meinst du es so?«

So weit hatte er noch gar nicht gedacht. Aber wahrscheinlich war das der beste Weg. »Ja. Oder hast du was dagegen?«

»Du könntest mir doch auch einfach eine Kanone an den Kopf halten und drohen, mich zu erschießen, wenn ich nicht unterschreibe.«

Dieser kleinen Dame konnte man nichts vormachen. »Angenommen, dein Vater befürchtete, du würdest dich einmal so verlieben, daß du zu Wachs in den Händen eines Mannes wirst. Um das zu verhindern, könnte er doch in seinem Testament bestimmt haben, daß die Papiere in Gegenwart von Zeugen unterschrieben werden müssen.«

»Dann brauchst du doch nur meine Schwester in deine Gewalt zu bringen und sie nicht eher freizulassen, bis ich alles unterschrieben habe.«

Sie konnte einen Mann in Atem halten. »Deine Schwester ist doch schon auf der Rückreise nach England«, sagte er lächelnd im Dunkeln. »Hast du das vergessen? Du treibst mich noch in den Suff.« Dann holte er tief Luft. »Ich glaube nicht, daß Ford so schlau ist wie du. Ich sage ihm einfach, daß ich, dein Ehemann, dich erst dazu überreden muß, mir durch Unterschrift das Geld zu übereignen. Dabei müssen wir beide anwesend sein. Das bedeutet, daß ich am Leben bleiben muß. Seine Leute können mich also nicht an einen Pfahl binden und halbtot schlagen. Sind deine Fragen damit beantwortet?«

Fast hätte Cole laut aufgelacht. Statt dessen vergrub er sein Gesicht an ihrem Hals. »Meinst du, daß du so tun kannst, als ob du mich gern hättest?«

»Habe ich denn nicht schon bewiesen, daß ich eine großartige Schauspielerin bin?« erwiderte sie.

Cole löste sich von ihr. Er wußte es nicht genau, aber ihm schien, daß sie damit etwas Schlechtes über ihn gesagt hatte. »Leg dich jetzt schlafen! Gönn deinem hinterlistigen Verstand etwas Ruhe! Wir werden wahrscheinlich einige Stunden vor Tagesanbruch haltmachen. Aber du mußt jetzt schon mal versuchen zu schlafen.«

Sie kuschelte sich an ihn, aber schlafen konnte sie nicht. Ihr Rücken lehnte an seinem kräftigen Oberkörper. Mit einem Arm hielt er die Zügel, mit dem anderen umarmte er sie. Seine Hand lag auf ihren Rippen. Sein Kinn hing über ihrer Stirn. In der kühlen Nachtluft fühlte sie seinen warmen Atem. Seine langen Oberschenkel, hart von den vielen Jahren im Sattel, mit kräftigen Muskeln, gestählt im Umgang mit widerspenstigen Pferden, preßten sich gegen ihre Schenkel.

Eigentlich hätte Dorie jetzt voller Angst sein müssen. Warum war sie nicht entsetzt über die verzweifelte Lage, in der sie sich befanden? Tatsache war, daß sie kaum Furcht vor dem morgigen Tag empfand. Für sie zählte nur das JETZT. Die vergangenen Wochen waren die schönsten ihres ganzen Lebens gewesen. Bis dahin hatte sie sich allein von ihrem nüchternen Verstand leiten lassen. Alles hatte sie bis in die letzte Kleinigkeit geplant. Ihren Vater hatte sie studiert wie ein Lehrbuch vor dem Examen. So hatte sie gelernt, mit ihm auszukommen. Sie war vertraut mit seiner Tageseinteilung, seiner Lebensphilosophie – »Verschaff dir alles, was du kriegen kannst!« – und seinen Gewohnheiten. Mit Hilfe ihres Verstandes gelang es ihr, sich ihm anzupassen.

Auch den Mr. Hunter hatte sie nur durch logische Überlegung gefunden. Sie hatte ihn danach ausgewählt, was sie von ihm gehört und gelesen hatte. Und vor allem, weil sie für einen besonderen Auftrag einen bestimmten Mann brauchte.

Dabei aber hatte Dorie erfahren müssen, daß nicht alle Männer so berechenbar waren wie ihr Vater. Mr. Hunter hatte sich in jeder Weise anders verhalten, als sie angenommen hatte. Als sie ihm den »Heiratsantrag« machte, wurde er ärgerlich. Das hatte Dorie allerdings vorausgesehen: Männer schienen sich ja stets über sie zu ärgern. Dagegen hatte sie nicht erwartet, daß er mit der Zeit immer zärtlicher werden würde.

Und sie mochte es, wenn er so sanft mit ihr umging. Der Blick, mit dem er sie manchmal ansah, tat ihr gut. Komischerweise gefiel ihm das am meisten, was ihren Vater immer besonders zornig gemacht hatte: ihre frechen Bemerkungen. Ihren Vater hatte es geärgert, wenn sie etwas Kluges sagte oder tat, was ihm selber nicht eingefallen war. Ihr Vater klammerte sich an die Vorstellung, daß Frauen allesamt dumm wären – das verlieh ihm die Berechtigung, mit seinen Töchtern so streng und verächtlich umzugehen, wie er es gern tat.

Dorie schloß die Augen, lehnte sich mit dem vollen Gewicht an Mr. Hunter und überließ sich dem Gefühl, daß er ihr nahe war, sie beschützte und vor allem Unheil bewahren würde.

8

Übergib sie mir!«

Dorie wurde allmählich wach. Sie hatten haltgemacht, und Cole schob sie gerade in eine aufrechte Sitzhaltung. Zu ihrer Linken stand einer der schrecklichen Männer des Banditen-Chefs, der versucht hatte, ihren Ehemann umzubringen, und streckte die Arme nach ihr aus. Dorie war noch nicht ganz wach, und in diesem Zustand fiel ihr nicht gleich ein, welche Geschichte sie den Männern erzählt hatte. So hatte sie vorübergehend vergessen, daß sie behauptet hatte, Cole Hunter zu hassen. Sie reagierte rein instinktiv. Bei dem Anblick des widerwärtigen Mannes, der die Arme nach ihr ausstreckte, drehte sie sich um, legte Cole die Arme um den Hals und klammerte sich an ihn.

Winotka Ford war kein Geistesathlet, aber wenn Schwierigkeiten auftauchten, tat er meist das Richtige. Und er ließ sich ungern zum Narren halten. Er beugte sich über den Sattelknopf und sah Cole im Mondlicht mit unheilverkündenden Blicken an. »Was ist hier los?« fragte er leise in drohendem Ton.

Cole tat so, als wäre nichts Besonderes geschehen. »Ich habe die Gelegenheit ergriffen, mit ihr zu sprechen«, sagte er achselzuckend, während Ford ihn nicht aus den Augen ließ. »Schon möglich, daß du mit Frauen nicht zurechtkommst. Aber ich brauche nur drei Stunden lang mit einer allein zu sein, dann kann ich sie zu *allem* überreden.« Damit stieg er vom Pferd und half auch Dorie herab.

Es dauerte eine volle Minute, bis Fords Männer begriffen, was er meinte. Dann aber blieb ihnen nichts anderes übrig, als ihm recht zu geben. Welcher Mann würde denn zugeben, daß er eine Frau nicht zu allem überreden konnte? Sie selber allerdings waren nur gewöhnt, zu fordern, zu drohen, zu erpressen und rumzukommandieren. Keiner von ihnen hatte es je mit einem lieben Wort versucht, das eine Frau veranlaßt hätte, ihn freiwillig zu umarmen und sich an ihn zu schmiegen.

Cole hätte Dorie gern aus der Nähe dieser argwöhnischen Männer fortgetragen, aber das war ihm mit dem verletzten Arm nicht möglich. Und ihm fehlte der Revolver an der Hüfte, der ihm die Macht verliehen hätte, sie zu schützen. Er konnte nur auf seinen kraftvollen Körper, seinen Ruf und seine Fähigkeit vertrauen, einschüchternde Blicke um sich zu werfen.

Es war zwei Stunden vor Tagesanbruch, und Ford wollte den Pferden eine Ruhepause gönnen. Man würde sich also eine Zeitlang aufs Ohr legen. Darauf bedacht, ihnen zu zeigen, daß er für sich bleiben wollte, legte Cole seinen Sattel ein Stück von der Bande entfernt auf den Boden – so weit, wie er glaubte, es wagen zu können. Sie sollten ja nicht auf die Idee kommen, daß er so dumm war, einen Fluchtversuch zu unternehmen. Wenn Dorie nicht gewesen wäre, hätte er natürlich versucht zu fliehen, sobald die anderen eingeschlafen waren. Aber so mußte er darauf verzichten, denn er durfte ihr Leben nicht in Gefahr bringen.

Einer der Männer errichtete ein Lagerfeuer, kochte Kaffee und briet Speck. Dorie verschwand eine Zeitlang in den Büschen. Als sie zurückkam, reichte ihr Cole einen vollen Becher. Der Kaffee war kochendheiß und schmeckte so widerlich, daß sie den ersten Schluck gleich wieder ausspie.

»Trink nur!« sagte er leise. »Das wird dich aufwärmen.« Mit seinem mächtigen Körper schirmte er sie gegen die Blicke der anderen ab, die sich um das Lagerfeuer niedergelassen hatten. Bis jetzt hatten sie noch keine Zeit gefunden, über die Ereignisse nachzudenken.

Nun würden sie es nachholen. Ursprünglich hatte Ford auf der Stelle Cole Hunter erschießen wollen. Da der als berüchtigter Revolverschwinger galt, hatte Ford keine Strafverfolgung zu befürchten. Er brauchte nur zu behaupten, es wäre in einem fairen Kampf geschehen, und einige Zeugen beizubringen. Dann hätte das Gesetz ihn ungeschoren gelassen. Bei Coles Vergangenheit hätte keiner daran gezweifelt, daß er im Kampf – ob nun fair oder nicht – gefallen wäre. Doch nun konnte er ihn nicht ermorden und hatte obendrein zwei Geiseln am Hals. Mochte Cole die Frau auch entführt haben, so war er doch ihr Ehemann. Wenn ihr etwas zustieß, würde Ford in Schwierigkeiten geraten. Er konnte nur hoffen, daß sich der ganze Ärger, den er sich mit ihr eingehandelt hatte, auch lohnte.

»Trink und iß!« sagte Cole und hielt ihr ein zähes Stück Speck hin.

Gehorsam kaute Dorie auf dem Speck herum und trank den Kaffee. Sie hatte zwar Hunger, aber der Speck schmeckte wie eine alte Schuhsohle und der Kaffee nach Wasser aus einer verrosteten Kanne. Immerhin war beides heiß, und Cole wollte, daß sie etwas zu sich nahm. Also aß sie.

Cole sah ihr im Mondschein zu. Sie hatte einen Schmutzfleck auf der Wange, und das vorhin noch blütenweiße Nachthemd war jetzt zerknittert und voller Dreckspritzer. Bei ihrem Anblick empfand er unwillkürlich Schuldbewußtsein. Er hatte sie in diese Lage gebracht. Wenn sie nie einem Kerl wie ihm begegnet wäre, würde sie sich jetzt in Sicherheit befinden und nicht jeden Augenblick um ihr Leben bangen müssen. Insgeheim schwor er sich, sie aus der Patsche zu befreien, und wenn er selber dabei auf der Strecke bliebe.

Ford bestimmte einen Mann, Wache zu halten. Er

sollte einerseits Cole im Auge halten und zum anderen aufpassen, daß sie nicht von umherstrolchenden Kopfjägern überfallen wurden. Denn auf den Kopf jedes Banditen war eine Belohnung ausgesetzt. Die übrigen Männer streckten sich auf ihren Decken aus und waren in wenigen Sekunden eingeschlafen.

Cole bedeutete Dorie, sich auf das »Bett« zu legen, das er für sie hergerichtet hatte. Er wollte ihr es bei dieser Übernachtung im Freien so bequem wie möglich machen. Aber Dorie weigerte sich, die Decken für sich in Beschlag zu nehmen, während er neben ihr auf der nackten Erde schlafen mußte. »Das mache ich nicht«, flüsterte sie ihm zu. Der Wachtposten beobachtete die beiden ungeniert. Dorie sah, wie seine Augen funkelten, und es lief ihr kalt über den Rücken.

»Du brauchst aber Schlaf«, sagte Cole aufgebracht.

»Und du wirst ohne Decke frieren. Das Feuer ist mehr als drei Meter weg.«

»Ich bin daran gewöhnt«, gab er zurück.

»Ein Grund mehr, daß du die Decken und als Kopfkissen den Sattel nimmst. Ich habe immer in einem Federbett unter sauberen weißen Decken geschlafen. Jetzt sollst du es einmal besser haben.«

Bei ihrer Dickköpfigkeit war damit zu rechnen, daß sie sich die ganze Nacht mit ihm herumstreiten würde, und er mußte unbedingt schlafen. Man wußte ja nicht, was ihnen in den nächsten Tagen alles bevorstand.

»Na schön«, sagte er, entschlossen, den Streit zu beenden, »dann müssen wir eben zusammen schlafen.« Er legte sich auf die Decke und streckte einladend die Arme nach ihr aus. Er ahnte schon, was kommen würde: sie weigert sich, hält mir einen langen Vortrag, warum sie nicht mit mir zusammen schlafen kann, und am Ende liege ich doch auf der nackten Erde. Doch es kam anders. Rasch, ohne Zögern und offensichtlich sehr gern legte sie sich in seine Arme, kuschelte sich an seinen Körper, bettete den Kopf auf seinen gesunden Arm und schob einen festen Oberschenkel zwischen seine Beine.

O mein Gott, dachte Cole, noch nie hat sich ein Frauenkörper so gut angefühlt. Alle Frauen, die er bisher gehabt hatte, waren entweder Prostituierte oder untreue Ehefrauen gewesen. Zumindest gehörten sie einem anderen Mann. Doch diese Frau hier gehörte ihm! Wahrscheinlich nicht für immer und sicherlich aus zweifelhaften Beweggründen. Doch jetzt gehörte sie ihm. Vielleicht war der Gedanke abwegig und lächerlich, aber es gab ihm ein schönes Gefühl, daß er das Recht hatte, sie in den Armen zu halten.

Er hatte sie bisher für sehr klein gehalten, aber nun merkte er, daß das nicht stimmte. Sie hatte genau die richtige Größe für ihn und paßte wie nach Maß zu seinem Körper. Plötzlich begann sie, ihm das Hemd aufzuknöpfen.

»Was machst du da?« fragte er erschrocken.

»Die Knöpfe drücken mich«, antwortete sie und kuschelte sich an seine nackte Haut.

Coles Herz schlug sofort schneller. Entweder, dachte er, ist sie so unschuldig wie ein neugeborenes Kind, oder sie ist die lüsternste kleine Hure auf der Welt. Im Moment war ihm das ziemlich gleich. Aber wenn jemand versucht hätte, sie von ihm loszureißen, hätte er den Kerl umgebracht.

Was Dorie anging, so hatte sie sich noch nie so wohl gefühlt. Nicht nur, weil sie noch Jungfrau war, sondern vor allem, weil sie noch nie die Zuneigung bekommen hatte, die jeder Mensch braucht. Niemand hatte sie je als Kind gestreichelt oder umarmt, ihre Mutter war ja bei Dories Geburt gestorben. Ihr Vater vertrat die Ansicht, auch der leiseste Anschein von Zuneigung dasselbe wie »Verwöhnen« bedeutete. Also hatte er sich jede Liebkosung seiner Kinder verbeten.

Bei Rowena nutzte das Verbot wenig. Sie war so süß, daß jeder sie heimlich streichelte. Aber die stille kleine Dorie, die die kühlen Augen ihres Vaters geerbt hatte, lud kaum zu Liebkosungen ein. Bei ihr wollte sich keiner einer Vergeltungsmaßnahme ihres Vaters aussetzen. So kam es, daß Dorie alle Zärtlichkeiten entbehren mußte, die für andere Kinder selbstverständlich waren. Die Leute sagten, die kleine Miß Dorie genügte sich selbst und brauchte keinen anderen. In Wahrheit war es genau umgekehrt. Sie wäre nur allzu gern einem Erwachsenen auf den Schoß geklettert, wie sie es bei Rowena sah. Leider wußte sie nicht, wie man sich bei Erwachsenen einschmeichelt und sie dazu bringt, sie in die Arme zu schließen.

Cole Hunter war neben Rowena der einzige Mensch, der sich von ihrem scheinbar kühlen Äußeren nicht hatte abschrecken lassen. Und jetzt erfuhr Cole, was Rowena schon immer gewußt hatte: Dories kühle Art war nur ein Schutzwall, hinter dem sie ihre Sehnsüchte vor aller Welt verbarg.

In seinen Armen erwachte in Dorie etwas, das sie tief in sich begraben wähnte: der Wunsch, ein Herz an ihrem pochen zu hören, ihren Atem mit dem eines anderen Menschen zu mischen, seine Haut an ihrer Haut zu fühlen.

Cole hatte sie eigentlich nur in den Arm genommen, um ihr etwas schützende Wärme zu spenden, das wußte sie genau. Aber sein großer Körper fühlte sich so schön, so passend an. Am liebsten wäre sie in ihn hineingeschlüpft, um ihm noch näher zu sein.

Das Herz in ihrer Brust pochte lauter, kraftvoller, inniger. Und sie hörte sein Herz an ihrer Wange nicht nur, sie fühlte es. Nur sein Hemd hinderte sie daran, ihm ganz nahe zu sein. Es kam ihr vor, als bestände es aus dickem, undurchdringlichem Leder.

Als er sagte: »Was machst du da?« hörte sie heraus, daß er erschrocken war. Aber sie ließ sich nicht beirren, knöpfte das Hemd ganz auf und legte ihre Wange an seinen nackten Oberkörper. Daß die Knöpfe sie gedrückt hatten, war nicht gelogen. Auch der Baumwollstoff kratzte sie an der Haut und quälte ihr Herz.

Dorie zog das Hemd auseinander und schmiegte den Kopf an seine nackte Brust. Woraufhin Cole die Augen himmelwärts verdrehte und ein paar stumme Flüche von sich gab.

Lächelnd und so glücklich wie noch nie im Leben preßte Dorie die Lippen auf seine Haut und küßte sie, ohne sich etwas dabei zu denken.

»Hör auf!« befahl er, packte sie an den Schultern und schob sie weg. Obwohl er eher flüsterte, als daß er schrie, war sein Ärger unüberhörbar.

Dorie sah ihn verwirrt an. Ihr war gar nicht bewußt, was sie getan hatte. Sie hatte die nackte Brust eines Mannes geküßt – was natürlich verboten war. Warum sie es getan hatte, wußte sie nicht mehr.

»Ich ... ich bitte um Verzeihung, Mr. Hunter«, sagte sie schuldbewußt. Offenbar wünschte er keine Berührung mit ihr, die sich nicht unbedingt aus ihrer Lage ergab. Im Bruchteil einer Sekunde wurde ihr eben noch so weicher, nachgiebiger Körper starr und steif. »Ich weiß gar nicht, was über mich gekommen ist, Mr. Hunter, ich ...«

»Laß das!« sagte er grob, denn sie versuchte gerade, das Hemd wieder zusammenzuziehen, um es zuknöpfen zu können.

»Aber ich ...«

Er drückte ihren Kopf herunter, so daß sie nicht weitersprechen konnte.

Doch Dorie blieb einfach nicht still liegen. Sie war sicherlich müde, aber gleichzeitig so voll Energie wie nie zuvor. Sie sagte sich zwar, daß sie sich wie eine Dame zu benehmen habe. Doch dann fragte sie sich, was es für einen Sinn hätte, sich wie eine Dame zu benehmen, wenn sie doch höchstwahrscheinlich in den nächsten 24 Stunden sterben mußte. Sobald dieser schreckliche Ford merkte, daß gar kein Gold vorhanden war, würde er bestimmt nicht lachend sagen: ›Da habt ihr mir aber einen schönen Streich gespielt!‹ Und er würde sie nicht laufen lassen, sondern ihnen beiden ohne Bedenken eine Kugel in den Kopf jagen. Dann könnte man auf ihren Grabstein schreiben: »Sie war eine Dame bis zum Ende.«

»Ist es sehr schön?« fragte sie Cole.

»Was soll schön sein?« brummte er, scheinbar ärgerlich, daß sie ihn nicht zum Schlafen kommen ließ.

Und sicherlich hätte sie auch nichts mehr gesagt. Doch jetzt lag ihr Ohr an seiner Brust, und sie hörte sein Herz so schnell schlagen, daß er sowieso nie hätte einschlafen können. Er war genauso wach wie sie.

»Wenn man sich im Bett liebt«, flüsterte sie, »ist das sehr schön?«

Da er nicht antwortete, fuhr sie fort: »Rowena will mir nichts darüber erzählen. Ich weiß zwar, wie ... wie es vor sich geht, aber ich weiß nicht, was man dabei empfindet. Rowena sagt, der Ehemann wird seiner Frau schon alles beibringen, was sie wissen muß. Aber ich habe doch immer geglaubt, ich kriege nie einen. Ich meine, einen Ehemann.« Nach kurzem Zögern sagte sie rasch: »Nein, nein, du bist ja nicht wirklich mein Ehemann, das weiß ich. Aber wie es aussieht, werde ich nie wieder einen kriegen, und deshalb dachte ich, ich frage dich.«

Sie wartete eine Weile. Er zögerte die Antwort so

lange hinaus, daß sie schon dachte, er würde gar nichts mehr sagen.

»Ja, es ist schön«, sagte er schließlich. »Aber ich glaube, es könnte noch viel schöner sein.«

Sie hob den Kopf und sah ihn erstaunt an. Sofort drückte er ihren Kopf wieder herunter. Sie sollte sich wohl keinen Zentimeter von ihm fortbewegen. »Mich kannst du nicht danach fragen. Ich weiß nur über Hurerei Bescheid. Ich mußte es immer schnell erledigen, es so fix wie möglich hinter mich bringen, bevor jemand mit der Schrotflinte kam oder ein anderer die Hure haben wollte.«

»Aber bestimmt ...«

»Vielleicht war es ein paarmal schöner, aber ich habe mich immer gefragt, wie es mit einer Frau sein würde, die mir gehört und nur für mich da ist.« Er senkte die Stimme. »Mit einer Frau, die noch nie einem anderen Mann gehört hat und auch nie einem anderen gehören wird. Nur mir.«

»Ich habe noch nie ... einen Mann gehabt«, sagte sie leise.

»Ich weiß. Deshalb verdienst du auch etwas Besseres als einen alternden Revolverhelden.«

»Oh«, sagte sie. »Heißt das, daß du zu alt bist, um ... um zu ...?«

Sie war sich nicht sicher, ob sie nun genau das Richtige gesagt oder wieder ins Fettnäpfchen getreten war. Er jedenfalls drehte ihr Gesicht zu sich und küßte sie. Es war ein Kuß, wie sie sich ihn erträumt hatte. In jenen Tagen, da sie stillschweigend bei ihrem Vater sitzen mußte, hatte sie sich oft vorgestellt, sie würde einmal so schön wie Rowena sein, gutaussehende Männer würden sie besuchen und sie mit zärtlicher Leidenschaft küssen.

Sein Kuß wollte nicht aufhören. Er wurde immer

drängender. Und als seine Hand an ihr herabglitt und eine Brust umfaßte, dachte Dorie nicht daran, sich von ihm loszumachen. Vor wenigen Wochen noch hätte man ihr nach ihrem äußeren Eindruck zugetraut, daß sie jeden Mann, der es wagte, sie anzufassen, mit der Reitpeitsche verscheuchen würde. Doch als Cole sie jetzt streichelte, schien ihr Körper sich ihm zu öffnen. Sie preßte sich mit den Hüften an ihn und schob ihr Bein höher in seinen Schritt. Als sie dann auch noch den Oberschenkel hin und her bewegte, begann Cole an ihrem Mund zu stöhnen.

Plötzlich aber machte er sich von ihr los. Dorie wollte ihn festhalten, doch er drückte ihr den Kopf nach unten, so daß sie ihn nicht mehr küssen konnte.

»Mr. Hunter, darf ich Cole zu Ihnen sagen?«

»Nein«, sagte er streng. »Wir lassen das lieber. Hör mich an, Dorie, hör mir genau zu! Ich bin nicht der, für den du mich hältst. Ich bin kein verdammter Held. Ich bin das, als was du mich bei unserer ersten Begegnung bezeichnet hast: ein alternder Revolverschwinger. Daß ich noch am Leben bin, ist ein reiner Glücksfall. Du hattest recht: die meisten von uns werden keine 30 Jahre alt. Und mit mir kann es jetzt auch jeden Augenblick zu Ende gehen. Ich habe schon länger gelebt, als mir zusteht, und mir bleibt nicht mehr viel Zeit.«

»Aber ...«

»Nein«, sagte er hart. »Mein Gefühl täuscht mich nicht.« Trotz dieser resignierenden Feststellung waren seine Hände noch höchst lebendig. Sie glitten über Dories Rücken nach unten und umfaßten ihre runden Hinterbacken. Wieder zog er sie an sich und konnte ein wollüstiges Stöhnen nicht unterdrücken. Aber ums Verrecken würde er ihr nicht gestehen, daß sie für ihn die begehrenswerteste Frau war, die er je gesehen hatte, und daß er lieber mit ihr eine Liebesnacht verbringen würde als mit jeder anderen Frau, und wäre sie auch doppelt so schön wie ihre Schwester.

»Wir müssen so lange zusammenbleiben, bis ich einen Weg zu unserer Befreiung gefunden habe. Aber dann kehrst du in deine Welt zurück, und ich kehre in meine Welt zurück. Wir sind nicht vom gleichen Schlag. Wir gehören verschiedenen Klassen an.«

»Mag sein, daß wir aus verschiedenen Welten stammen, aber deswegen können wir uns doch ähnlich sein. Als Sohn meines Vaters hättest du bestimmt einen anderen Werdegang genommen.«

»Ja, einen steilen Werdegang zum Galgen, weil ich diesen Schweinehund umgebracht hätte.«

Dorie lächelte. Sie ahnte, warum er so scharf gegen ihren Vater Stellung nahm: weil ihr Vater sie trotz allem gern gehabt hatte.

Mit zufriedenem Lächeln kuschelte sie sich an ihn. »Ich hab dich lieb«, sagte sie. »Ich hab dich sehr lieb. Du bist ein guter Mensch.«

Sie wußte gar nicht, warum diese Worte ihn so erregten. Er hatte schon Frauen gehabt, die ihm gesagt hatten, daß sie ihn liebten. Doch noch nie eine Frau, die ihm sagte, daß sie ihn lieb habe und daß er ein guter Mensch sei. Und er war nun fast geneigt, Dorie Glauben zu schenken.

Er drückte sie fest an sich und genoß ihre Reinheit und Wärme. Es war merkwürdig, aber in ihrer Nähe hielt er sich wirklich für einen guten Menschen. Es kam ihm dann vor, als hätte nicht er, sondern ein ganz anderer Mensch die vielen Schießereien seines Lebens ausgetragen. Und als Dorie ihn jetzt ansah, hatte er das Gefühl, er sei zu allem fähig.

»Ich hole dich aus dem Schlamassel heraus, Liebste«, flüsterte er.

Doch sie war schon eingeschlafen. Sie schlief in ruhigem Vertrauen auf seinen Schutz. Lieber sterbe ich, dachte Cole, als zuzulassen, daß irgendwer oder irgendwas ihr einen Schaden zufügt.

9

Ich komme nicht mit«, sagte Dorie. Sie stand neben dem Pferd, auf dem Cole und sie geritten waren, die Arme vor der Brust verschränkt, den Blick trotzig geradeaus gerichtet. »Ich komme nicht mit, und damit hat sich's. Ihr könnt mich von mir aus erschießen, aber ich komme nicht mit!«

Der Teufel soll mich holen, dachte Cole, daß ich jemals von Dorie oder von Frauen im allgemeinen eine hohe Meinung hatte. Nur der Teufel kann mir das eingegeben haben. In Wirklichkeit ist diese Frau nicht nur abgrundtief dumm, sondern auch stur wie ein Maulesel.

Nur wenige Männer und nicht eine einzige Frau hatten es bisher gewagt, Ford Trotz zu bieten. Auch er mußte sich erst von dem Schock erholen. Doch dann zog er das Schießeisen aus der Halfter. Sofort sprang Cole vom Pferd und stellte sich als Kugelfang vor Dorie.

Ruhe bewahren, sagte er sich. Ich muß vernünftig mit ihr sprechen und sie überreden. Frauen sind für liebe Worte empfänglich. Doch die beiden ersten Worte, die er zwischen zusammengebissenen Zähnen herausquetschte, waren: »Verdammtes Weib!« Dann fuhr er fort: »Merkst du denn nicht, daß es ernst wird? Es kann dir an den Kragen gehen. Du kannst ...«

Ohne Cole eines Blickes zu würdigen, sagte Dorie: »Wenn er mich totschießt, kann er nicht mehr von mir erfahren, wo das Gold versteckt ist.« Dann preßte sie die

Lippen so zusammen, daß ihr Mund nur noch ein rasiermesserscharfer Strich war.

»Dorie ... ach was, zum Teufel!« Cole packte sie an der Taille und wollte sie mit Gewalt aufs Pferd hieven.

Sie war zwar klein, aber wild, und er konnte nur einen Arm gebrauchen. Als er dazu ansetzte, sie hochzuheben, schlug sie mit Armen und Beinen um sich, machte sich ganz schwer und stieß ihn schließlich weg.

Der Kampf zwischen seinen Muskeln und ihrer Sturheit blieb unentschieden.

Cole ließ von ihr ab. Er mußte sie besser zu fassen kriegen.

Ford lachte wie eine verrostete Müllschippe und sagte: »Laß sie doch!«

Wieder stellte sich Cole vor Dorie und sagte mit funkelnden Augen zu Ford: »Du wirst ihr nichts antun!«

»Hunter«, brummte Ford, »ich glaube, ihr habt beide gelogen. Von wegen, ihr könnt euch nicht leiden!«

Bei diesen Worten lief Cole ein Schauer über den Rücken. Wenn Ford gemerkt hatte, daß sie in dieser Beziehung gelogen hatten, konnte er sich leicht ausrechnen, daß auch alles andere Schwindel war. Und dann gab es für ihn keinen Grund mehr, sie am Leben zu lassen.

Er hätte Dorie mit Wonne erwürgen können. Jetzt hatte er sich seit einigen Tagen eingebildet, endlich eine Frau gefunden zu haben, die Verstand hatte. Und nun bewies sie an diesem Morgen, daß sie ... nun, sie benahm sich wieder wie das dümmste Weibsbild. Sie hatte keinen Funken Verstand im Kopf.

Sie hatten nur zwei Stunden schlafen dürfen. Dann kam der Befehl zum Aufbruch. Nach drei Stunden waren sie an eine Felsklippe gelangt, von der man auf eine kleine Stadt hinabblicken konnte. Eine Stadt der Sünde. Früher einmal mußte es gute Gründe gegeben haben, hier eine Stadt zu erbauen. Die waren aber längst vergessen. Die Bewohner, die hier mit ehrlicher Arbeit ihren Lebensunterhalt hatten verdienen wollen, waren weitergewandert. Dafür zogen Spieler und gesuchte Mörder ein. Jetzt war es ein Ort, in dem ein Neuankömmling, ob Mann oder Frau, nur die Wahl zwischen zwei Möglichkeiten hatte: entweder sein Geld oder sein Leben zu verlieren. Klar, daß Winotka Ford hier seine Zufluchtsstätte besaß. Es war ja der einzige Ort auf der Welt, wo er sich sicher fühlen konnte.

Bevor sie hinabritten, schauten sie auf die wenigen baufälligen Häuser hinab, um zu sehen, ob sich da unten vielleicht eine Posse des Sheriffs, ein Trupp Soldaten oder andere Leute aufhielten, die ihnen Ärger bereiten konnten.

Dorie saß noch mit Cole auf dem Pferd, als sie sich bei ihm erkundigte: »Reiten wir da runter?«

»Ja«, sagte Cole. Er zerbrach sich schon den Kopf über der Frage, wie sie von diesem Ort wegkommen könnten. Er hatte kein Geld, um jemand zu bestechen. Er hatte keine Waffe, um sich freizuschießen. Wenn sie einmal drin waren, wie sollten sie je wieder hinauskommen?

»Ich kann doch nicht im Nachthemd in die Stadt einreiten«, sagte Dorie in weinerlichem Ton.

»Das fällt überhaupt nicht auf«, erwiderte er herablassend. Zugleich überlegte er, ob er dort wohl Bekannte treffen würde. Falls ja, dann konnte er nur hoffen, daß er nie einen ihrer Angehörigen erschossen hatte.

»Du verstehst mich nicht«, sagte Dorie. »Ich kann das nicht tun.«

Warum behelligte sie ihn mit so unwichtigen Dingen? »Dorie, seit zwei Tagen reitest du im Nachthemd quer durch den Staat Texas. Die paar Stunden machen den Kohl auch nicht mehr fett. Sobald wir in der Stadt sind, besorgen wir dir etwas zum Anziehen.« Er hatte keine Ahnung, wie er ihr ohne Geld ein Kleid kaufen sollte. Aber das sagte er ihr natürlich nicht.

»Nein«, widersprach sie in heller Verzweiflung. »Bis jetzt hat mich ja noch niemand im Nachthemd gesehen. Aber in der Stadt wird es bestimmt Frauen geben.«

Er sah sie an wie eine Verrückte. »Du hast dich hier sogar vor lauter *Männern* im Nachthemd gezeigt. Das ist doch wohl peinlicher, als wenn Frauen dich so sehen, wie?«

Meine Güte, warum müssen Männer nur so dumm sein? dachte sie. Wie haben sie je von ihren Müttern lernen können, sich die Stiefel zuzuschnüren? Sie haben doch keinen Funken Verstand im Kopf! »Männer sehen aber gern eine Frau im Nachthemd. Ich habe zwar wenig Erfahrung, aber das weiß ich.« Es schien ihr unbegreiflich, daß er das nicht wußte. »Aber wenn ich mit nichts anderem als einem dreckigen Nachthemd bekleidet in die Stadt einreite, lachen die Frauen mich alle aus.«

Cole klappte vor Erstaunen die Kinnlade herunter. »Hier sind vier Männer, die jederzeit bereit sind, dich abzuknallen, und du machst dir Sorgen, daß eine Frau dich auslachen könnte?«

Sie verschränkte die Arme über der Brust. »Das ist eine Sache des Anstands.«

»Hier geht's nicht um Anstand, sondern um Tod und Leben.« Er fuhr sich mit der Hand übers Gesicht. Wie sollte ein Mann je die Frauen verstehen? Über ihre Schulter hinweg zeigte er nach unten. »Sieh dir die Stadt doch mal an!« Es standen nur noch acht Gebäude. Zwei von ihnen waren bis auf die Außenwände ausgebrannt, und eins sah aus, als wäre ihm das Dach weggeflogen. Ladenschilder hingen schief und krumm. Der Gehsteig war an vielen Stellen aufgerissen. Plötzlich sahen sie, wie unter drei Männern eine Schießerei begann. Sekunden später fiel einer tot um. Die anderen Einwohner warfen kaum einen Blick auf ihn. Blutvergießen war ja hier an der Tagesordnung. Ein vierter Mann zog den Toten von der Straße. Es schien der Bestattungsunternehmer zu sein.

»Dort reiten wir jetzt hin, und da machst du dir Gedanken, daß man dich im Nachthemd sieht?« sagte er mit verzerrtem Grinsen. »Hast du Angst, sie verweigern dir wegen ungehöriger Kleidung den Zutritt zum örtlichen Damenclub?«

Jetzt war ihr klar, daß Cole überhaupt kein Verständnis für sie hatte. Geschmeidig glitt sie vom Pferd und sagte ihm noch einmal mit Nachdruck, daß sie auf keinen Fall im Nachthemd die Stadt betreten werde. Da konnte er sagen, was er wollte, sie war nicht dazu zu bewegen.

»Dorie«, sagte er, am Rande seiner Geduld, »selbst im Nachthemd bist du noch anständiger angezogen als irgendeine Frau in dieser Stadt. Nichts an dir ist unschicklich.«

Sie gab keine Antwort, denn einen vernünftigen Grund für ihre Weigerung konnte sie selber nicht angeben. Sie wußte nur, daß sie, in ungefähr zwölf Meter ehemals weißer Baumwolle gehüllt, nicht in diese sonderbare kleine Stadt reiten konnte.

»Dorie, du ...«, begann Cole.

»Hol ihr ein Kleid!« sagte Ford zu einem seiner Männer und zeigte mit dem Schießeisen auf die Stadt.

Danach wechselten Cole und Ford einen Blick, der die jahrhundertealte Erkenntnis ausdrückte, daß ein Mann niemals die Ansichten einer Frau verstehen würde und es am besten gar nicht erst versuchte.

Dorie war froh, nicht mehr auf dem Pferd zu sitzen, und begab sich unter eine Pinie, die das einzige bißchen

Schatten in der Umgebung spendete. Dort setzte sie sich hin und ordnete die Falten des Nachthemds so, wie es sich für eine Dame – und sie war doch eine! – geziemte.

Cole hob hilflos den gesunden Arm, band dann die Feldflasche vom Sattel, ging zu ihr und bot ihr Trinkwasser an. Er hütete sich, noch ein weiteres Wort zu ihr zu sprechen, sonst hätte er womöglich die Beherrschung verloren. Wenn sie sich schon in einer so unwichtigen Sache derartig stur verhielt, was sollte er dann tun, wenn sie sich bei einer etwaigen Flucht weigerte, seinen Anordnungen zu folgen?

Nach einer Weile streckte er sich neben ihr aus, zog den Hut über den Kopf und schlief augenblicklich ein. Er wachte erst auf, als er Hufschlag hörte, der sich ihnen näherte. Instinktiv griff er nach dem Schießeisen. Aber da war ja keins. Nur ein stechender Schmerz fuhr ihm durch den verletzten Arm.

»Ich hab eins gekriegt!« sagte der Reiter, aufgeregt wie ein kleiner Junge, zu Ford. Ohne Zweifel war es das erste – und wenn es nach Cole ging, auch das letzte – Kleid, das er je für eine Dame erstanden hatte. Der Mann war so außer sich vor Freude, als hätte er gerade eine Bank ausgeraubt. »Es ist noch kaum getragen. Ich hab es von Ellie. Sie ist ja die einzige in der Stadt, die so klein ist wie die da. Zuerst wollte Ellie es nicht rausrücken. Aber dann hab ich ihr gesagt, es ist für dich, und da hat sie mir's gegeben. Sie will es aber ohne mit Blutflecken dran zurückkriegen.« Stolz hielt er einen Haufen dunkelroten Samtes in die Höhe. Zu seinen Füßen hatte er eine Leinwandtasche abgestellt, die die dazugehörige Unterwäsche enthielt. »Kommt alles direkt aus Paris«, sagte er.

»Wohl aus Paris, Tennessee, was?« sagte Cole mit geringschätzigem Lachen, nachdem er einen Blick auf das Kleid geworfen hatte. »Kannst du gleich wieder zurückbringen«, fuhr er fort. »Das zieht sie bestimmt nicht an.«

»Doch«, sagte Dorie, »das ziehe ich an.« Damit trat sie auf den Mann zu und riß ihm das Kleid aus den schmierigen Händen.

»Auf keinen Fall!« sagte Cole empört. »Obenrum hat das Kleid fast gar nichts. Es läßt ... es läßt alles sehen.«

»Du bist ja engherziger als der Priester von Willoughby.«

Cole stutzte. »Willoughby?«

»Na, da wohne ich doch«, sagte sie betont. »Und da ist auch das Gold versteckt.«

Wenn das Kleid Cole schon ärgerte, so war er erst recht verdrossen darüber, daß er nicht sofort gemerkt hatte, warum sie diesen Ort nannte. Die Frau geriet ihm langsam, aber sicher außer Kontrolle. »Du wirst dieses Kleid nicht anziehen«, rief er und riß es ihr weg.

»Doch.« Sie versuchte es wieder an sich zu bringen, aber er hielt es hinter seinen Rücken.

Da sie es nicht bekommen konnte, drehte sie sich brüsk um und verschränkte die Arme über der Brust. »Wenn ich das Kleid nicht anziehen kann, betrete ich diese Stadt nicht, und niemand kriegt das Gold.«

Ein solches Problem war für Cole völlig neu. Sonst hatte er nie Schwierigkeiten mit Frauen. Bei ihm sagten sie immer bereitwillig ja. Lag vielleicht an seinem guten Aussehen. Aber er war ja noch nie so dumm gewesen, von einer Frau etwas zu verlangen, was sie auf keinen Fall wollte.

Instinktiv drehte er sich zu den anderen Männern um. Doch zu seinem Mißbehagen standen sie nur da und sahen ihnen gespannt zu, als wären Cole und Dorie fahrende Schauspieler, die ihnen Unterhaltung bieten wollten. Sogar Ford, der sich die Nägel mit einem so großen Messer reinigte, daß man einen Büffel hätte damit abhäuten können, schien es nicht eilig zu haben. Von ihm aus durften sich die beiden ruhig weiter streiten.

Cole trat einen Schritt auf Dorie zu und sagte: »Dorie, komm doch endlich zur Vernunft!«

Sie fuhr ihn an: »Warum soll ich das Kleid denn nicht anziehen? Glaubst du, in dieser Stadt gibt es eine große Auswahl an Kleidern, die man zum Kirchgang tragen kann? Und außerdem, was geht dich das überhaupt an?«

Ihre Worte machten Cole nur noch zorniger. »Ich will nicht, daß die ganze Stadt dich anstarrt!« schrie er. »Du bist schließlich *meine* Frau!«

Zu seiner Verblüffung begann Dorie zu lächeln. Was er eben gesagt hatte, schien ihr sehr zu gefallen. Sie hielt ihm die Hand hin und sagte: »Gib mir das Kleid!«

So eine kleine Frau konnte einen Mann also wirklich bis an den Rand des Wahnsinns treiben! Oder war es nicht Wahnsinn, sondern Enttäuschung? Aber er war kein Dummkopf. Er merkte es, wenn er geschlagen war. Er würde sie nie dazu bewegen können, in dem Nachthemd das Pferd zu besteigen. Und ein anständiges Kleid konnte er ihr auch nicht beschaffen.

Resigniert gab er ihr das Kleid, und Dorie begab sich hinter den nächsten Felsen, um sich umzuziehen.

Sowie sie außerhalb seiner Sichtweite war, befühlte sie den Samtstoff. Es war ein erhebendes Gefühl. Ursprünglich hatte sie ja auch an ein anständiges Kleid gedacht. Aber dieses hier war viel besser. Es war ein Kleid, von dem Frauen träumen. Ein Kleid, in dem sie die Aufmerksamkeit aller Männer auf sich lenken würde. Im Haus ihres Vaters hätte sie so ein Kleid nie tragen dürfen. Er hatte sie immer kontrolliert, darauf geachtet, daß sie ihre Haare sittsam zusammenband und nirgends ein Stück nackter Haut zu sehen war. Schon wenn sie keine Handschuhe überstreifte, wurde er zornig. Kein Mann hatte ihre nackten Hände sehen dürfen.

Sie schlüpfte aus dem jungfräulich langen Nachthemd und begann den langen, komplizierten Ablauf des Ankleidens. Hemd, Unterhosen mit rosa Schleifen am Knie, hübsche schwarze Strümpfe, die nur einen einzigen Riß aufwiesen, spitzenbesetzte Strumpfbänder, ein Korsett, das in den Augen ihres Vaters für unanständig gegolten hätte – schwarze Seide mit rosa Bändern an den Seiten – Korsettoberteil, zwei Unterröcke, beide mit Ösen, und zuletzt das Kleid. Mit angehaltenem Atem zog sie es über den Kopf.

Der Rock war aus dunkelrotem Samt mit karmesinroten Seidenstreifen. Schon als Dorie das Kleid über den Kopf zog, wußte sie, daß es ihr passen würde. Ja, es paßte wirklich. Tief einatmen durfte sie zwar nicht, weil es in der Taille sehr eng saß. Aber was machte ihr diese Kleinigkeit schon aus? Ein Mieder war in der Tat kaum vorhanden. Jedenfalls war es so tief ausgeschnitten, daß ihre Brüste praktisch oben herauskullerten. Doch sie fand, daß das dunkle Rot einen reizvollen Kontrast zu ihrer elfenbeinfarbenen Haut bildete.

Zu ihrer freudigen Überraschung ließ sich das Kleid an der Vorderseite schließen. Es mochte mehr als 100 Ösen und Haken haben. Zuerst wunderte sie sich, daß es vorn und nicht, wie üblich, hinten zu schließen war. Doch dann fiel ihr ein, daß die Trägerin sich so viel schneller an- und ausziehen konnte. Und das war natürlich auch der wahre Grund für diese Anordnung.

Sie schlüpfte noch in die hübschen kleinen Schuhe und trat dann hinter dem Felsen hervor. Vier Männer glotzten sie sprachlos an.

Und ihr wurde warm ums Herz.

Wie oft hatte sie erlebt, daß Rowena ins Zimmer kam und alle Männer sie wie versteinert anstarrten! Alle verstummten, Frauen wie Männer. Selbst Kinder wurden beim Anblick ihrer Schwester still und rührten sich nicht mehr von der Stelle.

Bei Dorie war so etwas nie passiert. Sie hätte hinter einer Blaskapelle auf dem Rücken eines weißen Elefanten einherreiten können – niemand hätte von ihr Notiz genommen. Das hatte sie jedenfalls immer geglaubt.

»Na, steht es mir einigermaßen?« fragte sie schüchtern. Genauso schüchtern hatte Rowena diese Frage immer den Anwesenden gestellt. Dorie hatte darum wie alle anderen geglaubt, daß sie bescheiden wäre. Deshalb sagte man ja auch stets: »Ist sie nicht zum Anbeten? Sie ist wunderschön und weiß es nicht einmal! Sonst würde sie doch nicht wie jede normale Frau fragen: Na, steht es mir einigermaßen?« Erst jetzt erkannte Dorie, was für eine nette Frau Rowena war. Sie hätte ja nicht so zu fragen brauchen. Sie konnte es in den Augen der anderen wie in ebenso vielen Spiegeln erkennen, wie wunderbar sie aussah. Mit ihrer Frage wollte sie erreichen, daß die Menschen nicht in Ehrfurcht vor ihrer Schönheit erstarrten, sondern sich ganz normal benahmen. So ließ Rowena die Leute in dem Glauben, daß sie zwar atemberaubend aussah, es aber gar nicht wußte.

Nun spielte Dorie zum erstenmal im Leben dieses Spiel. »Will es mir denn keiner sagen?« fragte sie mit der ganzen Unschuld einer Vierzehnjährigen, die sich in ihrem ersten Partykleid vorstellt.

Aber Cole stand da wie angewurzelt. Wie die vier anderen Männer starrte er sie sprachlos an. Dorie war nicht so schön wie ihre Schwester, aber in ihrer Art noch viel atemberaubender. Die losen Haare, die tagelang Wind und Sonne ausgesetzt gewesen waren, schwebten ihr wie eine weiche, volle verführerische Wolke um den Kopf. Das herzförmige kleine Gesicht sprach von Unschuld und hoher Intelligenz. Der Glanz in ihren Augen rührte nicht vom Sonnenschein her, sondern verriet, daß ihr wunderbarer kleiner Verstand Tag und Nacht tätig war. Der hübsche Mund, klein, aber mit vollen Lippen, darunter das energische Kinn, und darunter ...

Cole ballte die Fäuste. Er war kein Mensch, der es auf Besitz abgesehen hatte. Er hatte ja niemals etwas besessen und verlangte auch nicht danach. Und er war noch nie auf den Gedanken gekommen, einen anderen Menschen als seinen Besitz anzusehen. Aber nun mußte er auf einmal daran denken, daß alles, was Dorie den Blicken dieser Männer preisgab, *ihm* gehörte. Und sie stellte es in aller Öffentlichkeit zur Schau, bevor er es unter vier Augen zu Gesicht bekommen hatte!

Bei ihrer ersten Begegnung hatte er gedacht, sie hätte keine Figur. Einen ganz netten Busen, nun ja. Doch was er jetzt sah, war sehr viel mehr als eine »nette« Figur. Sie hatte einen langen, anmutigen Hals, dem es gebührte, im Schmuck von Edelsteinen zu strahlen. Die leicht abfallenden Schultern waren vollkommen geformt. Darunter die schönen Brüste, die sich köstlich rund über den Samt erhoben. Schließlich die erlesene schmale Taille.

Wenn er sie mit einem Wort beschreiben sollte, so hätte er das Wort »elegant« gewählt. Sie verstand es, dieses Kleid so zu tragen, als könnte sie darin zum Tee bei einer Königin erscheinen. Jede andere Frau würde darin wie eine Hure aussehen. Wie sie das fertigbrachte, blieb ihm unerfindlich. Vielleicht spiegelten sich all die Bücher, die sie gelesen hatte, in ihren Augen wider. Vielleicht war es auch ihre edle Haltung. Oder einfach, weil sie eben keine Hure war. Deshalb mußten alle in ihr das erkennen, was sie wirklich war: eine Dame.

Konnte aber auch sein, daß ihr sahneweicher Teint ihn so blendete, daß er keines Gedankens mehr fähig war.

»Will mir denn keiner etwas sagen?« fragte Dorie

noch einmal. Von ihr aus hätten die Männer sie ein, zwei Jahre lang mit offenem Mund anstarren können. Dennoch hätte sie gern ein paar Worte gehört, die man noch nie zu ihr gesprochen hatte. Worte wie »wunderschön«, »köstlich« oder »himmlisch«. Ihr hätte zunächst schon das einfache Wort »hübsch« ausgereicht.

Cole ahnte, was sie erhoffte. Aber, verdammt noch mal, von ihm würde sie es nicht zu hören kriegen. Jedenfalls nicht in Gegenwart dieser Männer, denen die Augen aus dem Kopf zu fallen schienen. Er hatte mal von Ländern gehört, in denen die Männer von ihren Frauen verlangten, daß sie vom Kopf bis zu den Zehen verschleiert umhergingen. Ah, das waren kluge Männer!

In Sekundenschnelle nahm Cole seinem Pferd die Decke vom Rücken und wollte sie Dorie um die Schultern legen.

»Wirklich, Mr. Hunter, dafür ist es viel zu heiß«, sagte Dorie, glitt von ihm fort und warf dann einen unschuldigen Blick über die Schulter auf ihn.

Die Männer begannen zu lachen. Spätestens jetzt bekam Cole den Wunsch, sie alle umzubringen.

»Kann mir jemand beim Aufsteigen helfen?« fragte Dorie im Tonfall einer traditionellen Schönen des Südens und klimperte mit den Wimpern. »Der Samt ist einfach zuuuu schwer.« Sie sagte nicht ausdrücklich: »zu schwer für eine zarte Frau wie mich« – doch es war herauszuhören.

Erstaunlicherweise schaffte es Cole, sie mit einem Arm hochzuheben. Dann ließ er sie so hart auf dem Sattel nieder, daß ihre Zähne aufeinanderklapperten. Doch Dorie behielt ungerührt ihr anmutiges Lächeln bei.

Und sie lächelte auch unentwegt in der halben Stunde, die sie für den Ritt in die Stadt benötigten. In dieser

Zeit las ihr Cole die Leviten. »Zu ihrem eigenen Besten« verbreitete er sich über die Art, wie sie sich in der Öffentlichkeit zur Schau stellte. Unter anderem behauptete er, ihre Haut würde in der Sonne Schaden nehmen. Er führte an, was die Männer von ihr denken würden. Schließlich sagte er sogar: »Was würde wohl dein Vater dazu sagen?« Da mußte Dorie laut lachen. Denn bisher hatte sie noch nie jemand eifersüchtig machen können. Und sie fand es interessant, daß ein Mann wie Cole Hunter eifersüchtig wurde, weil andere Männer sie anglotzten.

»Was werden denn die Männer in der Stadt von mir denken, wenn sie mich sehen?« fragte sie leise und lehnte sich an ihn.

»Daß du eine Hure bist, das werden sie denken«, erwiderte er prompt.

»Und was würdest du denken, wenn du mich siehst?« fragte sie, bevor er seine Moralpredigt fortsetzen konnte.

Cole wollte ihr sagen, daß er sie auch für eine Nutte halten würde. Doch das brachte er dann doch nicht übers Herz. Dorie konnte gekleidet sein, wie sie wollte, um sie herum blieb ständig eine bestimmte Aura: Ansehen dürft ihr mich, anfassen kommt nicht in Frage.

»Ich würde denken, daß du sehr schön bist«, antwortete er leise. »Ich würde denken, daß ein Engel zur Erde herabgestiegen ist.« Und er küßte sie auf die nackte Schulter.

Mehr brauchte es nicht. »Ich liebe dich«, flüsterte sie, und diese Worte kamen ihr aus tiefster Seele.

Cole hörte auf, ihre Schulter mit Küssen zu bedecken, gab aber keine Antwort. Er durfte seinen Gefühlen keinen Ausdruck geben. Eine Frau, die so gut und so sauber wie Dorie war, konnte vom Leben etwas Besseres verlangen als einen alternden Revolverhelden. Sie verdiente den besten Mann, den es gab. Und er wünschte, daß er das wäre.

Vorübergehend lenkte Ford ihn von seinen Gedanken an Dorie ab. Der Bandit überholte sie nämlich und sagte im Vorbeireiten zu ihm: »Weißt du, Hunter, es macht richtig Laune, euch beide zu beobachten. Deshalb wird es mir beinahe leid tun, wenn ich euch erschießen muß, falls ich merke, daß ihr mich an der Nase herumgeführt habt. Aber ich kann Falschspieler und Lügner einfach nicht ausstehen.«

Als er an ihnen vorbei war, sagte Dorie: »Dafür mag er bestimmt Kröten. Denn seine Mutter muß eine gewesen sein.«

Cole sagte nichts dazu.

10

Statt dessen schnitt Cole ein anderes Thema an. Er brachte den Mund an ihr Ohr, wobei er sich Mühe gab, nicht auf ihren halbnackten Oberkörper zu starren, und sagte: »Dorie, ich möchte, daß du mir jetzt ganz genau zuhörst. Hast du verstanden?«

Sie nickte und erwartete, daß er etwas Schlimmes sagen würde.

»Ich weiß jetzt, was sie mit uns vorhaben.«

Es mußte wirklich eine ernsthafte Sache sein. Sonst hätte er damit nicht gewartet, bis sie kurz vor der Stadt waren.

»Wir werden nicht in der Stadt bleiben. Es sieht so aus, daß ein Mann, der Ford haßt ...« Er unterbrach sich und gab einen Laut von sich, der besagte: haßt ihn nicht jeder? »Also, ein alter Feind von ihm ist in der Stadt, und Ford will ihm nicht begegnen. Ich dachte, es würde sich eine Fluchtchance für uns ergeben, sobald wir unter vielen Menschen sind. Aber dazu wird es nicht kommen. Ford will nur Lebensmittelvorräte und ein paar Flaschen Bier einkaufen und sich dann in die Berge verziehen. Dort will er uns, glaube ich, zwingen, ihm das Goldversteck zu verraten. Wenn wir es nicht tun, werden wir nicht mehr lebend aus den Bergen wegkommen.«

Sein Griff um ihre Taille verstärkte sich. »Ich versuche, Ford dazu zu bringen, daß er mit mir in den Saloon geht. Dort sorge ich irgendwie für eine Ablenkung und versuche, mir ein Schießeisen zu schnappen. Wenn ich eins kriege, rase ich auf die Straße, stehle ein Pferd und reite nach Süden. Ich will, daß du draußen auf dem Pferd sitzenbleibst. Wenn ich Ford abgelenkt habe, ergreifst du die Gelegenheit und reitest nach Norden weg. Sollte ich nicht aus dem Saloon wiederkommen und du hörst Schüsse, dann mußt du sofort und so schnell wie möglich wegreiten, immer nach Norden. Du darfst dich nicht mal umsehen. Verstanden?«

»Wo treffen wir uns?«

Er holte tief Luft. »Nirgendwo.« Sie wollte sich fragend nach ihm umschauen, aber er ließ es nicht zu. »Dorie, dann haben wir alles getan, was zu tun war. Ich habe deine Schwester daran gehindert, dich zu der Hochzeit mit Mr. Pfefferstreuer zu zwingen, aber du wirst einsehen, daß danach nichts mehr zwischen uns sein darf. Ich habe zu viele Feinde.«

Dorie ahnte, daß er aus Besorgnis um sie auf alles verzichten wollte. Es kam ihm allein auf ihre Sicherheit an. Sie waren der Stadt jetzt ganz nahe, und ihr blieben nur noch wenige Minuten, um die bedeutungsvollste Entscheidung ihres Lebens zu treffen. »Liebst du mich?« fragte sie.

»Das hat doch nichts damit zu tun ...«

»Liebst du mich?« fragte sie wieder.

»Ja«, sagte er, »aber meine Gefühle haben nichts zu bedeuten. Schon gar nicht, wenn du plötzlich tot bist.«

Jetzt drehte sie sich doch im Sattel nach ihm um. »Würdest du mit mir in Latham leben wollen, wenn du könntest? Und mir helfen, die Stadt in Ordnung zu halten?«

Lächelnd gab er ihr einen Kuß auf die Nase. »Nichts wäre mir lieber als ein eigenes Bett, ein eigenes Haus und eine ...« Er sah auf ihre Haare, die Lippen und in ihre Augen und ahnte, daß er sie jetzt wahrscheinlich zum letztenmal im Leben sah. Wenn er in der nächsten Stunde mit dem Leben davonkommen sollte, würde er in einer und sie in der entgegengesetzten Richtung davonreiten. Es würde ihm schwerfallen, aber danach durfte er sie niemals in ihrer friedlichen kleinen Stadt besuchen. Sie hatte es nicht verdient, ihr Leben lang an einen »alternden Revolverhelden« gebunden zu sein.

»Dorie«, sagte er und drehte ihren Kopf zu sich, um ihr einen Kuß zu geben. Den Abschiedskuß.

Aber sie wandte sich ab. Sie wollte ihn nicht küssen.

Cole war ärgerlich. Da hatte er nun die besten Absichten, und sie verweigerte ihm einen Kuß! Wahrscheinlich sah sie ihn nun in einem anderen Licht: als den Mann, der sie in diese Schwierigkeiten hineingeritten hatte. Oder vielleicht war ihr auch bei der Erwähnung ihrer kostbaren kleinen Stadt Latham zu Bewußtsein gekommen, daß er im Gegensatz zu ihr ein Habenichts war.

Als sie in der Stadt ankamen, zog Cole ein verkniffenes Gesicht. Sein Entschluß stand fest. Er würde alles tun, was in seiner Macht stand, damit sie unversehrt entkommen konnte. Danach trennten sich ihre Wege.

In Wirklichkeit hatte Dorie ihm jedoch den Kuß verweigert, weil sie spürte, daß es ein Abschiedskuß sein sollte. Und sie dachte nicht daran, ihn aufzugeben, nachdem sie sich ihr Leben lang einen Mann wie ihn gewünscht hatte. Sie liebte und wollte ihn behalten. Und zwar lebend.

Aber sie hatte auch keine Ahnung, wie sie verhindern sollte, daß er ihretwegen erschossen würde. Sie konnte nur hoffen, daß ihr noch rechtzeitig etwas einfallen würde.

Coles Plan ging von Anfang an schief. Denn Ford verlangte, daß sie alle mit ihm in den Saloon gingen. Und Coles Idee konnte nur klappen, wenn Dorie mit einem von Fords Männern als Bewacher draußen wartete. Doch Ford entschied wohlweislich, daß es besser sei, wenn die ganze Gruppe zusammenbliebe. Weniger klug hielt Dorie seine Absicht, den Saloon überhaupt auf ein, zwei Flaschen Whisky zu betreten. Das konnte gefährlich für ihn werden, wenn er einen Mann wie Cole Hunter als Gefangenen mit sich führte.

Beim Eintreten schoß ihr durch den Kopf, daß Cole plante, für »eine Ablenkung zu sorgen«. Was konnte das bei einem Mann seines Kalibers bedeuten? Wollte er mit einem Gast einen Streit anfangen? Sollte sie dann in dem entstehenden Tumult hinausrennen, sich auf ein Pferd schwingen und schon über alle Berge sein, wenn Ford ihr Verschwinden bemerkte? Erwartete er wirklich ein so schimpfliches Verhalten von ihr, nachdem sie ihm ihre Liebe gestanden hatte? Meinte er denn, sie liebte ihn nur an guten Tagen und würde ihn verlassen, wenn die Dinge eine schlimme Wendung nahmen?

Als Dorie von draußen in den Saloon kam, konnte sie zuerst überhaupt nichts erkennen. Erst allmählich gewöhnten sich ihre Augen an das Halbdunkel. Doch nun sah sie fast noch weniger. Tabakqualm hing wie eine dichte Wolke im Schankraum. Dem Geruch nach hatten die Gäste wohl ebenso viel Bier verschüttet, wie sie getrunken hatten. Schließlich sah sie die vielen Männer, die sich hier aufhielten und nicht gerade so wirkten, als wären sie sonntags eifrige Kirchgänger. Sie spielten Karten oder hatten ein Glas in der Hand, und ihre Mienen verrieten, daß sie in jedem anderen einen Feind vermuteten.

Auch Frauen hingen mit teilnahmslosen Blicken im Saal herum. Dorie hatte einiges über diese »schlechten« Frauen gehört und immer geglaubt, sie wären gefährlich und unerhört verführerisch. Frauen, die alle Geheimnisse der Männer kannten. Doch die Frauen in diesem Saloon sahen nur schmutzig und müde aus. Dorie hatte das Gefühl, daß sie viel lieber mit einem Stück parfümierter Seife im heißen Wasser einer Badewanne gesessen hätten, um sich danach ordentlich auszuschlafen.

Alles in allem war der Saloon eine Enttäuschung. Sie hatte es sich viel aufregender und gefährlicher vorgestellt. Aber hier waren nur müde, gelangweilt aussehende Menschen.

Sie war so in ihre Betrachtungen versunken, daß ihr fast entgangen wäre, wie Cole den Versuch unternahm, einem der Kartenspieler den Revolver aus der Halfter zu stehlen. Er tat so, als wäre er gestolpert und müßte sich mit der Hand aufstützen. Wenn der Mann sich umdrehte, würde er Cole auf frischer Tat ertappen. Und er sah wirklich nicht so aus, als würde er Cole großmütig verzeihen.

Dorie handelte instinktiv, ohne Berechnung. Es ging ihr nur darum, »für eine Ablenkung zu sorgen«. Wenn es Cole gelingen sollte, den Revolver zu stehlen, dann mußten sämtliche Gäste im Saloon einschließlich Fords und seiner Männer von ihm abgelenkt werden und nicht so aufmerksam sein, wie sie es jetzt noch waren.

Eben noch schob der dickste von Fords Männern sie vor sich her durch den Raum. Im nächsten Augenblick begann Dorie zu singen. Sie hatte früher mal im Kirchenchor gesungen und kannte fast nur fromme Lieder. Bis auf einen einzigen Song, der von einem kleinen Singvogel handelte. Vielleicht würde der den Männern gefallen.

Nun, unter diesen Leuten befand sich bestimmt kein großer Musikkenner. Man würde ihren Gesang also kaum besonders kritisch beurteilen.

Alle Anwesenden hielten in ihrer Tätigkeit inne und starrten sie an. Vor Aufregung blieben ihr einige Töne im Halse stecken. Der Kirchenchorleiter in Latham hatte sie dafür getadelt. Aber hier beklagte sie niemand. Sie schienen nur alle auf das Oberteil ihres Kleides zu gucken – oder vielmehr auf das, was es von ihren Reizen entblößte.

Dorie fuhr sich mit der Hand an die Kehle.

Cole zischte sie an: »Dorie!« und trat auf sie zu. Doch sie entwischte ihm. Hoffentlich nutzte er die kostbare Zeit, die sie ihm verschaffte, um seinen Plan auszuführen, und versuchte nicht wieder, sie an ihrem Tun zu hindern. Sie hatte genug davon, sich nach den Wünschen der Männer zu richten. Die Männer wollten ja hauptsächlich, daß eine Frau ein zurückgezogenes, langweiliges Leben führte. Außerdem hatte sie aus ihren bisherigen Erlebnissen einige Lehren gezogen. Sie hatte ihrem Vater immer gehorcht, mit dem Ergebnis, daß er sie nur noch mehr abkapselte und härter arbeiten ließ. Rowena hatte ihm nicht gehorcht und dafür Liebe und Freiheit gewonnen. In jüngster Zeit hatte Dorie diesem Mr. Hunter in allen Belangen den Gehorsam verweigert, und siehe, er hatte sich in sie verliebt. Wenn sie aus diesem Schlamassel je wieder herauskäme, würde sie in Ruhe diese philosophischen Gedanken weiter ausspinnen. Im Moment hatte sie dafür keine Zeit. Jedenfalls würde sie sich vorläufig allen Anordnungen Mr. Hunters widersetzen, was vermutlich dazu führen würde, daß er ihr die Füße küßte – oder alles andere, was er zu küssen begehrte.

Da jetzt alle Blicke auf ihr ruhten, trennte sie sich von Fords Männer, und keiner versuchte, sie zurückzuhalten. Nachdem sie dreimal den Refrain des Vogellieds geschmettert hatte, ging sie zu einem anderen Song über, den sie von der Frau des Lebensmittelhändlers in Latham gelernt hatte.

Nach einigen Minuten merkte sie, daß die Gäste ihr weniger aufmerksam lauschten. Und Cole hatte immer noch nichts unternommen! Er stand nur auf einem Fleck und starrte sie finster an. Er versuchte gar nicht mehr, ein Schießeisen, ein Pferd oder sonstwas zu stehlen. Und es sah ganz danach aus, als wären den Männern im Saloon ihre Karten nun wieder wichtiger als irgendeine nicht ganz züchtig bekleidete Sängerin. Wo Mord und Totschlag an der Tagesordnung waren, brauchte es schon mehr, um ihre Aufmerksamkeit zu fesseln.

Wieder handelte Dorie ohne Überlegung. Sie wollte nichts weiter als die allgemeine Aufmerksamkeit auf sich lenken, damit niemand mehr auf Cole achtete. Hatte sie eben noch aus dem Hintergrund des Saloons gesungen, so kletterte sie nun von einem Barhocker auf die Theke, schritt die lange, vielfach eingekerbte Mahagoni-Oberfläche entlang und sang aus Leibeskräften, viel lauter als zuvor. Dabei überblickte sie von oben den Saal. Endlich schien Cole zur Vernunft gekommen zu sein, denn nun hielt er wieder nach einem Revolver Ausschau.

Irgendwann fand Dorie Gefallen an ihrem Tun. Es mochte daran liegen, daß sie so lange Zeit in einem stillen Winkel gelebt hatte. Jahrelang war sie unbeachtet geblieben, während ihre ältere Schwester die Aufmerksamkeit aller Männer erregte. Auf einmal machte es ihr Spaß, daß die Männer sie mit den Blicken verschlangen. Sie wußte nicht, wie es kam, aber es machte einfach Spaß.

Zuerst sang sie noch einmal das Vogellied, doch diesmal gab sie dem Zwitschern des kleinen Vogels im Baum eine anzügliche Bedeutung. Und dann sah sie, daß Cole im Begriff war, sich von einem Haufen Geldmünzen auf einem Spieltisch einige Stücke zu schnappen. Die Gefahr war groß, daß auch der Besitzer es merkte. Um den Mann abzulenken, bückte sich Dorie, faßte ihren Kleidersaum und hob den Rock über die Fußgelenke.

Diese Geste hatte durchschlagende Wirkung auf die Männer. Woraufhin sie den Saum noch etwas höher hob. Meine Güte, dachte sie, was für ein Getue um so etwas Stinknormales wie ein Paar Fußgelenke!

Jemand begann Klavier zu spielen. Obwohl ein paar Tasten bei einer Schießerei hatten daran glauben müssen, hörte es sich doch ganz festlich an. Das reizte Dorie, nicht einfach mehr auf der Theke entlangzuwandern, sondern Tanzschritte zu vollführen. Dabei schwenkte sie die Hüften, wie sie es oft bei Rowena gesehen hatte.

Als Dorie am anderen Ende der Theke ankam, blickte sie über die linke Schulter in den Saal, hob langsam die rechte Hand und ließ den Schulterträger etwas über den Arm hinunterrutschen.

Dann sah sie, wie Cole sich aus dem Saloon schlich. Aus lauter Angst, Ford würde sein Verschwinden bemerken, fing sie an, ihr Kleid vorn aufzuknöpfen. Ganz langsam löste sie einen Haken nach dem anderen. Prompt schlugen die Gäste anfeuernd im Takt mit den Bierkrügen auf die schmutzigen alten Tische.

Erst als sie den letzten Haken aus der Öse gezogen hatte und Cole nicht wiederaufgetaucht war, kriegte sie Bedenken. Er würde sie doch nicht diesen Barbaren auf Gnade und Ungnade überlassen? Er war von ihrem Treiben doch nicht etwa so abgestoßen, daß er sie nicht mehr wiedersehen wollte? Er würde doch zurückkommen und sie herausholen, oder?

Langsam rutschte ihr Kleid über die Hüften hinab und fiel auf die Theke. Sofort grapschte eine der Frauen danach. Dorie nahm an, daß es Ellie, die Besitzerin, war. Jetzt war Dorie nur noch mit ihrer Unterwäsche bekleidet.

Als nächstes fielen die Unterröcke, und immer noch keine Spur von Cole! Das Korsettoberteil fiel, und sofort schnappte die Frau wieder danach. Sie stand ihr jetzt zu Füßen, als wäre sie ihre Kammerzofe.

»Könnte ich etwas zu trinken haben?« sagte Dorie leise zu dem Barkeeper, aber der hörte gar nicht hin. Wie alle Männer im Saloon wartete er gespannt, was sie als nächstes ausziehen würde. Was hatte sie denn überhaupt für ein Getränk erwartet? Etwa Buttermilch?

Sie fummelte gerade an der vorderen Verschnürung des Korsetts, als Cole auf einem großen kastanienbraunen Pferd, gefolgt von drei weiteren Männern, durch die Schwingtüren in den Saloon stürmte. Noch nie im Leben war sie über das Erscheinen eines Menschen so froh gewesen.

Das Eindringen der vier Reiter und die Enttäuschung der Gäste über das jähe Ende von Dories »Vorstellung« führten in Sekundenschnelle zu einem allgemeinen Tohuwabohu. Nach Dories Meinung konnten die Tiere, was immer sie tun mochten, nur zur Verbesserung des Geruchs im Saloon beitragen.

Ringsum schlug man mit den Fäusten aufeinander ein. Auch ein paar Schüsse lösten sich. Cole ritt auf die Bar zu, offenbar in übelster Laune. Ohne Dorie anzusehen, packte er sie um die Taille, warf sie wie einen alten Sack quer über sein Pferd und ritt aus dem Saloon.

11

Ich hätte dich dalassen sollen«, sagte Cole. Sie lagen zusammen im Bett – oder vielmehr auf einem Liegesitz im Zug. Seit drei Tagen las er ihr nun schon die Leviten. Das mußte ein neuer Texas-Rekord sein.

Immerhin legte er von Zeit zu Zeit eine Pause ein, um sie bei jeder möglichen Gelegenheit zu lieben, nachdem sie Winotka Ford und seinen Männern entkommen waren.

Nur einmal äußerte Dorie die Ansicht, daß sie zu der geglückten Flucht beigetragen habe. Davon wollte Cole nichts wissen. Wenn sie seine Anordnungen befolgt hätte, sagte er, dann wäre die Rettung noch schneller vonstatten gegangen.

Dorie sagte nur: »Ja, Liebster«, und kuschelte sich, hungrig nach weiteren Küssen, an ihn.

Und so war es verlaufen: Cole hatte ein Schießeisen und etwas Geld von den Kartenspielern im Saloon gestohlen, war hinausgerannt und hatte den Mann gesucht, der Ford umbringen wollte. Als er ihn gefunden hatte, war er mit ihm und zwei Freunden zurückgekehrt. Cole hatte nicht die Absicht, sich in den Kampf einzumischen. Er meinte, die verfeindeten Parteien könnten es allein ausfechten.

Selbstverständlich behauptete er, Dories unanständige, geradezu unzüchtige Tanzvorstellung hätte die ganze Aktion erschwert. Sie hatte sich vor allen Leuten ausgezogen!

Er ließ ihr keine Gelegenheit, sich zu rechtfertigen. Nach einer Weile merkte sie, daß er nur eifersüchtig war. Und da mochte sie sich auch gar nicht mehr rechtfertigen. Früher hatte sie bei Männern immer nur Verdruß erregt. Zum erstenmal war jemand wegen ihr eifersüchtig. Das gefiel ihr eigentlich ganz gut. Anscheinend plagte Cole auch die Idee, es habe ihr Spaß gemacht, sich unter verführerischen Bewegungen vor all diesen Männern zu entkleiden.

Sie wollte ihm sagen, daß sie es nur für ihn getan und die Blicke der Männer als äußerst unangenehm empfunden habe, aber er ließ sie einfach nicht zu Worte kommen. Als er dann endlich schwieg, verzichtete sie darauf, sich zu verteidigen. Ein bißchen Geheimnis, dachte sie, mag besser sein, als wenn er alles wußte.

Er hatte ihr unterwegs ein Kleid gekauft, das viel zu groß für sie war und kein Stückchen Haut unbedeckt ließ. Dazu einen Hut, so groß wie ein Wagenrad, so daß andere Leute nicht mal mehr ihr Gesicht sehen konnten.

Im Hotel trug er sie als verheiratetes Paar ein. Und im Zimmer hörte er endlich auf mit seiner Litanei über ihr schreckliches Benehmen und ihren Ungehorsam, der sie in ernste Gefahr gebracht habe. Und nun legte Dorie ein Kleidungsstück nach dem anderen vor ihm ab. So zeigte sie ihm, wie sie ihre »Vorstellung« beendet hätte, wenn er nicht zurückgekommen wäre.

Cole ließ sich auf einem Sessel nieder, und nachdem die ersten drei Knöpfe des Kleides offen waren, sagte er kein Wort mehr.

Jetzt waren sie also, eng aneinandergekuschelt im Liegesitz, auf der Zugfahrt nach Latham.

»Dorie, hat es dir etwa Spaß gemacht?« fragte er sie.

Statt einer Antwort gab sie ihm einen Kuß. Sie hatte nicht mehr vor, ihm die Wahrheit zu sagen.

»Na schön«, sagte er, zeigte ihr aber, daß ihr Schweigen ihn ärgerte. »Dann sag es mir eben nicht! Dafür kannst du mir jetzt etwas über deine Stadt erzählen. Ist sie so ähnlich wie die von Ford?«

Dorie gefiel sein herablassender Ton nicht. Er tat so, als ob in Latham alles von allein lief, was nicht der Fall war. »Es ist nicht einfach, eine ganze Stadt in Ordnung zu halten«, sagte sie. »Ich habe dir ja bereits gesagt, daß Mr. Wrexler seine Miete nicht zahlen will.«

»Warum nicht?« fragte er und gähnte.

»Weil alle Frauen der Stadt ihn lieben. Nein, nein, sieh mich nicht so an! Mr. Wrexler ist ein häßlicher kleiner Mann, aber er bereitet ein Tonikum, das alle Frauen der Stadt lieben. Ich persönlich mag es nicht. Mich macht es nur sehr schläfrig. Aber die Männer geben es ihren Frauen ein, weil sie meinen, daß es die Frauen nachgiebig macht, und ich habe inzwischen gemerkt, daß das der Hauptwunsch aller Männer ist. Jedenfalls zahlt Mr. Wrexler keine Miete mehr. Und wenn ich ihn hinaussetzen will, dann möchte mich die ganze Stadt am liebsten an einen Pfahl binden und verbrennen. Ich weiß wirklich nicht mehr, was ich machen soll. Und warum lachst du?«

Immer noch lachend knabberte Cole an ihrem Hals. »Weißt du, ich habe früher immer gedacht, daß die ›guten‹ Menschen sich von den sogenannten ›schlechten‹ grundlegend unterscheiden. Jetzt komme ich zu der Erkenntnis, daß sie nur verschiedene Etiketten auf ihre Flaschen kleben.« Er küßte sie ein paarmal. »Apollodoria, als ich dich kennenlernte, dachte ich, daß du dir selbst genügst und keinen anderen Menschen brauchst. Aber mit jeder Minute, die vergeht, merke ich, wie dringend nötig du mich hast.«

»Von wegen!« sagte sie. »Ich habe dich in dieser dreckigen kleinen Stadt gerettet. Ohne mich wärst du …«

»Mmmmm?«

Doch sie sagte kein Wort mehr.

WAS MIT HASS BEGANN

BASTEI LÜBBE

1

Alle sechs Bedienungsknöpfe an der Wechselsprechanlage auf Kane Taggerts Schreibtisch leuchteten auf. Doch als sein Privatanschluß läutete, bat er den Gesprächspartner auf Anschluß 6, einen Augenblick zu warten, und meldete sich. Der Privatanschluß war seiner Familie und allen, die mit seinen beiden Söhnen zu tun hatten, vorbehalten.

»Mom«, sagte er und wandte sich auf seinem Drehsessel dem Anblick der New Yorker Skyline zu, »was für eine unerwartete Überraschung!« Ohne zu fragen, wußte er sofort, daß seine Mutter irgend etwas dringend von ihm wollte oder brauchte. Denn wenn sie nur mit ihm plaudern wollte, hätte sie ihn nicht während der Börsenzeit angerufen.

»Ich muß dich um einen Gefallen bitten.«

Er unterdrücke ein Stöhnen. Vor fünf Monaten hatte sein Zwillingsbruder geheiratet, und seither wurde der verwitwete Kane von seiner Mutter unablässig bearbeitet, sich auch wieder zu verehelichen.

»Du hast dringend Urlaub nötig.«

Diesmal stöhnte Kane wirklich auf. Ein Blick auf die Telefonanlage: Anschluß 4 hatte angefangen zu blinken. Das bedeutete, daß Tokio im Begriff war aufzulegen. »Heraus damit, Mom!« sagte er. »Welche Tortur hast du mir zugedacht?«

»Dein Vater fühlt sich nicht wohl und ...«

»Ich komme hin.«

»Nein, nein, es ist nichts dergleichen. Es ist nur, daß er ein so weiches Herz hat. Das hat ihn jetzt in eine Verlegenheit gebracht, und ich habe versprochen, ihn daraus zu befreien.«

Das war in der Familie nichts Neues. Sein Vater erklärte sich häufig freiwillig bereit, anderen Leuten zu helfen. Er tat es immer so ausgiebig, daß er sich manchmal dabei übernahm. Dann sprang regelmäßig seine Frau ein und spielte die Böse, um ihn von den freiwillig übernommenen Pflichten loszueisen.

Das Licht auf Anschluß 5 erlosch. »Was hat er denn diesmal gemacht?« fragte Kane.

»Du weißt doch, daß unser Nachbar Clem...« Ausführlich erklärte sie ihm, wer Nachbar Clem war. Natürlich nur, um Kane durch die Blume zu sagen, daß er schon ewig lange nicht mehr bei ihnen zu Hause gewesen war. Als ob er den Mann, den er seit Kindesbeinen kannte, inzwischen vergessen hätte! »Also, Nachbar Clem führt doch oft Urlauber von der Ostküste auf Abenteuertrips. Nun, vergangenen Monat war er mit einer Gruppe von sechs Männern unterwegs und es hat ihn ziemlich angestrengt. Clem ist ja nicht mehr der Jüngste, und die Bergtouren fallen ihm doch schon recht schwer.«

Kane erwiderte kein Wort. Clem war so drahtig und kräftig wie ein Mustang. Daher wußte Kane, daß das Anliegen seiner Mutter nicht das geringste mit Clems Gesundheitszustand zu tun hatte.

»Jedenfalls hat sich dein Vater bereit erklärt, die nächste Urlaubergruppe zu übernehmen.«

Clem war auch ein gerissener Schwindler. Wenn er Ian Taggert dazu überredet hatte, die nächste Gruppe zu übernehmen, dann mußte das einen Grund haben. »Ach, war es so schlimm, ja?« fragte Kane. »Waren wohl lauter echte Nervensägen, was?«

Pat Taggert stieß einen Seufzer aus. »Ganz schlimm. Beklagten sich über alles. Hatten Angst vor den Pferden. Ihr Boß hatte ihnen ›angeraten‹, die Tour zu machen, aber sie hatten überhaupt keine Lust dazu.«

»Ja, das sind die schlimmsten. Also, wozu hat Clem diesmal Dad überredet?«

Jetzt wurde Pat richtig zornig. »Clem hat erfahren, daß seine nächste Touristengruppe aus derselben Firma kommt. Nur diesmal, Kane ...«

»Nun sag's schon! Ich bin aufs Schlimmste gefaßt.«

»Diesmal sind es lauter Frauen! Clem hat das erfahren, und daraufhin hat er deinen Vater gebeten, zwei Wochen lang vier widerspenstige New Yorker Frauen auf einem Abenteuerritt zu führen. Kannst du dir das vorstellen? O Kane, du kannst nicht ...«

Kane mußte lachen. »Mom, du wirst doch nie den Oscar für die beste Schauspielerin gewinnen, also versuch's gar nicht erst! Du verlangst also, daß dein verwitweter Sohn – dein armer, einsamer, verwitweter Sohn – zwei Wochen allein in Gesellschaft von vier heiratsfähigen jungen Frauen verbringt und dabei vielleicht eine Mutter für seine Söhne findet.«

»Offen gesagt, ja«, erwiderte Pat ärgerlich. »Wenn du dich nur in deine Arbeit vergräbst, wie willst du dann je eine Frau kennenlernen? Diese vier Frauen wohnen alle in New York City, wo Mike und du auch hingezogen sind und ...«

Unterschwellig machte sie Kane damit Vorwürfe, daß er und sein Bruder das traute Heim der Familie verlassen und den Großeltern die Enkel entrissen hatten.

»Meine Antwort lautet eindeutig nein«, sagte Kane. »NEIN. Das wär's, Mom. Ich finde schon selber meine Frauen. Dafür brauche ich nicht deine Dienste als Heiratsvermittlerin.«

»Na schön«, sagte Pat seufzend. »Dann geh nur wieder an deine vielen Telefone!« Damit legte sie auf. Mit gerunzelter Stirn schaute Kane noch eine Zeitlang auf die Sprechanlage. Er mußte ihr Blumen schicken. Und vielleicht ein Schmuckstück. Doch er wußte selber, daß Blumen und Schmuck kein Ersatz für Enkel sind.

Erst um 8 Uhr abends kam er nach Hause. Da hatte seine Schwägerin Samantha seine beiden Söhne schon zu Bett gebracht. Sein Bruder Mike war in der Sporthalle. Also war er mit Sam allein. Kane ging zu seinen schläfrigen Söhnen und gab jedem einen Gutenachtkuß. Danach begegnete er ihr im Wohnzimmer.

Sam war hochschwanger. Wenn sie durch das Stadthaus watschelte, um zwei Männer und zwei lebhafte fünfjährige Zwillinge zu versorgen, hielt sie eine Hand ständig an den Rücken. Kane besaß selber eine Wohnung in New York, die hauptsächlich mit Kinderspielzeug angefüllt, im übrigen aber fast leer war. Außerdem hatte er Zimmer in seinem Elternhaus in Colorado. Aber nachdem Mike ihn mit Samantha bekannt gemacht hatte, war er mit seinen Söhnen allmählich in Mikes Stadthaus umgezogen. Sam hat es nicht anders gewollt, dachte Kane. Sam hatte sich immer eine Familie gewünscht, und deshalb wollte Mike ihr eine verschaffen.

Ohne zu fragen, brachte ihm Sam ein kaltes Bier im Krug. Er hatte ihr schon tausendmal gesagt, sie solle ihn nicht bedienen, aber Sam war sehr halsstarrig. Er stellte den Krug ab, stand auf, trat auf sie zu und half ihr, sich auf einem von Mikes tiefen Ledersesseln niederzulassen. Sie war nicht schwer, aber so schwierig zu lenken wie ein starres Luftschiff.

»Danke«, sagte sie und deutete mit dem Kopf auf sein Bier. »Wenn du jedesmal aufstehen mußt, um mir zu helfen, hat es wohl wenig Sinn, daß ich dich bediene, wie?«

Er lächelte sie an und leerte den Krug in einem Zug halb aus. Manchmal beneidete er seinen Bruder so glühend, daß er meinte, innerlich verbrennen zu müssen. Er wünschte sich eine Frau, die ihn und seine Söhne liebte. Er wünschte sich ein eigenes Heim. Er wollte nicht länger nur am Leben seines Bruders teilhaben.

»Heraus damit!« sagte Sam.

»Womit?«

»Du kannst dich auch nicht besser verstellen als Mike. Was quält dich?«

Beinahe hätte er gesagt: du! Ich verliebe mich in meine Schwägerin und fange an, meinen Bruder zu hassen.

»Kane«, sagte Sam, »guck mich nicht so an, sondern rede frei heraus! Sag mir, was dich quält!«

Die Wahrheit konnte er ihr nicht sagen. Also berichtete er ihr von dem Anruf seiner Mutter.

»Was wirst du tun?« fragte Sam.

Kane hatte über die Einladung seiner Mutter gar nicht weiter nachgedacht. Doch auf einmal fand er die Aussicht, zwei Wochen lang allein mit vier Frauen in den hohen Wüstenbergen zu verbringen, recht reizvoll. Wenn es New Yorkerinnen waren, würden sie sich vor der Weite der Landschaft und den nächtlichen Geräuschen fürchten – und sich wie üblich in ihren Cowboy-Führer verlieben. Zeig einer New Yorkerin einen Mann im Baumwollhemd, in engen Levis-Jeans und abgetragenen Cowboystiefeln, und sie ist hin. Schwing dich auf ein Pferd, und sie fällt vermutlich vor Entzücken in Ohnmacht.

Er trank das Bier aus und lächelte. Es könnte angenehm sein, einer Frau in die Augen zu schauen, in denen Sterne funkelten. Samantha sah in Mike so etwas wie einen olympischen Gott, und seine Söhne sahen Sam an, als hätten sie nie eine andere Mutter gehabt.

»Meinst du, daß du die Tour machen wirst?«

»Vielleicht«, sagte Kane und stand auf. »Ich hole mir noch ein Bier. Kann ich dir etwas mitbringen?«

»Auf der Anrichte in der Küche liegt ein Fax von Pat. Darin steht alles über die vier Frauen, die die Tour mitmachen.«

Voller Überraschung sah Kane sich nach ihr um. Aber Sam sagte nur achselzuckend: »Sie hat hier angerufen und mir gesagt, daß du deinen Entschluß vielleicht noch ändern wirst. Sie hofft es jedenfalls. Kane, eine der Frauen ist Witwe. Vor drei Jahren hat sie ihren Mann bei einem Flugzeugabsturz und am gleichen Tag ihr Kind durch eine Fehlgeburt verloren.«

In der Küche nahm Kane das Fax und las es. Sie hieß Ruth Edwards, und seine Mutter hatte sogar ein Foto von ihr aufgetrieben. Es war eine schlechte Aufnahme. Dennoch war zu erkennen, daß sie schön war. So groß und langbeinig und dunkelhaarig, wie seine geliebte Frau gewesen war.

Rasch las Kane auch noch die Bemerkungen über die drei anderen Frauen. Eine war Friseurgehilfin, eine hatte einen esoterischen Laden im Village, und die vierte war eine kleine, hübsche Blondine, deren Namen ihm irgendwie bekannt vorkam.

»Sie schreibt Kriminalromane«, sagte Sam. Sie stand so nahe hinter ihm, daß ihr geschwollener Bauch ihn seitlich berührte, obwohl ihr Kopf noch fast einen Meter von seinem entfernt war.

»Schon mal was von ihr gelesen?«

»Alles! Sowie ein neues Buch herauskommt, kaufe ich es.«

»Weil wir gerade von Schriftstellern sprechen, wie kommt denn Mikes Buch voran?«

»*Unser* Buch«, sagte sie mit Betonung, wußte aber, daß Kane sie nur aufziehen wollte. »Es wird in einem halben

Jahr erscheinen.« Sie meinte die Biographie, die Mike und sie gemeinsam geschrieben hatten. *Der Chirurg* von Elliot Taggert. Ein Pseudonym aus ihrem Mädchen- und Mikes Familiennamen. »Na, was ist?« fragte sie ungeduldig. »Machst du die Tour?«

»Würdest du dich um die Jungs kümmern?«

Beide wußten, daß dies nur eine rhetorische Frage war. »Von mir aus für immer.«

»Das ist genau der Grund, warum ich mir Moms Damen einmal anschauen werde.«

In Sams Augen blitzte es auf. »Pat läßt dich morgen früh um 8 Uhr mit dem Familienjet abholen. Er ist schon von Denver unterwegs.«

Kane wußte nicht, ob er lachen oder aufstöhnen sollte. Schließlich tat er beides. Dann legte er die Arme um Sams Schultern und küßte sie auf die Wange. »Ihr Frauen haltet mich für einen einsamen Mann. Sehe ich wirklich so aus?«

Und wie, dachte Sam, gab aber keine Antwort. Sie war froh, daß er wieder unter Menschen kam.

2

Sie wissen doch, wie man einen Mann unter Garantie abschrecken kann? Nein, nicht indem man ihn auslacht, wenn er gerade leidenschaftlich wird. Das meine ich nicht. Unter Garantie, todsicher und endgültig schrekken Sie ihn ab, wenn Sie ihm sagen, daß Sie mehr Geld verdienen als er.

Männer haben nichts dagegen, wenn eine hirnlose, alberne kleine Dame ein Millionenvermögen erbt – schließlich hat doch ein *Mann* das Geld einmal verdient. Aber ich sage Ihnen, sie hören es sehr ungern, wenn eine Frau im letzten Jahr 1,4 Millionen verdient hat und dieses Geld auch ganz allein anzulegen versteht, ohne daß ihr ein Mann dabei helfen muß.

Vor fünf Jahren – damals war ich 25 – hatte ich eine höchst langweilige Stellung ohne Aufstiegsmöglichkeiten. Je weniger ich darüber sage, um so besser. Und ich lebte in einer langweiligen Stadt im Mittleren Westen, über die ich kein weiteres Wort verlieren möchte. Um meinen Geist zu beschäftigen und nicht zu verblöden, tat ich etwas, was ich schon immer getan hatte: ich erzählte mir Geschichten. Ich weiß, das könnte auf eine gespaltene Persönlichkeit hindeuten. Doch schon als junges Mädchen sagte ich mir: Pack es oder laß es!

Mein Vater ängstigte sich vor seinem eigenen Schatten und verlangte deshalb in der Familie von allen jederzeit absoluten Gehorsam. Ich mußte die Kleider tragen, die er mir zu tragen befahl, mußte essen, was er für gut befand, mußte gern haben, was er mir vorschrieb, und mich so benehmen, wie er es haben wollte. Er kontrollierte mein Leben bis in den letzten Winkel. Mit 18 riß ich aus. Aber da hatte ich bereits entdeckt, daß ich etwas besaß, das er nicht kontrollieren konnte: meinen Geist. Er konnte mich zwingen, Blau zu tragen, wenn ich Rot tragen wollte, und er konnte mich daran hindern, Ginger-ale zu trinken, weil mein alter Herr Ginger-ale nicht mochte. Doch mein Kopf war frei. In meinen Gedanken tat ich, was ich wollte, ging, wohin ich wollte, und sagte alle die schlagfertigen Sprüche, die ich mir ausgedacht hatte, und wurde dafür noch gelobt. Mein Vater neigte dazu, vorwitzige Bemerkungen mit einem Schlag über den Mund zu bestrafen. Eine solche Behandlung führt sehr schnell dazu, daß man seine Gedanken für sich behält.

Wie gesagt, ich war 25, wohnte einige Kilometer von meinen Eltern entfernt und sparte wie besessen, um mir eines Tages eine Fahrkarte zu kaufen und nie wiederzukommen. Damals brachte ich eine meiner Geschichten zu Papier. Es war ein Kriminalroman. Der Mörder war eine junge Frau, die ihren tyrannischen Vater umbringt. Als sie geschrieben war, faßte ich mir ein Herz und schickte sie an einen Verlag, dachte aber nie, daß sie angenommen werden würde. Doch 28 Tage später erhielt ich einen Brief, in dem sie höflich anfragten, ob sie mein Buch veröffentlichen und mir einen Haufen Geld schicken dürften. Ich muß annehmen, daß es viele Menschen gibt, die ihre tyrannischen Väter und Ehemänner gern umbringen würden.

Damals dachte ich – und denke es immer noch: Ist das die Möglichkeit? Diese Leute waren bereit, mich für etwas zu *bezahlen*, was ich mein ganzes Leben lang als Hobby betrieben hatte!

Mit dem Geld, das ich bekam, zog ich nach New York. Ich war noch nie in der großen Stadt gewesen, aber hier schienen alle Schriftsteller hinzuziehen. Und ich war ja jetzt eine Schriftstellerin und nicht mehr ein gelangweiltes Nichts, das in Gefahr war, eine gespaltene Persönlichkeit zu werden. Ich mietete ein winzig kleines Apartment und kaufte mir einen Heimcomputer.

In den folgenden vier Jahren hob ich kaum je den Blick von den Tasten. Ich schrieb einen Roman nach dem anderen. Ich ermordete einen Onkel, den ich nicht leiden konnte. Ich ermordete mehrere meiner früheren Kollegen, die auf mich herabgesehen hatten. Und in meinem Mega-Bestseller ermordete ich sogar die ganze Mädchen-Clique meines High-School-Footballteams.

In diesen vier Jahren lernte ich eine Welt kennen, die sich sehr von den Verhältnissen unterschied, in denen ich aufgewachsen war. Die Menschen waren von meiner Leistung beeindruckt. Ich habe bestimmt erwähnt, daß mein Vater sich wie ein Tyrann benahm, aber habe ich auch gesagt, daß er der faulste Kerl auf der Welt war? Soweit ich es mitkriegte, war er an seiner Arbeitsstelle ein echter Feigling, der es nicht wagte, jemals seinen Standpunkt zu verteidigen, sondern sich von den anderen rumschubsen ließ. Zu Haus ließ er dann seine Wut an mir aus. Meine Mutter hatte sich schon lange in eine Art Nirwana zurückgezogen. Daher machte es ihm keinen Spaß, sich mit ihr anzulegen. Bei mir machte es ihm dagegen um so mehr Vergnügen, weil ich weinte und litt und jammerte und mich ungerecht behandelt fühlte.

Aber bei allen Fehlern meines Vaters war er es doch eigentlich, der mich zu einem lebenstüchtigen, furchtlosen Menschen gemacht hat. Glauben Sie, wenn man mit jemandem wie meinem Vater zusammengelebt hat, kann einem jeder alles Erdenkliche sagen oder antun, es hat nicht die gewünschte Wirkung. Sadisten studieren ihre Opfer vorher. Doch die meisten Menschen sind dafür zu ichbezogen, sie machen sich diese Mühe nicht. So wurde ich dank der Ausbildung in meinen Kinderjahren eine tüchtige Geschäftsfrau. Ich schrieb ununterbrochen, ich schloß selber meine Verträge ab, ich investierte mein Geld ohne die Hilfe eines Anlageberaters. Und nach vier Jahren kaufte ich mir eine Penthaus-Wohnung in der Park Avenue. Ich hatte es geschafft – und zwar im großen Stil.

Und wie sah mein Privatleben aus? Es existierte praktisch nicht. Hin und wieder ging meine Lektorin mit mir aus, und wenn ich tagelang ohne Unterbrechung schrieb, brachte sie mir sogar etwas zu essen. Aber Lektorinnen bringen einem keine männlichen Bekanntschaften. Denn Autoren, die verliebt sind, und Autoren, die zu Partys gehen, kommen nicht zum Schreiben. Ich glaube, wenn es nach den Verlegern ginge, würden sie alle ihre Bestseller-Autoren in irgendeinen Wohnturm an der Park Avenue einschließen, ihnen Essen ins Haus schicken und sie nie wieder rauslassen.

Deshalb beschloß ich nach fünf Schriftstellerjahren, in denen ich Millionen verdient hatte und mein Name in der ganzen Welt bekannt geworden war, die Einladung von Ruth Edwards zu einer zweiwöchigen Reittour durch die Wildnis von Colorado anzunehmen.

Ruths Boß hatte den Film *City Slickers* gesehen und gemeint, seine leitenden männlichen Angestellten würden viel an Lebenserfahrung gewinnen, wenn sie eine solche Reittour mitmachten, vielleicht unterwegs auch mal einer Kuh beim Kalben Hilfe leisteten. Klar, daß sie seinem Wunsch folgten. Der Boß selber entschloß sich leider in letzter Minute, mit seiner Frau auf die Bermudas zu reisen, weil ihm seine Ehe wichtiger erschien. So mußten sich seine Angestellten allein mit Bohnen und zu lange gebratenem Rindfleisch herumärgern. Nach ihrer Rückkehr behaupteten die Männer natürlich, es wäre wunderbar gewesen und hätte ihr Leben bereichert. Ebenso klar, daß der Boß nie das Dartboard zu sehen bekam, auf das ein Pferdekopf mitten in einer Karte von Colorado gemalt war, den sie lustvoll mit Pfeilen gespickt hatten.

Nachdem die Männer wieder da waren, sagte der Boß, nun sollten seine weiblichen leitenden Angestellten diese Tour unternehmen. Dann würden auch sie diesen tiefen, ihr Leben ändernden Frieden spüren, den die Männer gefunden hätten. Doch außer den Sekretärinnen, die den Laden in der Firma während des zweiwöchigen Aufenthalts der Männer in Colorado geschmissen hatten, gab es nur eine leitende Angestellte, nämlich Ruth. Ihr wurde gesagt, sie solle sich mit drei von ihr ausgewählten Freundinnen auf die Reise machen.

Ruth rief mich an. Man konnte beim besten Willen

nicht behaupten, daß wir Freundinnen gewesen wären. Wir hatten nur gemeinsam das College besucht, und im ersten Jahr hatten unsere Schlafräume sich gegenübergelegen. Ruth stammte aus einer wohlhabenden Familie. Ihre Eltern beteten sie an und kannten nur ein Lebensziel: ihre Tochter sollte alles bekommen, was sie sich wünschte. Indessen hatte ich das College auf Regierungsstipendium besucht und an jedem Wochenende nach Haus fahren müssen, um Gras zu mähen und ähnliche Tätigkeiten zu verrichten, vor allem aber die unersättliche Gier meines Vaters zu befriedigen, der immer jemand um sich haben wollte, den er demütigen konnte. Ruths und meine Herkunft war zu unterschiedlich, als daß wir viel Gesprächsstoff gefunden hätten.

Also, da war zunächst mal Ruth selber. Sie war groß, hatte dichtes, dunkles Haar, das immer so saß, wie sie es haben wollte, und jede Menge prächtiger Kleider. Sie gehörte zu jenen Mädchen, die sich selbst zu einem einfachen Sweatshirt einen Schal von Hermès um den Hals binden. Und sie hatte immer ein Gefolge von übergewichtigen, kuhäugigen Mädchen mit schlechtem Teint um sich. Nach einer gewissen Zeit wurde es einer von ihnen zu blöd, Ruth immer nur anzubeten und zu bedienen. Sie wurde sogleich durch eine neue ersetzt. So wechselte ihr Gefolge dauernd.

Da ich die Nase fast immer in ein Buch steckte, beobachtete ich Ruth nur von weitem. Okay, ich geb's zu, nicht ohne Neid. Dann stellte ich mir vor, aus mir häßlichem Entlein würde auch mal ein schönes Mädchen mit lockigen Haaren werden, das in der Gesellschaft Erfolg hatte, statt immer nur die falschen Worte zur unrechten Zeit zu sagen. Doch im übrigen hatte ich keine Ahnung, daß Ruth von meiner Existenz überhaupt Notiz nahm.

Ich hatte Ruth unterschätzt. Sie mich nicht. Denn eine

Frau wie ich, die sich mit 30 auf ihrem Gebiet an die Spitze vorgekämpft hat, unterschätzt niemand mehr.

Am Telefon erzählte sie mir, wie stolz sie auf meinen Erfolg sei, daß sie seit Jahren meine Karriere verfolgt habe und mich schon im College beneidet hätte.

»Wirklich?« sagte ich und riß wie ein Kind die Augen auf. »*Du* hast *mich* beneidet?«

Obwohl ich mir sagte, daß sie mir nur Honig um die Backen schmieren wollte, fühlte ich mich geschmeichelt. Sie sagte, sie hätte immer voll Bewunderung mitangesehen, wie mir im College alle mit Ehrerbietung begegnet wären. Ich konnte mich nur erinnern, daß jeder mich dazu überreden wollte, seine schriftlichen Hausaufgaben für ihn zu erledigen. Aber da Ruth mit ihren Lobeshymnen nicht aufhörte, ließ ich sie gewähren. Die wenigsten Menschen ahnen, wie hungrig ein Schriftsteller nach Anerkennung ist. Es gibt sogar eine Redensart: Du mußt eine schlimme Kindheit durchgemacht haben, um Schriftsteller zu werden. Als Kind habe ich alles versucht, um die Anerkennung meines Vaters zu gewinnen. Ich hatte im Zeugnis lauter Einsen. Ich machte 90 Prozent aller Hausaufgaben. Ich gab kluge Antworten, wenn ich glaubte, er wollte kluge Antworten von mir hören, und ich schwieg, wenn ich meinte, schweigen zu sollen.

Zeitweise kam ich mir vor wie eine dieser kleinen Enten in der Rummelschießbude. Ich zog an den Schützen vorbei, und manchmal wurde ich getroffen, manchmal nicht. Aufregend ist eine solche Kindheit schon. Aber wenn man dann erwachsen wird, würde man fast alles tun, um einmal gelobt zu werden. Mit Geld bin ich nicht zu kaufen. Niemand kann mich dazu bringen, etwas zu tun, was ich nicht tun will. Aber Sie brauchen mir nur sechs lobende Worte zu sagen, und ich bin Ihnen verfallen.

Also erzählte mir Ruth eine Menge darüber, wie fabelhaft ich sei. Sie habe auch alle meine Bücher gelesen. Komisch, daß ihr Lieblingsbuch ausgerechnet das war, in dem sie mir zum Vorbild für das Opfer gedient hatte. Ich hatte dafür gesorgt, daß der Mörder ihr die Haare, Augenbrauen und Wimpern abrasierte, damit sie im Sarg richtig scheußlich aussähe. Schließlich sprach Ruth von dieser Colorado-Tour, an der sie teilnehmen mußte. Sie wollte, daß ich mitkäme, damit wir unsere Freundschaft »wiederaufleben lassen« könnten.

Leider muß ich zugeben, daß mir das alles etwas zu Kopfe stieg. Ich bildete mir ein, daß mich Frauen wie Ruth jetzt, da ich erfolgreich und wohlhabend geworden war, als gleichberechtigt ansähen. Ich war ja kein bedeutendes Ding aus einer Kleinstadt mehr. Jetzt war ich Jemand.

Wieder einmal hatte ich Ruth unterschätzt. Oder soll ich sagen: Ich habe sie überschätzt? Denn sobald ich in Colorado eintraf, wurde mir klar, warum sie mich eingeladen hatte. Sie wollte nur Eindruck bei ihrem Boß schinden. Nach der Rückkehr in ihr New Yorker Büro würde sie ihm berichten, auf ihre Einladung habe auch ihre liebe, gute langjährige Freundin, die Bestseller-Autorin Cale Anderson, an der Tour teilgenommen.

Um das herauszufinden, war keine Detektivarbeit nötig. Als ich auf dem Flugplatz außerhalb eines Ortes namens Chandler, Colorado, aus der winzigen spielzeugähnlichen Maschine mit dem Gummiband um den Propeller stieg, rannte Ruth mir über das Rollfeld entgegen und umarmte mich stürmisch. Na, fabelhaft. Zwei verdächtig feste Brüste bohrten sich in mein Gesicht, ein Seidenschal geriet mir in den Mund, und mein sorgfältig aufgelegtes Make-up wurde restlos verschmiert. Hinter Ruth näherten sich zwei Frauen, die sie mit bewundernden Blicken ansahen. Genau wie damals im College.

»Cale«, sagte Ruth, »das sind Maggie und Winnie.«

Dann erfuhr ich, wer die beiden waren. Die Dicke blinzelte mir zu, und die kleine Dünne sah so aus, als würde sie mir bei nächster Gelegenheit einen Vortrag über den Heilwert von Kräutern halten.

Ich begrüßte sie lächelnd und überlegte schon, ob ich kehrtmachen und zum Flugzeug zurückrennen sollte. Doch der Pilot hatte sein Gummiband schon wieder gespannt, und die Maschine tuckerte über das Rollfeld davon. Es gab zwei Flugzeughallen. Bei einer war das Tor geschlossen. In der anderen stand – ich schwöre bei Gott, daß das wahr ist – ein Doppeldecker aus dem Ersten Weltkrieg. Dann schaute ich wieder zu Ruth. Vielleicht waren sie und ihre beiden Satelliten doch nicht so übel.

Aber dann sagte Ruth mit einem Lächeln über die Schulter zu mir: »Cale, meine Liebe, sei ein Schatz und nimm meinen blauen Koffer, ja? Er ist mir einfach zu schwer.«

Wie kommt es, daß ich bei Vertragsverhandlungen über mehrere Millionen Dollar am Ende immer bekomme, was ich haben will – daß ich über Frauen schreiben kann, die mutig ihren Mann stehen – doch einer Frau wie Ruth gegenüber ganz klein werde, ihren verdammten Koffer nehme und für sie trage? Ist es, weil meine Mutter mich nicht geliebt hat? Ach, zum Teufel, meine Mutter hat sich meiner ja immer nur erinnert, wenn die Toilette mal wieder gereinigt werden mußte. Eigentlich müßte ich also für Frauen eher eine Verachtung empfinden. Doch im Gegenteil, ich tue fast alles, um ihre Zuneigung zu erringen.

Innerlich von gesunder Wut erfüllt, schleppte ich also außer meinen drei Koffern auch noch Ruths verflixten

Koffer und folgte ihren beiden Adlaten, die sich ebenfalls mit Ruths Koffern beladen hatten, während Ihre Königliche Hoheit vor uns Gott wer weiß wohin schwebte. Wir waren die Fußsoldaten und sie der General, der den Sturmangriff anführt.

Es war ein Privatflugplatz, auf dem es keinen netten, behaglichen Aufenthaltsraum gab. Als wir den Rand des Rollfelds erreicht hatten, blieb Ruth stehen und deutete uns mit einer lässigen Handbewegung an, daß wir die Koffer absetzen dürften.

Oh, tausend Dank, edle Herrin, dachte ich, ließ ihren mittelteuren Koffer fallen und setzte mich drauf.

Ihre beiden Hündchen sahen ehrfürchtig zu ihr auf. Meines Wissens hatte Ruth nie eine Verehrerin gehabt, die so groß oder gar größer war als sie. Sie nahm sich gern Kleine und Dicke. »Jemand sollte uns hier abholen«, sagte sie. Dabei blickte sie mit gerunzelter Stirn über das Rollfeld. Niemand in Sicht. Daß jemand Ruth warten ließ, war, glaube ich, noch nicht oft vorgekommen.

Über die Tour hatte sie mir sehr wenig mitgeteilt. Ihre Erläuterungen waren, gelinde gesagt, höchst vage ausgefallen. Aber bei dem Telefonat hatte sie mir ja auch ausführlich erzählt, wie sehr ihr mein Buch *Das Ende eines Football-Fanclubs* gefallen habe. Es war wirklich einer meiner besten Romane. Eine High-School-Schülerin hat es satt, sich jeden Freitagnachmittag im Stadion einfinden zu müssen, um dort eine Horde schwergewichtiger Kerle anzufeuern, die einen eiförmigen Ball rumtreten. Jedesmal versäumt sie deshalb eine ihrer geliebten Chemiestunden. Also sprengt sie die gesamte Mädchenclique in die Luft – und beweist damit ein für allemal, daß Chemie nützlicher ist als Football. Jedenfalls sonnte ich mich in Ruths Lob, und als sie sagte: »Du kannst alles mir überlassen«, gehorchte ich gern.

Schließlich war ich in dem Augenblick überzeugt, daß sie eins der großen Genies unserer Zeit wäre.

So saß ich dort also in der Sonne Colorados. Mein einziger Trost war, daß ich mit Sicherheit ein Buch daraus machen würde. Vielleicht mit einer Kriminalromanautorin als Mörderin. Sie bringt eine große Brünette namens Edwina Rutham um – und wird nie geschnappt. Oder vielleicht sagt der Detektiv am Schluß zu ihr: »Ich weiß, daß sie die Tat begangen haben. Aber da ich früher öfter mit Edwina ausgegangen bin, weiß ich auch, daß Sie damit der Mitwelt einen großen Gefallen getan haben. Sie sind frei. Aber tun Sie es nicht wieder!«

Doch dazu wäre es natürlich nie gekommen, denn außer den nichtssagenden Weibern, die kein eigenes Leben führten, hatte Ruth ausschließlich männliche Verehrer. Kleine Männer, große Männer, häßliche Männer, prachtvolle Männer. Wie sie auch aussahen, alle gemeinsam beteten sie Ruth an. Obwohl Ruth 1,75 m groß war, erweckte sie bei den Männern wohl den Eindruck, sie wäre eine süße Kleine und brauchte Hilfe. In Wirklichkeit brauchte sie Hilfe ungefähr so dringend wie King-Kong.

Ungefähr zwei Minuten, nachdem ich mich dazu durchgerungen hatte, diesen Staat für immer zu verlassen, hielt vor uns ein blauer Transporter mit quietschenden Bremsen. »Vor uns« ist übertrieben. Der Transporter hielt so, daß sein Fahrer Ruth anschauen konnte. Wir anderen saßen erhitzt, müde und gelangweilt auf Ruths Koffern und starrten auf die Reifen und den abblätternden Lack des Fahrzeugs.

Ich sah zu Ruth hinüber. Ihre Stirn glättete sich, ihre mürrische Miene war völlig verändert. Also mußte der Fahrer sich in irgendeinem Stadium zwischen Pubertät und männlichen Wechseljahren befinden. Sie lehnte sich ins offene Beifahrerfenster.

»Sind Sie Mr. Taggert?« schnurrte sie flirtend. Ich wünschte, ich könnte auch so schnurren. Selbst wenn Robert Redford in dem blauen Transporter vorgefahren wäre, hätte ich wahrscheinlich nur gesagt: »Sie kommen aber spät.«

Doch selbst ich spürte, wie männlich die dröhnende Stimme aus dem Wagen klang. Entweder war es ein Riesenzuchthengst von Cowboy, oder sie hatten einen ihrer Stiere im Fahren ausgebildet.

Ruth klapperte mit den Wimpern und sagte: »Nein, selbstverständlich nicht. Sie haben sich nicht verspätet. Wir waren zu früh hier.«

Da brat mir doch einer 'nen Storch!

»Natürlich verzeihen wir ihm, nicht wahr, Mädels?« sagte Ruth leuchtenden Blicks zu uns. Ich war seit so vielen Jahren nicht mehr Mädel genannt worden, daß es mir beinahe gefallen hätte.

Die Fahrertür öffnete sich, und ich sah, wie der Reifen vor mir, entlastet vom Gewicht des Mannes, voller wurde. Dabei war es schon ein großer Reifen, wie ihn MÄNNER fahren. Sie hatten uns also einen Macho geschickt. Immer noch gelangweilt fragte ich mich: Ob irgendwer in diesem Kaff wohl American Express Cards annimmt, damit ich gleich wieder abreisen kann? Er kam um das Fahrzeug herum. Zuerst sah ich nur seine Füße. Er trug Cowboystiefel, aber nicht aus irgendwelchem exotischen Leder. Sie sahen so aus, als hätte er sie schon viel getragen. Wohl um in Kuhfladen zu treten?

Gerade als er um das Wagenheck herumkam, mußte ich niesen. So kam es, daß ich ihn als letzte erblickte. Vorher aber sah ich, wie Maggie und Winnie ihn sprachlos mit offenem Mund anstarrten – oder waren es Winnie und Maggie?

Ich schnaubte mir die Nase und dachte: Na fein, sie

haben uns also einen hübschen Cowboy geschickt, der die Damen aus der Stadt blenden soll.

Zu meiner Schande muß ich gestehen, daß ich, als ich ihn schließlich zu Gesicht bekam, genau so schlimm reagierte wie das Duo und schlimmer als unsere furchtlose Anführerin. Er hieß Kane Taggert und war ein prachtvolles Mannsbild. Gelocktes schwarzes Haar, schwarze Augen, sonnengebräunter Teint. Schultern, auf die ein Elch neidisch sein konnte, und eine so freundliche, sanfte Miene, daß mir die Knie weich wurden. Wenn ich nicht schon gesessen hätte, wäre ich bestimmt umgefallen.

Ruth stellte uns vor, immer noch mit den Wimpern klappernd. Er reichte mir die Hand. Ich saß nur da und schaute ihn an.

»Wir sind alle ein bißchen müde«, erklärte Ruth, warf mir einen bösen Blick zu, packte ihren größten Koffer und versuchte, ihn hinten in das Fahrzeug zu werfen. Sie wußte seit langem, wie man die Aufmerksamkeit eines Mannes am schnellsten auf sich lenkt: indem man etwas tut, was Sache des Mannes ist.

Auf der Stelle hörte Cowboy Taggert auf, mich so anzustarren, als hätte es ihm die Sprache verschlagen, und wandte sich der lieben Ruth zu, um ihr mit dem Koffer zu helfen. Ich persönlich staunte schon darüber, daß sie überhaupt wußte, wo der Griff ist. Ich hatte nicht gesehen, daß sie ihn vorher angefaßt hätte.

In diesem Augenblick vernahmen wir alle ein Geräusch, das wir schon hundertmal im Film gehört hatten, aber noch nie im wirklichen Leben: das Klappern einer Klapperschlange. Mr. Taggert hatte den großen, schweren Koffer auf den Armen, und Ruth stand links von ihm, und zwar so nahe, daß man nur hoffen konnte, sie hätte ein Verhütungsmittel bei sich. 15 Zentimeter von ihrem Fuß entfernt, lag zusammengerollt die Klapperschlange. Sie sah aus, als ob sie es ernst meinte.

Mr. Taggert sprach mich an, weil ich am weitesten entfernt stand und der Wagentür am nächsten war. »Machen Sie die Tür auf!« sagte er ganz langsam und ruhig. »Unter dem Fahrersitz liegt eine Pistole. Holen Sie sie heraus, kommen Sie ganz langsam auf der anderen Seite um das Fahrzeug, und geben Sie sie mir!«

Ich will mich nicht loben, aber in plötzlich auftretenden Notfällen arbeitet mein Hirn blitzschnell. Ich gehöre nicht zu den Menschen, die in solchen Augenblicken wie gelähmt sind. Auf der Stelle war mir klar, daß sein Plan einige Löcher hatte. Erstens, wie wollte der Mann einen Schuß abgeben, wenn er Arme und Hände mit Ruths Koffer voll hatte, der seine 35 Kilo wog? Und zweitens würde ich für den Weg um das Fahrzeug eine ganze Zeitlang brauchen. Vielleicht länger, als die Schlange Ruth noch Zeit lassen würde.

Langsam öffnete ich die Wagentür. Außer mir bewegten sich nur die Klappern der Schlange, die sich auf dem freien Feld furchtbar laut anhörten. Langsam beugte ich mich in die Fahrerkabine, zog die Pistole hervor und stieß einen Seufzer der Erleichterung aus. Zum Glück war es keiner dieser schweren Revolver, für die man die Hände eines Holzfällers benötigt. Es war eine nette kleine 9-mm-Pistole. Man brauchte nur den Verschluß zurückzuziehen, zu zielen und abzudrücken.

Und genau das tat ich. Meine Hand zitterte etwas. Deshalb blies ich der armen Schlange auch nicht sauber den Kopf weg. Aber getötet habe ich sie jedenfalls. Dabei hatte sie möglicherweise nur die Wärme von Ruths Koffer gesucht.

Dann überstürzten sich die Ereignisse. Der Cowboy ließ den Koffer auf die Erde fallen. Dann konnte er gerade noch Ruth auffangen, die ohnmächtig in seine großen, starken Arme sank, während sich Winnie und Maggie schluchzend aneinanderklammerten.

Ich stand mit dem rauchenden Revolver in der Hand allein da. Nach einem Blick auf Ruth, die in überaus vorteilhafter Pose in den sonnengebräunten Armen des Cowboys lag, parodierte ich, so gut ich konnte, den Western-Helden John Wayne, indem ich mich breitbeinig hinstellte, auf die Revolvermündung blies und die Waffe dann in die Rocktasche steckte. »So, Tex«, sagte ich gedehnt, »da hätten wir wieder jemand für Boot Hill.«

Man brauchte kein Diplom in Psychologie zu besitzen, um zu erkennen, daß der Cowboy zornig war. Er sah mich in der Tat so an, als wollte er mir gern die Hände um die Kehle legen und fest zudrücken. Aber da er alle Hände voll mit Ruths ohnmächtigem Körper zu tun hatte, blieb es bei unheilverkündenden Blicken. Trotz seiner Behinderung trat er einen Schritt auf mich zu, und ich wich zur Seite aus. Ich glaube zwar nicht, daß es in Colorado erlaubt ist, jemand in aller Öffentlichkeit umzubringen. Doch ich wollte mein Glück auch nicht auf die Probe stellen.

Doch er ließ seine kostbare Bürde nur auf den Wagensitz gleiten und sagte dann zu ihrer dünnen Hofdame, sie solle auch einsteigen. Wahrscheinlich hätte er auch gern die Tür zugeworfen, aber das hätte die schlafende Schönheit ja wecken können. Ruth spielte nämlich noch immer den sterbenden Schwan. Doch an ihren flatternden Lidern sah ich, daß sie so hellwach war wie ich.

Winnie/Maggie und ich traten zur Seite, während er die Koffer, immer vier auf einmal, unter die Heckklappe des Transporters schob.

»Steigen Sie ein!« sagte er zu Ruths Untergebener. Sie gehorchte mit der Schnelligkeit, wenn auch nicht der Anmut einer Gazelle.

Als nächstes wandte er sich mir zu. Sein Gesicht glühte vor Zorn, und ich nahm mir vor, auf keinen Fall einzusteigen.

Gott weiß, wohin er mich fahren würde.

»Hören Sie«, sagte ich und wich noch weiter zurück, »ich habe doch nur die Schlange erschossen. Tut mir leid, wenn ich dadurch Ihr männliches Feingefühl verletzt haben sollte, aber ...« Vielleicht durfte man so nicht mit einem Cowboy reden. Es gibt einen Grund, warum große, gutaussehende Männer meistens Dummköpfe sind, während kleine feige Männer Verstand besitzen. Es ist, als wollte der liebe Gott damit einen Ausgleich schaffen. Als wollte er sagen: »Du bekommst von mir ein tolles Aussehen, aber dafür kein Gehirn. Und du da drüben bekommst ein Gehirn, aber kein gutes Aussehen.« Daher war es vermutlich falsch, sich mit diesem toll aussehenden Athleten über die feineren Gesichtspunkte der Psychologie zu unterhalten. War er überhaupt des Lesens und Schreibens mächtig?

»Wenn ich einen Befehl erteile, dann haben Sie zu gehorchen. Haben Sie mich verstanden?«

Plötzlich war ich nicht mehr in Colorado. Ich war auch keine mit Auszeichnung bedachte Autorin mehr. Ich war wieder das kleine Mädchen, das von seinem Vater streng unter Kontrolle gehalten wurde.

Ebenso schnell, wie ich mich in die Vergangenheit versetzt fühlte, kehrte ich auch wieder in die Gegenwart zurück. Doch die Wut des kleinen Mädchens blieb. »Zum Teufel, ich denke gar nicht daran«, sagte ich und wollte um den Transporter herumgehen.

Als er mich dann mit den Händen packte, wurde ich zum Berserker. Seit ich dem Vaterhaus entflohen war, hatte mich niemand mehr im Zorn anfassen dürfen, und dabei sollte es auch bleiben. Ich trat, biß, kratzte und schlug um mich und wollte mich losreißen. Ich weiß nicht, wie lange ich mich so sträubte, bis mir die Gegenwart wieder zu Bewußtsein kam und ich merkte, daß er mich an den Schultern hielt und schüttelte. Ruth und ihre dünne Gefolgsfrau starrten mich offenen Mundes aus dem Rückfenster an, und die andere auf dem Rücksitz duckte sich hinter Ruths Koffer, als fürchtete sie, ich würde sie als nächste anfallen.

»Sind Sie wieder okay?« fragte der Cowboy.

Auf seiner hübschen Wange waren blutige Kratzer. Die stammten von mir. Ich brachte es nicht fertig, ihn noch länger anzusehen. Schließlich stieß ich im Flüsterton hervor: »Ich will nach Haus.« Nach Haus in meine schöne Wohnung, weg von Ruth und ihrem Cowboy. Nur weg aus dieser peinlichen Situation.

»Okay« sagte er, und es hörte sich an, als spräche er zu einer gemeingefährlichen Verrückten. »Wenn wir in der Ranch sind, kann ich den Rücktransport organisieren. Aber nicht von hier aus. Haben Sie mich verstanden?«

Ich haßte diesen Ton. Und als ich ihn wieder ansah, kam er mir lange nicht mehr so gutaussehend vor, wie ich anfangs angenommen hatte. »Nein, ich verstehe Sie nicht. Vielleicht sollten Sie etwas langsamer sprechen, oder vielleicht sollten Sie auch die Männer mit den weißen Zwangsjacken rufen.«

Er schien das nicht besonders witzig zu finden, sondern packte mich um die Taille und warf mich auf den Rücksitz, genauso unsanft, wie er vorher mit den Koffern umgegangen war. Ich war schon halb wieder draußen, als er aufs Gas trat. Ich wurde zurückgeworfen, landete aber zum Glück auf den sehr weichen Formen von Winnie/Maggie und blieb deshalb unverletzt. Ob sie es auch war, kümmerte mich nicht.

Da hockte ich, eine international erfolgreiche Schriftstellerin, nun auf dem Rücksitz eines dreckigen Transporters, ein schwerer Koffer drohte mir den Knöchel zu quetschen, und vier Personen hielten mich für verrückt. Ob Agatha Christie so was auch hat durchmachen müssen?

3

Was ist denn mit dir passiert?« fragte Sandy. Er saß am Küchentisch und sah erstaunt auf die drei blutigen Kratzer in Kanes wütendem Gesicht.

Kane goß sich einen herzhaften Schluck Whisky ein und trank ihn auf einen Zug aus. »Die Kratzer habe ich abgekriegt, weil ich ein Dummkopf bin«, sagte er zu Sandy und füllte das Glas aufs neue. »Wurden eigentlich schon Bücher über den Mutter-Sohn-Komplex geschrieben?«

Sandy, der älter war, grinste, wobei tausend winzige Falten auf seinem Gesicht entstanden. Das machten die vielen Jahre, die er in der heißen Sonne dieser Höhengegend verbracht hatte. »Ein paar hundert, vielleicht Tausende«, sagte er. »Was hat Pat denn diesmal angestellt?«

»Mich dazu überredet, eine Horde Idioten in die Berge zu führen. Sie hat es fertiggebracht, daß ich mich wegen meiner Kinder schuldig fühlte und ...« Er brach ab und trank noch einen Whisky. »Hast du diese Weiber schon kennengelernt?«

»Nein«, sagte Sandy. »Erzähl doch mal, was mit denen los ist!«

Kane konnte es immer noch nicht fassen. »Eine von ihnen«, sagte er kopfschüttelnd, »ist mir mit der Hand unters Hemd gefahren und hat mich abgetastet. Eine andere hat mich gefragt, ob ich an Verstopfung leide. Und noch eine andere …«

Wieder goß sich Kane einen Drink ein. Sandy runzelte die Stirn. Kane trank sonst nie so viel.

»Diese andere hat mich beinahe über den Haufen geschossen. Und danach hat sie sich wie eine Rasende aufgeführt. Wenn sie uns nicht im Schlaf alle umbringt, wird sie zumindest die Pferde in Schrecken versetzen.«

»Und was ist mit der vierten?«

»Ach, das ist Ruth«, sagte Kane mit einem Lächeln.

Sandy wandte sich ab. Kane sollte sein Grinsen nicht sehen. Pat hatte ihm erklärt, daß sie auf eine Romanze zwischen ihrem Sohn und einer der Frauen hoffte. Und wenn er den albernen Gesichtsausdruck Kanes richtig deutete, schien ihr Plan auch aufzugehen.

»Ich muß wieder zurück zu ihnen. Man weiß ja nicht, was diese Verrückte noch alles anstellt.«

Als Kane das große, zweistöckige Haupthaus betrat, fiel sein erster Blick auf die kleine blonde Kriminalromanschriftstellerin, und sein erster Gedanke war, ob wohl alle ihre Geschichten von Leuten handelten, die versuchten, *sie* umzubringen. Falls ja, konnte er diese Leute gut verstehen. Er hatte Sandy zwar gesagt, er wolle den Versuch machen, einigermaßen mit ihr auszukommen. Doch als er sie nun allein sah, wollte er wieder auf Zehenspitzen hinausschleichen. Doch sie hatte ihn schon erblickt.

»Ertappt!« sagte sie. Sie schien sich höchlichst darüber zu amüsieren, daß er versucht hatte, sich unbemerkt wieder zu entfernen.

Kane drehte sich um und zwang sich zu einem Lächeln. Schließlich war sie sein Gast oder, genaugenommen, Gast seines Nachbarn, und er mußte sich bemühen, ihr ein guter Gastgeber zu sein. Das Erdgeschoß des großen Blockhauses bestand aus einem einzigen Raum. Im Obergeschoß lagen die Schlafzimmer. Sie saß an der Bar und sah ihn an, als amüsierte sie sich über irgend etwas. Er konnte sich nicht erklären, warum er sie nicht leiden konnte, aber einen Grund mußte es ja haben. Immerhin war sie sehr hübsch, und wenn er ihr irgendwo auf der Straße begegnet wäre, hätte sie vielleicht sein Interesse erregt. Aber jetzt saß sie so selbstsicher und vergnügt da, daß er keinen anderen Wunsch hatte, als ihrer Gesellschaft zu entfliehen.

»Möchten Sie etwas zu trinken?« fragte er höflich. »Nach dem langen Flug müssen Sie ganz schön durstig sein.«

»Haben Sie denn keine Angst, ich könnte etwas anstellen, wenn ich betrunken bin?«

Tatsächlich hatte er daran gedacht. Prompt wurde er rot, weil sie seinen Gedanken erraten hatte.

»Keine Sorge, Tex«, sagte sie in übertrieben schleppendem Tonfall und stellte einen Fuß auf die Querstange des Barhockers neben ihr, »ich vertrage meine Drinks so gut wie irgendein Mann.«

Kanes Griff um die Whiskyflasche verstärkte sich. Diese Frau hatte etwas an sich, das ihm auf die Nerven ging. Alles, was sie sagte und tat oder auch nur andeutete, machte ihn wütend. Statt sie zu fragen, was sie zu trinken wünsche, mixte er ihr einen schwachen Gin-Tonic ohne Eis und reichte ihr das Glas. Das Lächeln war ihm längst vergangen.

Sie sah auf das Glas, und zum erstenmal entdeckte er einen menschlichen Ausdruck in ihren Zügen. Vorhin hatte sie ihn angestarrt, als wäre er einer vom Zirkus. Da hatte er sich gefragt, ob sie vielleicht nicht ganz richtig im Kopf war. Nur wenige Minuten später hatte sie scharf geschossen, und wieder wenige Minuten später geschrien und gekratzt. Jetzt wirkte sie auf einmal traurig. Aber dieser Eindruck war nur flüchtig. Gleich darauf blickte sie ihn wieder mit unverhohlenem Spott an.

»Auf Sie, Cowboy!« sagte sie.

Da legte er ihr die Hand aufs Gelenk, so daß sie das Glas nicht zum Mund führen konnte. »Ich heiße nicht Cowboy.«

Sie ließ das Glas sinken und fruchte die Stirn. »Warum sind Sie eigentlich heute nachmittag so ausgeflippt? Weil ich Ihren Befehl nicht befolgt habe oder weil sie nicht den Helden spielen und Miß Ruthie selber retten konnten?«

Ganz langsam kam er um die Bar, bis er vor ihr stand. Ohne den Blick von ihr abzuwenden, stellte er einen Fuß zwischen ihre Beine auf die Querstange des Hokkers, auf dem sie saß. Erst jetzt sah sie das Loch vorn in dem Stiefel. Es stammte von ihrer Kugel. Nur einen Zentimeter weiter rechts, und er hätte ein paar Zehen eingebüßt. Zuerst wirkte sie höflich schockiert. Doch das dauerte nicht lange. Gleich darauf steckte sie den Zeigefinger in das Loch, berührte seinen Zeh – die Kugel hatte das vordere Ende der Socke zerfetzt – und sagte: »Hänschen klein, ging allein ...«

Selbst als Kind hatte Kane nie ein Mädchen geschlagen. Einmal hatte ihm sein ältester Bruder Frank deshalb eine Predigt gehalten. Es war im ersten Schuljahr, da war er mit zwei blauen Augen nach Haus gekommen. Cindy Miller hatte ihn gehauen, und Kane hatte sich nicht gewehrt, sondern einfach dagestanden und sich von ihr schlagen lassen, bis die Lehrerin dazugekommen war und Cindy weggezerrt hatte. Die Lehrerin sagte, ihr sei nach diesem Vorfall unklar, ob aus Kane mal ein Dummkopf oder ein Held werden würde. Franks Urteil war eindeutig. Er sagte, Kane sei blöd wie Bohnenstroh.

Doch in diesem Augenblick hatte Kane den Wunsch,

das Mädchen zu schlagen und zu würgen. Ehe ihm bewußt wurde, was er tat, ging er mit ausgestreckten Händen auf sie zu.

»Ach, da sind Sie ja«, sagte Ruth. In einem hübschen roten Seidenkleid kam sie die Treppe heruntergeschwebt.

Abrupt kam Kane zu sich. Er blieb stehen und sah, wie die kleine Kriminalromanschriftstellerin vom Hokker hüpfte und auf Ruth zurannte, als suchte sie Schutz bei ihr. Kane mußte sich abwenden. Er war entsetzt darüber, wozu er sich beinahe hätte hinreißen lassen.

»Bin ich froh, daß du kommst!« sagte Cale zu Ruth. »Wir haben uns gerade über Schweinebauch unterhalten. War das langweilig! Du möchtest etwas trinken? Cowboy Taggert kann sehr nette Gin-Tonics mixen. Sie sind warm und schwach.«

Kane beruhigte sein heftig pochendes Herz und zwang sich, nicht hinzusehen, weil dieses schreckliche Weib direkt neben Ruth stand. »Ich mixe Ihnen jeden Drink, den Sie wünschen, Ruth«, sagte er.

»Etwas Weißwein«, sagte Ruth geziert, »aber kalt.« Kane lächelte sie an.

»Schon verliebt«, murmelte Cale.

Kane nahm sich vor, so zu tun, als wäre sie gar nicht da. Vielleicht würde sie dann merken, daß sie unerwünscht war, und Ruth und ihn allein lassen.

Er reichte Ruth das Weinglas, schaute ihr tief in die dunklen Augen und stellte sich vor, wie ihre ausgebreiteten Haare auf einem Kopfkissen aussahen.

»Wie die Turteltauben«, sagte Cale.

Kane wandte sich ab. Ruth sollte nicht sehen, daß er vor Wut puterrot geworden war. Als er sich wieder einigermaßen gefaßt hatte, trat er ans Fenster, in der Hoffnung, Ruth würde sich dort zu ihm gesellen. Sie tat es auch. Wenn er ihr jetzt den Arm um die Taille legte, würde das doch ganz unverfänglich wirken. Sie ähnelte seiner verstorbenen Frau so sehr, daß er genau wußte, wie schön das wäre. Aber die Anwesenheit der anderen Frau schreckte ihn ab. Solange sie da war, kannte er sich selbst nicht mehr. Er vermied, Ruth zu berühren.

Durchs Fenster sahen sie, wie Sandy, zwei gesattelte Pferde am Zügel, auf das Haus zukam.

»Wer ist das?« erkundigte sich Ruth.

»Sandy. Eigentlich heißt er J. Sanderson.« Mit verzücktem Lächeln betrachtete Kane, wie die Abendsonne auf ihrem Haar spielte. »Da kein Mensch weiß, was das J. bedeutet, sagen wir immer Sandy zu ihm. Er ist ein entfernter Verwandter von mir.«

Cale spähte an Ruth vorbei und fragte Kane: »Welcher ist denn Ihr Verwandter? Der mit dem braunen Sattel oder der mit dem schwarzen?«

Kane wußte nicht mehr, was er tat. Er sprang über einen Stuhl und stürzte auf sie zu. Mit einem Angstschrei hüpfte sie auf die Couch, sprang über die Lehne und raste zur Tür. Kane holte sie ein, als sie mit Sandy zusammenprallte, der gerade zur Tür hereinkam. Mit einem Sprung war sie hinter Sandy, legte die Hand auf seine Hüften und benutzte ihn als Schutzschild.

Kane war vor Wut außer sich. Das sollte dieses Weib ihm büßen! Er griff um Sandy herum nach ihr. Sie entwand sich ihm. Daraufhin stieß er Sandy weg.

»Kane!« schrie Sandy ihn an. Er war vielleicht der einzige, auf den Kane in seinem Wutanfall hören würde. Denn Sandy hatte ihn schon gekannt, als er noch in den Windeln gelegen hatte.

Kane hatte das Gefühl, aus einem Alptraum zu erwachen. Erschrocken wurde ihm klar, was er beinahe angerichtet hätte. Blinzelnd sah er, wie dieses Weib, das gegen ihn nur eine halbe Portion war, halb hinter Sandy versteckt, ihn angrinste. Kane wagte es nicht, Ruth anzusehen. Er war tief verlegen, schämte sich und stand mit hängenden Schultern da.

Mit einem weiteren vorwurfsvollen Blick auf Kane legte Sandy der Frau den Arm um die Schultern und verließ mit ihr das Haus. Sie ließ sich willig wegführen und schwenkte triumphierend ihr kleines rundes Hinterteil.

4

Sandy mußte zugeben, daß Kanes Verhalten ihn erschreckt hatte. Er kannte den Mann von Kindesbeinen an. Kane und sein Zwillingsbruder Mike waren stets die nettesten, freundlichsten Kinder gewesen, immer hilfsbereit, wenn sie irgendwo gebraucht wurden. Wurde ein Pferd krank, schliefen sie bei ihm im Stall. Sie weinten um jeden Hund, der von einer Schlange getötet worden war. Aber die Jungen lachten auch gern mit ihren Spielgefährten. Sie waren glücklich und wollten ihr Glück mit anderen teilen.

Als Sandy ins Haus kam und miterlebte, wie Kane einer sehr hübschen, sehr kleinen Frau an die Gurgel gehen wollte, hatte er deshalb zuerst nicht gewußt, wie er reagieren sollte. Am verwunderlichsten war für ihn, daß sich Kane überhaupt zu einem so heftigen Übergriff hinreißen ließ. Seit seine Frau vor fünf Jahren gestorben war, schien er sich immer mehr in sich selbst zu verkriechen. Nichts konnte ihn wütend oder traurig machen, nichts bereitete ihm Freude, Enttäuschung oder Langeweile – es sei denn, es handelte sich um seine Söhne. Abgesehen von dieser Ausnahme schien ihn nichts auf der Welt mehr zu berühren.

Pat hatte Sandy von ihrem Vorhaben mit den vier

Frauen berichtet. Auch daß sie schon eine von ihnen als zukünftige Frau ihres Sohnes ausgewählt hatte. Sandy hatte darüber nicht gelacht. Er hatte immer gehofft, daß irgend etwas oder irgend jemand Kane wiedererwecken würde. Und wenn eine Witwe das vermochte, war ihm jedes Mittel, auch das der Täuschung, recht, wenn es nur seinen Zweck erfüllte.

So hatte er erwartet, daß Kane die schöne Witwe anhimmeln würde. Aber doch nicht, daß er wutentbrannt ein freches kleines Mädchen über Stühle und Tische hinweg verfolgte! Sandy stand vor einem Rätsel. Und seine Neugier war erwacht.

»Sind Sie es, die die Schlange erschossen hat?« fragte er das Mädchen, das schweigsam neben ihm herging. Sie war ein hübsches kleines Ding mit blonden Haaren und blauen Augen. Und hätte er sie nicht gerade in voller Aktion erlebt, hätte er sie eher für still und scheu gehalten.

»Ja – und die dann verrückt gespielt hat«, sagte sie gepreßt. Dabei zuckten ihre Schultern leicht, und Sandy hatte den Eindruck, sie wolle sich vor ihm rechtfertigen.

»Wollen Sie mir erzählen, was vorgefallen ist?«

»Eigentlich nicht«, entgegnete sie.

Doch Sandy wollte auch die andere Seite hören und war entschlossen, den wahren Sachverhalt herauszufinden. »Kane sagt, Sie hätten ihn beinahe erschossen. Und danach seien Sie hysterisch geworden. Schießen Sie immer um sich und werden dann hysterisch?«

Er mußte sich das Lachen verbeißen, als er merkte, daß sie den Köder geschluckt hatte. Ihr hübsches kleines Gesicht wurde erst rosa, dann beinahe purpurrot.

Schließlich brach es aus ihr heraus: »Ich habe diesem undankbaren Weib das Leben gerettet!« Und sie erzählte Sandy, daß Kane den schweren Koffer in den Händen gehalten und sie geglaubt habe, daß die Schlange Ruth beißen würde, wenn sie nicht schnell handelte.

Sandy hörte aufmerksam zu und lächelte nicht mehr. Kane hatte ihm den Eindruck vermittelt, die Frau wäre übergeschnappt. Aber ihre Rechtfertigung klang einleuchtend. Es schien tatsächlich, als habe sie Ruth das Leben gerettet. »Und danach?« fragte er leise. »Haben sie sich da gefürchtet? Waren Sie übererregt?« Das hätte er durchaus verstanden. Sie wandte den Kopf zur anderen Seite. Wieder war sie über und über rot geworden, aber diesmal nicht aus Zorn, sondern weil ihr die Sache peinlich war. Er merkte, wie sie überlegte, ob sie ihm die Wahrheit sagen solle oder nicht. So wartete er geduldig ihre Entscheidung ab.

Sie stieß einen tiefen Seufzer aus und sagte dann: »Na ja, äh ... wenn mein alter Herr früher mal auf mich wütend war, dann hat er mich ... äh, sozusagen verprügelt. Und als Ihr Cowboy mich jetzt anfaßte, da hat mich das wieder an diese Zeit erinnert, und ich bin ein bißchen ausgerastet.«

Danach schaute sie ihn kampflustig an, als wolle sie ihm drohen: Wage es nur nicht, etwas dagegen zu sagen! Sie wirkte ein wenig wie ein Dorfrowdy, den man gerade dabei ertappt hat, daß er gar nicht so ein harter Bursche ist, wie er immer tat.

Sandy nickte verständnisvoll und schwieg. Dann fragte er: »Verstehen Sie was von Pferden?«

»Ich weiß nur, wo bei ihnen vorn und hinten ist, mehr nicht.«

Er grinste. »Trotzdem könnten Sie mir beim Absatteln helfen. Vielleicht erzählen Sie mir dabei, wie es kommt, daß Sie so gut mit Waffen umgehen können.«

»So gut kann ich das gar nicht. Sonst hätte ich dem Cowboy doch nicht beinahe den Fuß abgeschossen.«

Sandy war weitergegangen und drehte sich nicht

nach ihr um. Aber er meinte, ein gewisses Bedauern aus ihrer Stimme herauszuhören. »Haben Sie sich bei Kane entschuldigt?«

»Ha! Eher sterbe ich.«

Sandy warf ihr unter der Hutkrempe einen verstohlenen Blick zu. Aber sie schaute, die Hände zu Fäusten geballt, den Mund zu einem harten Strich zusammengepreßt, zu den Bergen hinüber. »Sind Sie die Haarkünstlerin, die Witwe oder die Dame mit dem komischen Laden?« Ehe sie noch antworten konnte, blitzte es in ihren Augen auf. »Sie schreiben die Kriminalromane!«

»Ja«, sagte sie, immer noch verärgert. Doch dann mußte sie grinsen. »Wissen Sie, wie mein nächstes Buch heißen wird? *Tod eines Cowboys*. Welchen Tod würden Sie für angemessen halten? Soll er sich im eigenen Lasso verfangen? Vielleicht lege ich ihm auch eine Klapperschlange in die Bettrolle.« Ihr Grinsen vertiefte sich. »Oder vielleicht lasse ich ihn an Blutvergiftung durch eine verschmutzte Kugel sterben, die ihm die Zehen abgeschossen hat.«

Lachend machte Sandy die Stalltür für sie auf. »Kommen Sie rein, und erzählen Sie mir, wie die Geschichte weitergeht! Eine gute Geschichte höre ich immer gern.«

»Dann werde ich Ihnen bestimmt gefallen«, sagte sie zufrieden. »Denn ich kann jede Menge gute Geschichten erzählen.« Kummerfalten erschienen auf ihrer Stirn, und sie sagte flüsternd: »Wie schön, wenn mich wenigstens *einer* hier versteht.«

5

Es hat vielleicht so ausgesehen, als wollte ich wirklich den Haß des Cowboys Taggert auf mich laden. Aber das war gar nicht der Fall. Ich habe mich immer danach gesehnt, daß alle Leute mich gern haben. Wenn ich zu einer Party komme, dann müßten die Leute erleichtert sagen: »Cale ist da. Nun kann's richtig losgehen.« Natürlich ist mir das noch nie passiert. Autoren werden ja selten zu Partys eingeladen. Und wenn, dann sitzen sie meist in irgendeiner Ecke und begnügen sich damit, die anderen Gäste zu beobachten.

Als ich diesem lieben alten Sandy im Stall zur Hand ging, tat ich so, als wäre mein ganzer Ärger verflogen. Und im Inneren nahm ich mir vor, mich einwandfrei zu benehmen, solange ich mit auf der Tour war. Zehn Jahre später würde der Cowboy daran zurückdenken und sagen: »Diese kleine Kriminalromanschriftstellerin war eigentlich ein netter Kerl.«

Das gelang mir auch volle 24 Stunden lang. Beim Abendessen saßen wir alle um einen runden Tisch – und ich sagte kein einziges Wort. Ich sagte nichts, als der Cowboy zum soundsovielten Male über den Tisch langte, um Ruths Weinglas wieder zu füllen. Ich sagte nichts, als das dünne Groupie von ihren Heilkräutern erzählte. Und ich lachte noch nicht mal, als das fette Groupie dem Cowboy Wein auf den Schoß verschüttete und dann den roten Fleck zwischen seinen Beinen wegreiben wollte. Ich sagte allen höflich gute Nacht und ging auf mein Zimmer. Ich wollte noch an dem Exposé für mein nächstes Buch arbeiten.

Mein stärkster und bester Charakterzug ist meine Konzentrationsfähigkeit, die zuweilen an Besessenheit grenzt. Und an diesem Abend stellte ich mir mit wahrer Besessenheit allerhand Fragen.

Wie kommt es, daß Männer eine Frau wie Ruth nicht auf Anhieb durchschauen? Warum sind Männer so *blöd*, wenn es um Frauen geht? Es braucht nur lange Beine, einen strammen Busen, eine schöne Lockenpracht, und sie kriegt jeden Mann, den sie haben will.

Es ärgerte mich mehr, als für meinen Gemütszustand gut war, daß ich mich zu so einem großen, dummen Cowboy hingezogen – ernsthaft hingezogen – fühlte, während er mich ansah, als wollte er mir am liebsten Rattengift eingeben.

Ich benahm mich auch während des ganzen Frühstücks gut, bei dem Ruth und der Kraftmensch dauernd verzückte Blicke tauschten und in bedeutungsvollem Ton Sätze sprachen wie: »Reichst du mir bitte den Honig rüber?« Doch nichts auf der Welt geht einem so auf den Geist wie zwei selbstvergessene Verliebte. Jedes Wort ist für sie eine Quelle des Entzückens, jede Geste etwas unvergleichlich Schönes. Die Umwelt existiert nicht mehr für sie. Es gibt nur sie beide.

Ich biß auf einen Toast und beobachtete, wie der Cowboy Ruth anhimmelte: er war hin und her gerissen. Doch in Ruths Augen war wenig Herzlichkeit zu entdecken. Ab und zu warf sie dem Duo Maggie/Winnie einen triumphierenden Blick zu, als wollte sie sagen: Na, nun seht ihr mal, was ich für einen Erfolg habe! Wahrscheinlich freute sie sich schon auf die große, kitschige Schlußszene, wenn sie ihm tränenreich Lebewohl sagen würde. Doch dem armen, dummen Taggert sah man an, daß er Ruth am liebsten eine Schürze um die guterhaltene schlanke Taille binden und sie an den häuslichen Herd stellen wollte. Eine Weile machte es mir sogar Vergnügen, mir Ruth in seiner Küche vorzustellen: abgetretener Linoleumfußboden, Baumwollvorhänge, der Geruch von gebratenen Zwiebeln. Eine Hitze, daß man Rindfleisch auf dem Küchentisch braten könnte. Drei heulende Kinder, die sich an ihre geschwollenen, roten, unrasierten Beine klammerten.

Dann merkte ich, daß Sandy mich anlächelte, als ob er genau wüßte, was ich dachte. Ich kniff ein Auge zu und prostete ihm scherzhaft mit meinem Orangensaft zu.

Bis weit in den Nachmittag benahm ich mich so einwandfrei, daß ich mir wohl ein wenig zuviel darauf einzubilden begann. Und dann gab es wieder Krach.

Wir hatten alle die Pferde bestiegen und ritten auf einem schmalen Weg in die Wälder hinauf. Ich hatte im ganzen Leben bisher nur zweimal auf einem Pferd gesessen, aber wenn man es richtig betrachtet, braucht man zum Reiten auch nicht allzuviel Geist. Ich rede jetzt nicht vom Dressur- oder Springreiten, wofür man Talent, Erfahrung und viele Jahre Training benötigt. Aber wenn man auf einem gutgenährten, lammfrommen Tier sitzt, das den Weg schon kennt, sind keine großen Reitkenntnisse nötig.

Ruth und ihr Duo sahen das allerdings anders. Bei Ruths Herkunft hatte ich angenommen, sie wäre eine ausgezeichnete Reiterin. Doch in Wirklichkeit hatte sie mächtige Angst vor dem Pferd. Vor seinen großen, weiten Nüstern, dem haarigen Maul und dem dicken Hinterteil. Als sie mit vor Angst weit aufgerissenen Augen aufstieg, wäre sie mir beinahe sympathisch geworden. Sie mußte wirklich sehr an der Stellung in ihrer Firma hängen, wenn sie bereit war, auf ein Tier zu steigen, das ihr solche Furcht einflößte.

Es war am Spätnachmittag, als ich wieder ins Fettnäpfchen trat. Wir waren abgestiegen, wund, müde und großenteils schweigend. Auf dem Weg war Ruth immer hinter Taggert gewesen, und wenn sich jemand unterhalten hatte, dann waren es die beiden. Die Dünne des Duos hatte mich zwar in eine Unterhaltung über vegetarische Diät verwickeln wollen, doch als ich ihr sagte, daß ich ausschließlich Fleisch, und zwar in Mengen, verzehrte, wurde sie augenblicklich still und wollte kein Wort mehr mit mir reden. Hinter mir ritt Sandy, und die Stille der Wälder war ein Segen.

Doch nun waren wir abgestiegen, und die meisten hatten sich in die Büsche geschlagen, um ein Geschäft zu erledigen. Ruth stand noch bei mir und sah irgendwie sonderbar aus. Sie hielt die Hand an ihren verlängerten Rücken. Wenn sie nur halb so wund war wie ich, mußte sie Schmerzen haben. Ich weiß nicht, woran sie gerade dachte. Vermutlich an gar nichts. Sie hatte Schmerzen, und schuld daran war das friedlich mampfende Pferd vor ihr.

Sie zündete sich eine Zigarette an. Ihre Hände zitterten vor Erschöpfung. Und auf einmal drückte sie mit dem Blick eines bösartigen Kindes die Zigarette an dem weichen Hals des nichtsahnenden Pferdes aus.

Und wieder überstürzten sich die Ereignisse. Das Pferd wieherte auf, scheute zur Seite und warf Ruth über den Haufen. Im nächsten Augenblick würde es auf die am Boden Liegende treten. Ich überlegte keine Sekunde. Ich rannte einfach los und versuchte, zwischen das Pferd und Ruth zu gelangen. Doch das Pferd war vor Schmerzen außer sich. Einige Haare an seinem Hals hatten Feuer gefangen und glühten. Ich konnte nur noch mit der linken Hand den Zügel ergreifen, mit der rechten die Glut am Hals ausschlagen und eisern festhalten. Dazu redete ich beruhigend auf das Tier ein. Niemand würde ihm jetzt noch etwas antun. Und irgendwann während des ganzen Aufruhrs gelang es Ruth, wie eine Schlange, die sie ja auch war, wegzukriechen, so daß ich mit dem Pferd allein blieb.

Gleich darauf brach der große Cowboy wie ein schreckenerregender Yeti durchs Unterholz und steuerte mit wutverzerrtem Gesicht genau auf mich zu. Was nun? dachte ich. Warum in aller Welt war er diesmal auf mich zornig?

Wie nicht anders zu erwarten war, warf sich Ruth in die starken Beschützerarme des Cowboys, weinte ausgiebig, wobei sie darauf achtete, daß ihr Make-up nicht verschmierte, und flehte ihn an, sie zu retten. Taggert hielt sie fest, tätschelte mit der anderen Hand das arme Pferd mit den Brandwunden und warf mir finster drohende Blicke zu. Wie würde Ruth sich wohl herausreden, wenn ich ihr sagte, daß ich ihre Missetat mitangesehen hatte?

»Du hättest mich rufen müssen«, quetschte Taggert zwischen aufeinandergebissenen Zähnen hervor.

Mir gingen gleichzeitig ungefähr tausend Antworten durch den Kopf. Ich hätte ihm die Wahrheit über seine Angebetete erzählen können. Ich hätte darauf hinweisen können, daß Ruths schönes Gesicht jetzt vielleicht von einem Pferdehuf verunziert wäre, wenn ich um Hilfe gerufen und auf ihn gewartet hätte. Schließlich verzichtete ich darauf, mich zu verteidigen. Ich sagte nur: »Du bist ein echter Trottel, weißt du das? Ein richtiger alter Dorftrottel.« Dann ließ ich den Zügel los und schlug mich in die Büsche.

Es gibt wohl nichts auf der Welt, was einen tieferen, heißeren Zorn auslöst als eine falsche Anschuldigung. Ich glühte innerlich wie die Überreste eines stundenlangen Feuers. Wenn mir jetzt noch jemand ein dummes Wort gesagt hätte, wäre ich wohl explodiert und hätte den ganzen Wald in Brand gesetzt. Mit geballten Fäusten, ohne Blick für meine Umgebung, stand ich im Unterholz und kam mir wie ein Märtyrer vor. Es war so ungerecht! Es war wirklich furchtbar ungerecht.

Aber bei mir dauert ein Zornesausbruch nie lange. Auch diesmal nicht. Innerhalb von Minuten hatte ich ihn in mich hineingefressen und unterdrückt. Dennoch stand ich noch zitternd vor Aufregung und Erschöpfung da, und zu meinem Ärger hatte ich Tränen in den Augen.

Dann hörte ich, wie sich jemand hinter mir näherte. Ich trocknete mir mit dem Handrücken die Augen ab und sah Sandy kommen. Seine Miene war besorgt.

»Ich weiß auch nicht, was mit Kane los ist«, sagte er. »Normalerweise ist er nie so. Normalerweise ist er ...«

Regel Nr. 1 in meinem Elternhaus: Laß dir deinen Schmerz nicht anmerken! Wenn sie wissen, daß sie dir weh getan haben, werden sie sich bemühen, dir noch mehr weh zu tun.

Ich zwang mich zum Lächeln und zu einem unbefangenen Ton. »Es liegt an mir. Ich behandle die Männer grundsätzlich falsch. Hätte ich vor Angst laut geschrien und entsetzt die Hände vors Gesicht geschlagen, würde er mir vermutlich jetzt Brandy einflößen und mich streicheln.«

Sandy lachte. »Höchstwahrscheinlich.« Er hielt kurz inne und fragte dann: »Was ist diese Ruth für eine Frau?«

Ich konnte nur die Augen zum Himmel heben. Sollte ich ihm erzählen, daß sie ihre Zigarette auf dem Pferdehals ausgedrückt hatte?

»Kane ...«, sagte Sandy stockend. »Ich glaube, er sucht eine Frau.«

Vor meinem geistigen Auge tauchte wieder das Bild Ruths in der Küche auf. Schlagartig besserte sich meine Stimmung. Aber anlügen wollte ich diesen Mann nicht. Er war bisher so nett zu mir gewesen, daß er das nicht verdiente. »Und er bildet sich ein, er könnte Ruth zu seiner Frau machen? Ruth ist nur auf Eroberungen aus, und danach sucht sie sich ein neues Opfer.« Vor wenigen Minuten erst hatte ich Ruth zum zweitenmal vor schweren Verletzungen bewahrt, und zum zweitenmal hatte der Cowboy mich dafür auch noch beschimpft. »Ich glaube, sie passen gut zueinander. Ich hoffe nur, daß sie ihm das Herz bricht.«

Sandy schwieg eine Weile und fragte dann: »Bist *du* denn verheiratet?«

Ich wußte, daß er dabei an Kane dachte, der für ihn fast so etwas wie ein Sohn war. Wie ist es nur möglich, daß manche Menschen allgemein geliebt werden, ganz gleich, was sie tun, und andere nicht? Absichtlich tat ich so, als hätte ich ihn mißverstanden. »Soll das ein Heiratsantrag sein?«

Sandys Antwort war völlig ehrlich gemeint. »Wenn ich zehn Jahre jünger wäre, würde ich dir einen machen und nicht locker lassen, bis du ja sagst.«

Mein Lachen klang etwas gezwungen. Doch ich kann nicht leugnen, daß ich mich geschmeichelt fühlte. »Das glaube ich dir nicht«, sagte ich ehrlich. »Du würdest mich nicht heiraten wollen. Ich sage dir auch, warum. Ich tauge nicht zur Ehe, weil ich zu tüchtig bin. Männer bevorzugen Frauen, die untüchtig und hilflos sind oder sich wenigstens so geben, was Ruth sehr gut versteht. Dagegen bin ich geradezu lächerlich tüchtig und vergesse immer, es nicht zu zeigen.«

Damit wandte ich mich zum Gehen. Ich wollte nicht weiter darüber sprechen. In meiner augenblicklichen Stimmung hätte ich sonst noch wer weiß was gesagt.

»Komm bald zurück!« rief Sandy mir nach. »Heute abend gibt es Büffelzunge.«

»Mmmmm«, sagte ich, »mein Leibgericht.« Und ging weiter.

6

Cale legte sich ins Gras. So hatte sie es gern. Der Körper ruhte weich. Sie hatte den Kopf frei. Zum Denken – sich eine Geschichte auszudenken. Wie wäre es mit einem Roman, in dem der Mörder ein Cowboy ist? Ein Cowboy, der so gut aussieht, daß niemand auf die Idee kommt, ihn zu verdächtigen. Da hörte sie Schritte.

Das paßte ihr gar nicht. Sie hatte keine Lust, ihren schönen Platz aufzugeben. Sie wollte weiter ihrer Phantasie freien Lauf lassen. Es gibt zwar auch Schriftsteller, die sich nur ungern an die Arbeit machen, Handlungsfäden zu spinnen. Für Cale war dies jedoch die schönste Beschäftigung, die es gab. Sie beschloß, sich mucksmäuschenstill zu verhalten. Dann würden die Leute vielleicht weitergehen und sie in Frieden lassen.

Doch sie hob den Kopf und sah, wie Kane unglaublich sanft Ruth in seine Arme zog, als wäre sie ein kostbarer, zerbrechlicher Gegenstand, und sie küßte. Nun konnte Cale doch nicht länger hier bleiben. Schon wollte sie sich davonmachen, als Kane sich von Ruth freimachte.

»Du bist auch wirklich heil?« fragte er. »Das Pferd hat dich nicht verletzt?«

Mit großem Interesse stützte Cale den Kopf auf die Hand und wartete auf Ruths Antwort. Ich lausche ja nicht aus Neugier, dachte sie, ich studiere menschliches Verhalten.

»Ja, ich bin unverletzt«, sagte Ruth und ließ wieder leicht die Lider flattern. »Kane, du ahnst ja nicht, was ich vor dieser Reittour für Beklemmungen gehabt habe. Ich habe mich so vor der großen Wildnis gefürchtet. Ich hatte Angst vor den Tieren. Und vor den Leuten, die die Tour leiten. Ich dachte, ihr würdet euch rauhbeinig benehmen.« Sie lachte verführerisch. »Ich machte mir schon Gedanken, ihr würdet von uns verlangen ... daß wir die Pferde beschlagen sollen oder so was.«

Aha. Sie würde ihm also nicht erzählen, daß sie eine brennende Zigarette am Hals ihres Pferdes ausgedrückt hatte. Ja, ja, das hatte ich sowieso nicht angenommen. Wenn diese Frau vor etwas Angst hat, dann allein davor, daß die Männer sie mal nicht anbeten würden. Psychologische Frage: Würde Ruth Edwards überhaupt noch existieren können, wenn niemand sie schmachtend ansähe?

»Wir Männer des Westens«, sagte Kane mit seiner tiefen Stimme, »sind genauso wie andere Männer. Und unsere Wünsche sind die gleichen.«

Ja, ihr alle wünscht euch Ruth.

Ruth streichelte seinen Arm. »Ich würde nicht sagen, daß du wie andere Männer bist.«

Das war aber dick aufgetragen. Darauf konnte doch selbst dieser Trottel nicht reinfallen! Oder doch? Es war genauso ein Schmus, wie wenn ein Kerl dich in der Bar mit den Worten anspricht: »So ein nettes Mädchen wie Sie gibt's nicht noch einmal.« In dieser Tonart. Keine Frau fällt auf so was mehr rein. Aber Männer? Schon möglich.

Jetzt begann er ihren Arm zu streicheln und antwortete: »Eigentlich glaube ich auch nicht, daß ich wie die anderen Männer bin.«

Wieder einmal hatte ich die männliche Species zu hoch eingeschätzt. Frage: Kennen Sie den Unterschied zwischen einem alten Junggesellen und einem jungen Kerl? Antwort: Kein Unterschied. Beide sind blind, taub und sehr blöd.

Sie fingen wieder an, sich zu küssen. Cale räusperte sich laut. Jemand belauschen ist eine Sache, aber anderen beim Küssen zuzusehen, das lag ihr fern.

Eben noch hatte Kane, für Cale so deutlich zu sehen wie für Ruth, ein Gesicht gezeigt, das Sehnsucht, Leidenschaft, Wollust, vielleicht sogar Gier verriet. Doch als er Cale erblickte, ging eine große Veränderung in seinen

Zügen vor. Womöglich noch interessanter für Cale war Ruths Miene. Wenn sie sich nicht sehr täuschte, so hatte die alte Raubkatze Angst vor Cowboy Taggert. In dem Augenblick, da er sich zu Cale umdrehte, machte Ruth kehrt und eilte ins Lager zurück.

Wütend quetschte er zwischen zusammengebissenen Zähnen hervor: »Spionieren gehört also auch zu deinen besonderen Fähigkeiten.«

»Ich war als erste hier«, sagte Cale, um sich zu rechtfertigen. Doch ein Blick in sein Gesicht, und sie wußte, es war vergebliche Liebesmüh. »Was hat es für einen Sinn, sich mit dir darüber zu unterhalten? Dein Urteil über mich steht doch fest.« Sie wollte sich entfernen, aber er hinderte sie daran. »Faß mich nicht an!« sagte sie und wich zurück.

»Ja, richtig«, sagte er spöttisch. »Das Kräutlein Rührmichnichtan.«

»Im Gegensatz zu dem, was du von mir denkst ...« begann sie. »Ach was, ist ja egal.« Und damit eilte auch sie ins Lager zurück.

Dort hatte Sandy inzwischen Hot dogs und Bohnen zubereitet. Die Dünne des Duos stocherte mit der Gabel auf ihrem Zinnteller herum und säuselte, daß Hot dogs etwas Ekelhaftes seien. Die Dicke bürstete gerade zu Kanes offenkundigem Entzücken Ruths Haare. Nach dem Essen verbreitete sich die Dünne über pyramidenförmige Kristalle. In blumigen Worten schilderte sie, solche Gebilde seien günstig für das Sexleben. Schließlich schlug sie Ruth schelmisch vor, sie solle sich eins an einen Ast über ihren Schlafsack hängen. Angeekelt entfernte sich Cale vom Lagerfeuer und ging zu den Pferden.

»Würdest du dir mal das Hemd ausziehen, damit ich mir deine Schulter ansehen kann?«

Sandys Worte überraschten Cale. Doch sie ließ sich

nichts anmerken und lächelte ihn nur strahlend an. Hinter Sandy tauchte Kane auf, und Cales Lächeln erlosch.

»Was ist denn mit ihrer Schulter?« fragte Kane.

Sandy wirbelte herum und fuhr den Jüngeren an: »Dein Verstand steckt wohl nur noch in der Hose? Sonst müßtest du doch gesehen haben, daß sie sich verletzt hat, als sie zum zweitenmal Ruth den Hals gerettet hat.«

Ah, süße Gerechtigkeit! Mein lieber Ritter kam mir zu Hilfe. Ob Sandy wohl gern zu mir nach New York ziehen und in einem Penthaus wohnen möchte?

Mit rotem Gesicht murmelte Kane, er würde sich selber Cales Schulter ansehen. Aber sie reckte das Kinn, drückte die Schultern durch und schritt selbstbewußt wieder auf das Lagerfeuer zu. So wohl wie in diesem Moment hatte sie sich in Colorado noch nicht gefühlt.

7

Ruhelos wälzte Kane sich im Schlafsack hin und her. Immer wieder hämmerte er auf das Nylonding ein, das ein Kopfkissen vorstellen sollte, fluchte ausgiebig und machte bei all dem einen Lärm, der selbst Eulen erschrecken konnte. Eigentlich sollte er jetzt an Ruth denken. Nach allem, was er von ihr gesehen und gehört hatte, war sie die vollkommene Frau. Hinter dem schönen Äußeren ein sanfter, weicher Charakter. Er konnte sich vorstellen, wie gut sie sich mit seinen Söhnen verstehen würde. Und er stellte sich auch vor, wie lieb sie aussehen würde, wenn sie im achten Monat mit ihrem gemeinsamen Kind schwanger wäre.

Aber so sehr Kane sich auch bemühte, seine Gedanken schweiften immer wieder von Ruth ab. Statt dessen tauchte vor seinem geistigen Auge dauernd diese ungezogene kleine Schriftstellerin auf. Sie erschien ihm wie ein Splitter im Finger, der sich nicht herausziehen ließ und nun zu eitern anfing. Er hatte einen Mordsschrecken bekommen, als sie die Zügel dieses Pferdes ergriffen hatte, um Ruth zu retten. Ein falscher Tritt, und sie wäre unter die Hufe des Tiers geraten. Ja, es war eine Dummheit von ihm gewesen, daß er ihr gesagt hatte, sie hätte auf sein Eingreifen warten sollen. Sie hatte wirklich genau das getan, was zu tun war. Und doch haderte er mit ihr.

Er wußte aber nicht recht, was ihn so sehr an ihr ärgerte. Vielleicht ihr spöttisches Lächeln und ihre witzigen Bemerkungen. Vielleicht auch, weil sie Ruth immer so ansah, als wäre sie das letzte. Oder waren es die Kurven ihrer Hinterfront in den engen Jeans?

Warum war er so zornig auf sie geworden, als sie Ruth gerettet hatte? Bei jeder anderen Frau wäre er stolz auf ihre Geistesgegenwart und ihr blitzschnelles Handeln gewesen. Aber irgendwas an dieser Blondine ließ ihn immer vor Wut schäumen. Und doch: auch als er sie so bitterböse angestarrt hatte, fühlte er den Drang, sie beschützerhaft in die Arme zu nehmen.

Sie beschützen? Ebenso gut konnte man ein Stachelschwein beschützen. Ja, sie war genau wie ein Stachelschwein: klein, stachlig und gefährlich.

Gegen 3 Uhr morgens schlüpfte er aus dem Schlafsack und ging in den Wald. Er folgte einem Fußpfad, den er gut kannte. Von einem Felsblock konnte man auf den darunterliegenden Reitweg hinabsehen. Morgen abend würden sie die Geisterstadt Eternity erreichen, wo ein Transporter seines Vaters die Schriftstellerin abholen würde. Danach konnte er noch viele Tage ungestört mit Ruth verleben. Zeit, sie näher kennenzulernen. Zeit für sie, ihn näher kennenzulernen. Zeit, um ...

Plötzlich sah er unter sich Autoscheinwerfer aufblitzen, und jäh brach sein Gedankengang ab. Jemand fuhr auf der alten Straße nach Eternity. Zu dieser Nachtzeit! Wer konnte das sein? Und warum tat er es? Die Antwort lag auf der Hand: Es mußte irgendwas Schlimmes passiert sein.

Auf der Stelle kam ihm jener schreckliche Abend in den Sinn, als er nach einer Geschäftsreise, die ihn über Nacht ferngehalten hatte, heimgekehrt war. Vor dem Apartmenthaus in Chandler, dem »Paris der Wüste«, in dem er mit seiner Frau und den beiden Säuglingen wohnte, stand ein Krankenwagen. Darin lag die zerschmetterte Leiche seiner geliebten Frau. Sie war wegen der Babys die ganze Nacht nicht zum Schlafen gekommen. Am späten Nachmittag hatte sie sich mit einer Tasse Tee aufs Fensterbrett gesetzt und auf ihren Mann gewartet. Sie mußte eingeschlummert sein, das Gleichgewicht verloren haben und aus dem Fenster gestürzt sein.

Kane zögerte keine Sekunde. Statt erst zu den Pferden zu laufen, raste er zu Fuß den Hügel hinunter. Er stolperte über Steine und Baumwurzeln, versank in Haufen trockenen Eichenlaubs und rutschte schließlich einen Schieferabhang hinab. Er mußte unbedingt vor dem Fahrzeug an der Abzweigung sein.

Nach den letzten Sprüngen landete er auf allen vieren – knapp vor den Vorderrädern des Transporters. Der Fahrer stieg gewaltig in die Bremsen. Krachend spritzte der Kies auf. Der Wagen schleuderte. Mit letzter Kraft stemmte sich der Fahrer gegen das Lenkrad und konnte die Räder wieder ausrichten. Noch bevor der Wagen völlig zum Stillstand kam, flog die Tür auf, und heraus sprang Kanes Bruder Mike.

»Was zum Teufel treibst du hier?« schrie Mike seinen Bruder an. »Um ein Haar hätte ich dich überfahren!« Er war so außer sich, daß er ihm nicht mal beim Aufstehen half.

Langsam kam Kane hoch. Er wischte sich Kies und Erde von den Kleidern und den Händen ab und fragte: »Was ist passiert? Wie kommst du auf einmal nach Colorado?«

Mike mußte sich an die Motorhaube lehnen, als täte ihm jeder Muskel seines Körpers weh. Doch es war nur der Schreck.

Kane starrte seinen Zwillingsbruder an. Sie waren einander so ähnlich, wie zwei Menschen sich nur sein können: gleiche Größe, gleiche Figur, gleicher Teint. Von Kindheit an hatten sie eine enge Beziehung gehabt. Das ging oft so weit, daß sie sich untereinander ohne Worte verständigen konnten. Häufig kamen sie gleichzeitig auf dieselbe Idee, und ihre Gedanken gingen immer in dieselbe Richtung. Man fand es schon ganz selbstverständlich, daß sie sich unabhängig voneinander das gleiche Hemd kauften und es zur selben Gelegenheit anzogen. Sie hatten nie Geheimnisse voreinander gehabt. Und wenn der eine etwas Neues erfuhr, berichtete er es brühwarm seinem Bruder.

So erriet Kane jetzt auch, ohne daß Mike es ihm sagen mußte, daß ihm Samantha Zwillinge geschenkt hatte. Lange umarmten sich die Brüder, vereint in Liebe und Verständnis. Dann ließen sie sich los und grinsten sich an.

»Und weiter?« fragte Kane. Mehr brauchte er nicht zu sagen. Sein Bruder wußte auch so, was er von ihm wissen wollte. Warum bist du von New York weggefahren?

Erschöpft und empört zugleich fuhr Mike sich mit der Hand über die Stirn. »Es war furchtbar. Als die ersten Wehen einsetzten, sagte Samantha, die Kinder müßten in Colorado zur Welt kommen, und Mom müßte dabei sein. Sie war für keine Vernunftgründe empfänglich ... und da sie zu weinen anfing, blieb Blair und mir nichts weiter übrig, als sie in den Jet zu verfrachten und abzufliegen. Unterwegs standen Blair und ich die größten Ängste aus, während Sam die Ruhe selbst war. Wir befürchteten, die Kinder würden während des Flugs zur Welt kommen. Und was würde sein, wenn sie etwas brauchten, was wir nicht an Bord hatten? Aber Sam entgegnete darauf nur, wir sollten uns keine Gedanken machen. Die Jungs würden so lange warten, bis ihre Großmutter zur Stelle wäre. Auf dem Flugplatz warteten Dad und Mom mit einem Krankenwagen. Sobald wir im Krankenhaus waren, platzte die Fruchtblase, und die Kinder hüpften heraus wie Champagnerkorken.«

Mike legte eine Pause ein und grinste. »Ich hatte immer angenommen, die Geburt unserer Kinder wäre unsere Privatangelegenheit. Statt dessen waren alle im Kreißsaal dabei: Mom, Dad, Jill und Blair plus zwei Hebammen. Jeden Augenblick erwartete ich, daß jemand mit einem Tablett voll Kanapees herumgehen würde.«

Kane ließ sich von der ironischen Schilderung seines Bruders nicht täuschen. In Wirklichkeit war Mike mehr als froh, daß seine Söhne sofort von seinen Eltern auf den Arm genommen werden konnten. Er war glücklich, daß seine Angehörigen Samantha ins Herz geschlossen hatten.

»Sam ist okay? Die Kinder sind okay?«

»Ja, alles bestens. Nur ...«

»Nur was?«

»Im Krankenhaus geht es zu wie in einer Klapsmühle. Es sind Verwandte gekommen, von denen ich bis dahin noch nie etwas gehört hatte.«

Mehr brauchte er nicht zu sagen. Kane konnte es ihm nachfühlen. Mike wollte seine Frau und seine Söhne für sich haben. Er wollte endlich mit ihnen allein sein. Doch noch zwei volle Wochen nach der Geburt wurden sie von der Familie seiner Frau belagert, bis ihm der Kragen platzte. Seine Schwiegermutter war eine jener Frauen, die einfach nicht glauben wollen, daß auch Männer Windeln wechseln können. So kam Kane kaum jemals an seine eigenen Söhne heran. Erst nach der Abreise der Schwiegermutter ergab sich für Kane die Gelegenheit, Frau und Kinder in die Arme zu schließen, sie zu berühren, zu fühlen und an sich zu drücken.

Ein Blick auf seinen Bruder, und Kane wußte, wie sehr Mike unter der Verwandtschaft gelitten hatte. Er stellte sich vor, wie Mike in der Tür des Krankenzimmers stand und mitansehen mußte, wie ein Verwandter nach dem anderen seine neugeborenen Söhne begutachtete. Es mußte ihn schwer angekommen sei, daß *sie* mehr Zeit mit den Kindern verbringen durften als er. Kane war es damals ja ähnlich ergangen. Auch er hatte fürchten müssen, daß die Säuglinge jemand anders als ihn zuerst anlächeln würden.

Freundschaftlich legte er Mike die Hand auf die Schulter. »Weißt du, was ich jetzt am liebsten täte? Meine Jungs holen und sie herbringen. Diese Gruppe besteht nur aus Frauen, die sie bestimmt wie sonstwas verwöhnen würden.«

»Ja?« sagte Mike düster. »Willst du, daß ich sie herbringe?«

»Ich dachte eher daran, selber zurückzufahren und sie zu holen.«

Mike war so mit seinen eigenen Leiden beschäftigt, daß er nicht gleich begriff. »Moment mal. Du willst, daß *ich* hier bleibe, während du sie holst?«

»Wären doch nur 24 Stunden. Und außerdem möchte ich meine neuen Neffen sehen. Sind sie genauso häßlich wie du?«

Das war ein stehender Witz zwischen ihnen, über den sie jedesmal von neuem lächeln mußten. »Woher soll ich denn wissen, wie sie aussehen?« sagte Mike seufzend. »Man läßt mich ja nicht an sie heran.«

»Wozu auch?« sagte Kane. »Du hast das deinige getan. Jetzt brauchen sie dich nicht mehr.« Er lachte über die kummervolle Miene seines Bruders und fuhr fort: »Ich spreche im Ernst. Ich muß mich mal von dieser Tour erholen.«

Mike hob die Brauen. »Erholen? Du bist doch erst seit wenigen Tagen unterwegs. Ist etwas vorgefallen?«

Woraufhin Kane ihm einen Bericht über die vergangenen Tage gab – aus seiner Sicht. Er pries Ruths Schönheit und beklagte sich über das unerträgliche Duo.

»Und wie ist die Schriftstellerin? Sam liebt ihre Bücher und möchte sie gern kennenlernen.«

Nach einem Augenblick verblüfften Schweigens begann Kane zu schimpfen. Er berichtete, wie sie ihm fast den Fuß abgeschossen hatte. Wie sie beinahe unter die Hufe eines scheuenden Pferdes geraten wäre. Und daß sie ihm nichts als Ärger bereitet habe. »Sie schleicht mir überall nach, besonders wenn ich mit Ruth zusammen bin, nennt mich Cowboy Taggert und fragt mich, ob ich beim Zählen die Finger zu Hilfe nehmen muß.«

Mike mußte sich auf die Lippen beißen, um nicht laut herauszulachen.

»Das ist überhaupt nicht komisch«, sagte Kane und erzählte ihm, wie Cale gleich am ersten Tag ausgeflippt sei. »Die Frau ist verrückt. Sie hat mich angefallen und mir das Gesicht zerkratzt. Drei lange Striemen! Jetzt sind sie zum Glück abgeheilt.«

»Können wohl nicht sehr tief gewesen sein, wenn sie so schnell abgeheilt sind.«

Wie fast immer kamen Mike und Kane rasch zu einer Einigung. Ihre Mutter pflegte zu sagen, sie könnten sich ebensowenig streiten wie mit dem eigenen Schatten. Ein Blick in Kanes trübselige Miene genügte, und Mike gab nach. 24 Stunden waren ja keine lange Zeit, und wie die Dinge jetzt lagen, würde Sam seine Abwesenheit gar nicht bemerken. Eigentlich war es gar keine schlechte Idee, mal für 24 Stunden dem ganzen Rummel zu entfliehen. »Geht in Ordnung«, sagte Mike. »Wir treffen uns morgen abend in Eternity.«

8

Der Morgen brach an. Ich war heilfroh, daß dies mein letzter Tag bei der Tour sein würde. Ich haßte es zwar, als Versagerin dazustehen, aber noch unangenehmer war, von allen gehaßt zu werden. Ein paar Minuten lang blieb ich noch im Schlafsack liegen und dachte daran, was ich meiner Lektorin in New York für unterhaltsame Geschichten erzählen würde. Ich würde an ihnen allen Rache nehmen, indem ich den ganzen Verlag über die Erlebnisse bei meinem Ausflug in die wilden Berge von Colorado zum Lachen brachte. Oder noch besser: ich würde ein Buch schreiben und den großen Cowboy und seine Verliebtheit in die Frau mit den zwei Gesichtern vor der ganzen *Welt* lächerlich machen.

Gleich fühlte ich mich besser und fand mich und das Leben im allgemeinen wieder erträglich. Ich befreite mich aus dem verhaßten Schlafsack, zog die Jeans hoch – gibt es etwas Unangenehmeres, als in seinen Klamotten schlafen zu müssen? – nahm meinen Kulturbeutel und ging zum Bach hinunter, um mir den Dreck vom Gesicht zu waschen. Bei meinem Pech war allerdings damit zu rechnen, daß ich mir selbst im klaren Gebirgswasser einen tödlichen Virus einhandeln würde.

Ich hatte mich gerade abgeschrubbt, als ich hinter mir schwere Schritte vernahm. Das konnte nur unser furchtloser Anführer oder ein letzter überlebender Dinosaurier sein.

Wie üblich blieb er neben mir stehen. Bestimmt würde er mich finster anglupschen und im nächsten Moment mitteilen, daß ich wieder mal etwas falsch gemacht hätte. Eine Weile tat ich so, als wäre er Luft. Dann erst drehte ich mich zu ihm um. Zu meiner Überraschung stand ein Mann vor mir, den ich noch nie gesehen hatte.

»Oh!« sagte ich im ersten Schreck. »Ich dachte, Sie wären jemand anders.«

Das wiederum schien den Mann zu überraschen. So dumme Kerle gibt es eben nur in Colorado. Sie sind groß, sehen gut aus und sind ausgesprochen VERBLÖDET.

»Für wen haben Sie mich denn gehalten?« fragte er.

Ich setzte mich auf und sagte langsam wie zum Mitschreiben: »Ich weiß nicht, ob Ihnen das schon mal jemand gesagt hat, aber Sie sehen aus wie unser ... Tourführer.«

Der Mann grinste mich an, als hätte ich etwas Urkomisches gesagt. Es war schon merkwürdig. Ich konnte sagen oder tun, was ich wollte, der eine – Kane – zog immer ein finsteres Gesicht. Dieser hier schien sich dagegen über die geringste Kleinigkeit zu freuen. Allerdings mußte es ihm auch schmeicheln, wenn ich sein Aussehen mit dem unseres Cowboy-Anführers verglich.

Er reichte ihr die Hand. »Sie müssen Ruth sein. Ich bin Kanes Bruder Mike.«

Ich schüttelte ihm die Hand, stellte die Dinge aber sofort klar. »Ich bin *nicht* Ruth. Ich bin Cale Anderson, und Ihr Bruder haßt mich.«

Ich weiß nicht, was es war, die Bemerkung »er haßt mich« oder die Tatsache, daß ich nicht die schöne Ruth war – irgend etwas schien ihm jedenfalls nicht einzuleuchten. Er klappte den Mund mehrmals auf und zu. Der Anblick erinnerte mich an einen wissenschaftlichen Fernsehfilm, in dem das Schlagen des menschlichen Herzens demonstriert wird.

»Aber Ruth ist doch ... Ruth und Kane ... ich dachte ...«

Wau, dachte ich, da hätten wir ja einen richtigen Intellektuellen!

Als könnte er Gedanken lesen, hörte er auf, den Mund auf und zu zu klappen, und lächelte mich statt dessen an. Ich zog an meiner Hand, aber er ließ sie nicht los.

»Entschuldigen Sie«, sagte er, »das war ein Mißverständnis. Kane hat mir erzählt, Ruth und er seien unzertrennlich. Als Sie nicht wußten, wer ich bin, habe ich natürlich gedacht, daß Sie Ruth sind.«

Na, jetzt war ja alles klar. Wie sinnvoll! Wenn ich einem Mann begegne, den ich noch nie gesehen habe, muß ich Ruth Edwards sein. Klar wie Kloßbrühe. Jetzt wußte ich genau Bescheid.

Mike lachte laut, ließ meine Hand los und erzählte mir eine langwierige Geschichte, die darauf hinauslief, daß sein Bruder und er eineiige Zwillinge seien. Na, wunderbar. Dann bin ich wohl Kathleen Turners Zwillingsschwester. Wahrscheinlich war ihm mein verständnisloser Blick nicht entgangen. Auf einmal sagte er nämlich, er wolle in den nächsten 24 Stunden so tun, als wäre er Kane. Ich mußte lachen, denn das erschien mir so verrückt, als wollte ich vorgeben, ich wäre Christopher Lee.

Ich mußte mir seine halbe Lebensgeschichte anhören. Schließlich gratulierte ich ihm zu seinen Babys und erkundigte mich sogar nach Kanes Söhnen. Aber er mußte verrückt sein, wenn er annahm, irgend jemand würde ihn für seinen Bruder halten.

Als er fertig war, ging er mit einem Lachen über meine skeptische Miene hinweg und versicherte mir, er würde den geplanten Streich bestimmt erfolgreich durchziehen. Ach so, und dann fragte er mich noch ganz ernsthaft: »Wer sieht besser aus, mein Bruder oder ich?«

Ich wollte seine Gefühle nicht verletzen. Aber eins steht fest: was gutes Aussehen betraf, stand Kane eine ganze Klasse über ihm. So taktvoll wie möglich antwortete ich: »Sie sehen bestimmt nicht übel aus, Mike, aber Kane …« Ich konnte den Satz nicht zu Ende führen, denn Mike lachte laut auf und küßte mich herzhaft auf beide Wangen. Irgend etwas an meiner Äußerung muß ihm gefallen haben. Ich weiß nur nicht, was.

Da er darauf beharrte, daß er durchaus für seinen Bruder durchgehen könne, blieben wir noch ungefähr eine halbe Stunde am Bach. Ich mußte ihm nähere Angaben über die einzelnen Teilnehmerinnen der Gruppe machen, damit er sich allen gegenüber richtig verhielt. Ich erzählte ihm von Winnie/Maggie. Er lachte über die Scherze, die ich über das Duo machte. Da wußte ich, daß ich einen guten Zuhörer hatte, und redete drauflos. Zu Anfang hatte ich mich noch gehütet, über Ruth zu sprechen. Doch Mikes Gelächter und Grinsen ermutigten mich. Je mehr er über meine Witze lachte, um so hübscher fand ich ihn übrigens. Ich kam allmählich so in Fahrt, daß ich ihm zum Schluß eine kleine Stegreifparodie auf Kane und Ruth vorspielte, bei der er sich vor Lachen auf dem Boden wälzte.

Mitten in sein Gelächter hinein rief ich: »Nebenbei bemerkt, stimmt es wirklich, daß Kane mich abgrundtief haßt.«

Er schien betroffen. Doch ich las ihm von den Augen ab, daß Kane ihm von mir erzählt hatte. Nur versehentlich hatte Mike mich für die »Gute«, also Ruth gehalten. »Wie kam es dazu?« wollte er wissen.

An seinem Ton merkte ich, daß er nicht verstand, wie jemand mich hassen konnte. Das war angenehm, äußerst angenehm zu hören, und ich bedankte mich mit einem liebevollen Lächeln. »Sie sehen vielleicht nicht so gut und so sexy wie Ihr Bruder aus, aber Sie gefallen mir viel besser. Können Sie nicht die ganze Tour über unser Anführer sein?« Irgendwie schien ihm auch das zu gefallen. Nachdem er sich erhoben hatte, reichte er mir die Hand, um mir aufzuhelfen.

Ich wünschte, jemand könnte mir erklären, worauf die sexuelle Anziehungskraft beruht. Wie kommt es, daß du zwei gleich gutaussehende Männer nebeneinander stehen siehst, und der eine törnt dich an und der andere nicht? Hier stand ich allein im Wald mit einem Traummann, der über meine Witze herzhaft lachte und mir deutlich zu verstehen gab, daß er mich sehr gut leiden konnte. Doch ich empfand ihm gegenüber nur schwesterliche Gefühle. Sicher, er war verheiratet, und seine Frau hatte ihm gerade zwei Kinder geschenkt. Aber Sex-Appeal kümmert sich doch nicht darum, ob einer der Partner verheiratet ist oder nicht. Andererseits bedachte Mike Taggert mich nur mit bösen Blicken oder wilden Anschnauzern. Er haßte mich, und ich haßte ihn. Trotzdem konnte ich es oft nicht vermeiden, mich zu fragen, ob er am ganzen Körper so herrlich goldbraun oder ob sein Bauch blütenweiß war.

Arm in Arm wanderten wir zurück ins Lager, und Mike erzählte mir, wie sehr seine Frau meine Bücher liebe. Als Sandys Lagerfeuer in Sicht kam, ließen wir einander los, und ich blieb zurück. Ich wollte aus der Ferne sehen, wie er sich als Kane ausgab und dabei lächerlich machte.

Es ist schwer, meine Gefühle zu beschreiben, als ich Zeuge wurde, wie diese Leute Mike nichtsahnend für Kane hielten. Sandy brummte, er sei zu lange im Wald geblieben und habe ihm nicht geholfen. Mike blinzelte mir verschwörerisch zu. Beinahe hätte ich losgekichert. Es war himmlisch, einmal diejenige zu sein, die gern gemocht wird!

Alles ging glatt. Die beiden Männer sattelten die Pferde und bereiteten alles zum Aufbruch vor. Mike kam zu mir, prüfte den Sitz des Steigbügels – er war gut – und fragte mich, wie es zu der Brandwunde am Hals von Ruths Pferd gekommen sei. Ich hätte es ihm gern gesagt, tat es aber nicht. Ich dachte an die Jahre in der Grundschule zurück, wo wir als Kinder »Petze, Petze ärgert sich« gesungen hatten, und hielt den Mund. Ich gab vor, keine Ahnung zu haben, wurde aber rot dabei, und Mike gab einen Grunzlaut von sich. »Im Lügen mußt du noch Unterricht nehmen«, sagte er.

Es war schön, zur Abwechslung einmal in Schutz genommen zu werden.

Wir ritten mehrere Stunden lang, und Mike widmete Ruth seine ganze Aufmerksamkeit. Als wir an einen Abschnitt der alten Straße kamen, konnten sie beide nebeneinander reiten. Dann folgten ihre Kammerzofen. Die beiden klammerten sich an ihren Sattelknopf, als würden sie jeden Augenblick vom Pferd fallen. Sandy und ich bildeten die Nachhut. Die meiste Zeit über schwiegen wir und beobachteten Mike und Ruth.

Am späten Nachmittag hatte meine anfänglich gute Stimmung erheblich nachgelassen. Obwohl kein Grund vorlag, war ich eifersüchtig. Es sah ganz so aus, als habe Ruth wieder eine Eroberung gemacht. Mike lächelte ihr zu und lachte leise über die Dinge, die sie von sich gab. Mit einem Wort, er himmelte sie an.

Bei Sonnenuntergang erreichten wir die zerfallene Stadt Eternity. Sie bestand aus lauter grauen verwitterten Holzhäusern. An einigen waren die Aufschriften abgefallen. Eine davon lautete: »Das Paris der Wüste«, was mir ein Lächeln abnötigte. Schweigend ritten wir durch die breite Hauptstraße. Steppenhexen sausten, sich überschlagend, an uns vorbei. Unser Ziel war ein großes Haus am anderen Stadtrand, wo wir, wie Sandy sagte, kampieren würden.

Müde und zerschlagen stieg ich vom Pferd. Mike kam, Ruths Sattel in den Armen, auf mich zu.

Im Vorbeigehen sagte er: »Ruth ist genauso, wie du sie geschildert hast.«

Sofort hob sich meine Stimmung. Ich schöpfte neue Energie. Eine Stunde später half ich Sandy und Mike, Hamburger zu braten. Doch beim Abendessen unterlief mir wieder ein schwerer Fehler. Ich fragte: »Würdest du mir mal den Mostrich reichen, Mike?«

Natürlich hörten alle mit dem Essen auf und sahen mich an. Geistesgegenwärtig lachte ich ein wenig und behauptete, Kane erinnerte mich an einen Bekannten, der Mike hieße. Die Frauen achteten weiter nicht darauf. Aber ich merkte, daß Sandy den Braten gerochen hatte. Es tat mir leid, daß ich Mikes Geheimnis verraten hatte, und ich hätte mich gern bei ihm entschuldigt.

Nach dem Essen half ich beim Abwasch, konnte aber kein ungestörtes Wort mit Mike sprechen, weil Ruth ständig um ihn herumscharwenzelte. Deshalb unternahm ich einen Spaziergang.

Ich bin gut zu Fuß. Beim Spazierengehen kommen mir die besten Ideen. Ich war wohl ein paar Kilometer auf einer alten, von Unkraut überwucherten Straße entlanggewandert, bis ich an ein altes Haus kam, das früher einmal sehr hübsch gewesen sein mußte. Es stand etwas zurückgesetzt ganz für sich allein in einem schönen Garten. Neben der Veranda blühten noch zwei Rosen.

»Hier hat mein Urgroßvater gewohnt.«

Mike hatte leise gesprochen, aber ich zuckte trotzdem zusammen.

»Entschuldige«, sagte er. »Ich dachte mir schon, daß du allein sein willst, durfte dich aber nicht aus den Augen verlieren.«

Ich bedankte mich mit einem Lächeln. Im Mondschein war er fast so hübsch wie sein Bruder. »Wegen heute abend ...« fing ich an, doch Mike unterbrach mich lachend. Er sagte, Sandy sei es gewöhnt, daß sie als Zwillinge anderen Leuten Streiche spielten. Er habe ihm alles erklärt, und nun sei Sandy beruhigt.

»Ich habe eine Laterne mitgebracht. Möchtest du dich hier mal umsehen?«

Es war himmlisch, Mike zur Gesellschaft zu haben. Er erzählte mir von seinen Vorfahren, die in diesem Haus gewohnt hatten. Darunter war ein Schauspieler, der so fabelhaft gewesen sein mußte, daß man ihn den Großen Templeton nannte. Da ich Geschichten liebe, hatte das Haus mit den verblichenen Rosentapeten einen starken Reiz für mich.

Als wir den Rundgang beendet hatten, sagte Mike: »Cale, was du auch tust, erzähle nur Kane nichts davon, daß du über unseren Rollenwechsel Bescheid weißt!«

Ich lachte, denn ich hatte keine Ahnung, was das ausmachen würde.

»Ich meine das ganz ernst«, sagte er. »Mach nur keinen Fehler mehr! Sag nicht aus Versehen zu ihm: ›Mike hat dies oder das gesagt oder getan.‹ Es ist wichtig, Cale.«

»In Ordnung. Großes Pfadfinderehrenwort.« Diese Geheimnistuerei hätte glattweg aus einem meiner Bücher stammen können.

»Ich muß jetzt gehen. Kanes Auto wird bald kommen. Wenn du mich das nächstemal siehst, ist es ein anderer.«

Das war wohl ein Beispiel für Zwillings-Humor. Ich

wollte ihm zum Abschied die Hand reichen, aber er umarmte mich brüderlich, küßte mich auf die Wangen und nahm mir das Versprechen ab, ihn in New York zu besuchen. Dann war er weg, und mir war zumute, als hätte ich jemand verloren, der mir ein Freund fürs Leben hätte werden können.

Ich hatte noch nicht den Wunsch, das Haus zu verlassen, so wohl fühlte ich mich darin. Mir war, als spürte ich noch die Liebe und das Lachen der Menschen, die hier vor langer Zeit gewohnt hatten.

Mike hatte mir die Laterne zurückgelassen. Ich nahm sie in die Hand und wanderte mit ihr durch die Zimmer des Erdgeschosses, kletterte auf den Dachboden und wieder hinunter. Es wurde spät, und eigentlich hätte ich schon den langen Rückweg zu unserer holden Frauengruppe antreten müssen, doch ich verschob es immer wieder.

Ich zögerte mit dem Aufbruch bis zur letzten Minute. Plötzlich stand Kane Taggert in der Tür, in jedem Arm einen kleinen Jungen. Vertrauensvoll schmiegten sich die Kinder im Schlaf an ihren Vater – und sie waren das schönste, was ich in meinem Leben gesehen hatte. Ich wünschte, es wären meine eigenen gewesen.

Ich habe mich mal in einen wertvollen Tisch verliebt. Er sollte 30 000 Dollar kosten. Ich träumte von ihm, wie Männer von schnellen Sportwagen oder Frauen von einem Mann träumen. Aber nie im Leben habe ich mich so sehr nach etwas gesehnt wie nach diesen beiden schlafenden kleinen Jungen.

Auch wenn Cowboy Taggert mein Todfeind war und wir uns bis aufs Blut haßten, ich *mußte* einfach eins dieser entzückenden Wesen anfassen. Und ich tat es. Ich erwischte eine schwarze Locke, die sich so weich anfühlte wie Engelshaar.

»Sind sie echt?« fragte ich flüsternd.

Amüsiert antwortete Taggert: »Und wie!«

Meine Hand glitt tiefer und berührte eine weiche Wange. »Aber sie sehen zu vollkommen aus.«

»Das ist mir noch nicht aufgefallen«, brummte er. »Aber wenigstens sind sie jetzt sauber. Sobald sie wach sind, starren sie in spätestens zwei Stunden wieder vor Dreck.«

»Wie heißen die beiden?«

»Jamie und Todd.«

Ohne seine mißtrauischen Blicke zu beachten, berührte ich das andere schlafende Kind. »Wer ist Jamie, und wer ist Todd?«

»Das ist doch unwichtig. Na schön, dieser hier ist Jamie, und dieser hier ist Todd.«

Wie konnte er nur sagen, das sei unwichtig, dachte ich. Dann fiel mir ein: Zwillinge. Mike und Kane sollten ja auch Zwillinge sein, Mikes Söhne waren Zwillinge, also sollten diese beiden Kinder auch Zwillinge sein. Von mir aus konnte die ganze Familie Taggert bekloppt sein. Wenn Kane so tat, als sähen die Kinder gleich aus, dann lag es mir fern, ihm zu widersprechen.

Während ich sie noch betrachtete, wachten sie langsam auf. Sie hatten so dichte Wimpern, daß ich mich fast wunderte, wie sie überhaupt die Lider heben konnten.

Jamie rieb sich mit der Faust die Augen und fragte: »Wo sind wir?«

»Hier hat mal jemand gewohnt«, antwortete ich. »Im Schlafzimmer hängt ein ganz großes Spinnennetz. Möchtest du es gern sehen?«

»Sitzt eine Spinne darin?« fragte Todd, das schöne Köpfchen immer noch an der Schulter seines Vaters.

»Ja, eine große Spinne und ein paar tote Fliegen.«

Vorsichtig streckte ich die Hand aus, und Jamie ergriff sie. Dann streckte Todd die Hand aus. Sekunden später standen die Jungen auf dem Boden, nahmen mich in die Mitte, und so gingen wir in das Schlafzimmer.

Es waren liebenswürdige Kinder: aufgeweckt und neugierig. Sie lachten gern und waren voller Energie. Wir sprachen über Spinnen und ihre Netze, und ich erzählte ihnen in allen Einzelheiten, wie eine Spinne Fliegen fängt und ihr Netz um sie spinnt. Für einige Minuten setzten wir uns auf den Fußboden. Links und rechts hatte ich je einen lebhaften kleinen Jungen im Arm, und wir unterhielten uns.

Ich weiß nicht, was ihr Cowboy-Dad in dieser Zeit tat. Vielleicht stand er noch in der Tür und beobachtete uns. Aber genau weiß ich es nicht, und ich war auch zu sehr mit den Jungen beschäftigt, um mich darum zu kümmern. Nach einer Weile sagte Kane, die Jungen müßten ins Lager zurück und dort zu Bett gehen. Woraufhin meine kleinen Lieblinge aufsprangen und lärmend durchs Zimmer tobten. Ein paar Minuten ließ Kane sie gewähren. Dann packte er Todd am Kragen. Aber Jamie entzog sich seinem Zugriff und versteckte sich hinter meinen Beinen. Auch Todd versuchte, sich zu mir zu flüchten.

»Todd«, sagte ich, »du gehst mit deinem Vater, und Jamie, du kommst mit mir.«

Kaum waren die Worte heraus, da wußte ich, daß ich einen Fehler gemacht hatte. Kane erwartete ja von mir, daß ich die beiden nicht auseinanderhalten könnte. Ich darf mit einigem Stolz sagen, daß ich sofort einen Ausweg fand. Ich behauptete einfach, Todd daran zu erkennen, daß er einen Fettfleck auf dem Hemd habe. Wieder sah Kane mich merkwürdig an. Aber dann nahm er achselzuckend erst den einen und dann den anderen Jungen auf den Arm.

»Wer bist du?« fragte mich Todd. Ich ahnte, daß Todd später einmal Geschäftsmann und Jamie ein Herzensbrecher werden würde.

Ich überlegte, bevor ich antwortete. »Ich bin eine Geschichtenerzählerin.«

Beide Jungen nickten zustimmend.

Wie immer hielt Kane mich für zu dumm und unfähig, die einfachsten Dinge zu begreifen. »Er wollte wissen, wie du heißt«, sagte er.

»Jamie, wie heiße ich?«

»Cale«, gab das aufgeweckte Kind prompt zur Antwort. Ich schenkte Kane mein rätselhaftestes Lächeln und schwebte dann vor ihm aus dem Haus.

Das Kind kannte zwar meinen Namen, wußte aber nicht, wie ich in seine Welt paßte. Ich verstehe mich mit Kindern gut, und auch das liegt im Grunde an meinem Vater. Er hatte mir nie das geringste bißchen Selbständigkeit gegönnt und doch gleichzeitig viel Verantwortung auf meine jungen Schultern geladen. So kommt es, daß ich in einem Teil meines Wesens immer noch nicht älter als acht Jahre bin.

9

Am nächsten Tag erlaubte mir Kane nicht mehr, mich seinen kleinen Jungen zu nähern. Offenbar wollte er, daß sie sich mit Ruth anfreundeten. Aber man brauchte kein Geistesriese zu sein, um zu erkennen, daß Ruth Kinder nicht leiden konnte.

Die Dünne des Duos wollte wissen, was Jamie zu essen bekomme. Im selben Augenblick steckte er sich einen Grashüpfer in den Mund, spuckte ihn wieder aus, und zu meiner großen Freude segelte das Tierchen vorn über Ruths Seidenbluse hinweg. Kane griff nach den Knöpfen ihrer Bluse. Ruth klopfte ihm unwirsch auf die Hände und sagte: »Schaff mir diese dreckigen Biester vom Hals!« Ich mußte mich schnell vom Lager entfernen, sonst wäre ich an meinem mühsam unterdrückten Gelächter erstickt. Mit Befriedigung vermerkte ich noch Kanes betroffene Miene. Ich hob die Augenbrauen und warf ihm einen Blick zu, der sagte: *Das* ist die Frau, die du heiraten willst? Dann schnappte ich mir einen Apfel, wandte mich um und ging in der Richtung des Templeton-Hauses davon.

Sobald ich in dem alten Haus war, hob sich meine Stimmung. Wann würde ich nach Chandler fahren und mit der ersten Spielzeugmaschine abfliegen können? Ich wollte weg von dem ganzen Taggert-Clan. Sie waren ja alle verrückt. Mit ihren Zwillingen, die sich in Wirklichkeit gar nicht so furchtbar ähnlich sahen, wie sie meinten, mit ihren raschen Haßausbrüchen und ihrem überstürzten Verliebtsein. Wie herrlich würde es wieder in New York sein, wo die Menschen sich vernünftig geben!

Ich stieg zum Dachboden empor, setzte mich ins Fenster, schaute auf die Straße hinab und aß meinen Apfel. Die Kinder würden mir natürlich fehlen. Eigentlich absurd, denn ich hatte sie ja erst vor nicht mal 24 Stunden kennengelernt. Doch Jamie war gestern abend zu mir in den Schlafsack gekrabbelt, und Todd hatte heute morgen geweint, weil Jamie mehr von mir gehabt hatte als er. Deshalb hatte Kane die beiden Jungen von mir weggeholt und Ruth zugeführt.

Ich saß noch da und aß den Apfel, als ich Kane allein ohne die Kinder auf das Haus zukommen sah. Er schaute hoch, erblickte mich, und einen Augenblick schien es, als hätte er den Geist seines Schauspieler-Ahnen gesehen. Selbst aus dem Obergeschoß war zu erkennen, daß er blaß wurde. Dann rannte er auf das Haus zu. Es sah aus, als hätte er etwas Schreckliches erblickt, so furchterregend kam er angerannt.

Ich blieb wie gelähmt sitzen. Ohne mich zu rühren, hörte ich, wie er ins Haus donnerte und dann die Leiter zum Dachboden hinaufraste.

Er riß mich vom Fensterbrett, und wir stürzten beide auf den Fußboden. Mit seinen 90 Kilo landete er auf mir, und ich rutschte auf dem Rücken über das rauhe Holz. Zuerst sträubte ich mich und wollte unter ihm wegkriechen, ließ es dann aber sein, weil er sich nicht bewegte. Er lag auf mir und betrachtete mich aus der Oberlage wie ein Museumsstück. Ich sah ihn böse an. Merkte er denn gar nicht, daß ich von ihm befreit sein wollte?

Mein Gott, war er ein schöner Mann! Er hatte kurze, dichte Wimpern, die sich tatsächlich nach oben bogen, wie meine es nur taten, nachdem ich sie zehn Minuten lang mit der Bürste bearbeitet hatte. Seine Lippen waren voll und weich und leicht geöffnet, und ich fühlte seinen Atem auf meinem Gesicht.

Wir halten uns doch alle für vernünftige Wesen und bilden uns ein, wir würden in einer unerwarteten Situation, wie zum Beispiel in einem brennenden Gebäude, mit Ruhe und Überlegung reagieren. Aber dann geschieht etwas Schreckliches, und zu unserer Beschämung verhalten wir uns ganz anders als erwartet.

So erging es auch mir, als mich dieser große Cowboy unter diesen Wimpern anschaute und sein warmer, süßer Atem mich anwehte. Ich wollte aber weg von ihm. Ehrlich! Ich stellte mir vor, wie ich mich unter ihm wegrollte und dann, die Hände in die Hüften gestemmt, kühl, triumphierend, von seiner Schönheit völlig unbeeindruckt, über ihm stände und so etwas sagte wie: Rühr mich ja nicht wieder an!

Das hatte ich jedenfalls vor. Und was tat ich? Ich fuhr mir mit der Zunge über die Lippen.

Das hatte eine doppelte Wirkung. Es überraschte

mich, und es überraschte ihn. Ich glaube, ihn mehr. Und vor allem machte es ihn an.

Zu den Gründen, warum ich gern eine Frau bin, gehört, daß niemand es merkt, wenn ich sexuell erregt bin. Nun ja, eine Frau wird vielleicht rot und atmet etwas schneller. Aber dann kann sie sich immer damit herausreden, es sei ein Anfall von fliegender Hitze. Doch ein Mann kann seine Gefühle – besser gesagt, seine Begierde – nicht verbergen. Und jetzt merkte ich sofort, daß dieser Cowboy mich begehrte. Der Beweis seiner Begierde stach mir deutlich in den linken Oberschenkel.

Jetzt, dachte ich, ist der Augenblick gekommen, mich unter ihm wegzurollen und ihn auszulachen. Hahaha. Und dann würde ich sagen: Du willst mich haben, aber deine Leidenschaft läßt mich völlig kalt.

Aber im Leben kommt es immer anders, als man will. Denn auf einmal begehrte ich diesen Mann mehr als irgend etwas je zuvor – ausgenommen, daß mein erstes Buch veröffentlicht werden würde – und deshalb war es mir unmöglich, mich von ihm wegzurollen.

Meiner Meinung sollten dem ersten Sex Abendessen bei Kerzenlicht, kleine Küsse in die Beuge des Ellbogens und ähnliches vorangehen. Aber diese Möglichkeiten gab es nicht, als es zum Sex zwischen diesem Mann und mir kam. Wir küßten uns nicht mal, sondern zerrten aneinander herum, als wollten wir uns gegenseitig umbringen. Es war Sex wie in diesen ausländischen Schwarzweißfilmen, wo die Leute reden und reden und reden, und man nur daran denken kann, daß einen die Blase drückt, und dann plötzlich schiebt er sie gegen das Scheunentor, und der Zuschauer vergißt seine Blase.

Wir rissen an unseren Kleidern mit jener wilden Wut, mit der wir uns sonst beschimpften. Sein Hemd öffnete sich beim ersten Ziehen, und nun sah ich bestätigt, was ich immer hatte wissen wollen: warum Cowboyhemden keine richtigen Knöpfe, sondern Druckknöpfe haben. Günstig für rasante Dachbodenturniere.

Ich weiß nicht mehr, wie er mir die Kleider vom Leibe gezogen hat. Ich trug Jeans mit diesen ärgerlichen kurzen Reißverschlüssen, die einen dazu zwingen, beim An- oder Ausziehen ewig lange mit dem Po zu wackeln. Aber diesmal brauchte ich nicht zu wackeln. Er zog sie mir über die Hüften, als wäre es kinderleicht. Dann fuhr er mit den Händen wie ein Zauberer über meine Schnürstiefel, und sie fielen mir von den Füßen – fielen einfach runter, als wäre es nichts.

Als seine Hände wieder hochkamen, waren wir beide nackt. Mein Gott, was hatte dieser Mann für einen Körper! Ich habe zwar nicht viel davon gesehen, aber um so mehr gefühlt. Denken Sie an einen wunderschön gebauten Athleten! Und diesen herrlichen Körper umgab eine glatte, warme Haut. Als seine Haut meine berührte, hielt ich den Atem an, als hätte mich jemand in kaltes Wasser getaucht – aber es war keine Kälte, die mich dabei durchdrang.

Muskeln waren nicht das einzige Interessante an diesem Mann. Ich habe sagen hören, daß die Haut das größte Organ des menschlichen Körpers ist. Aber ich glaube, daß man bei diesem Mann doch noch einige Messungen vornehmen müßte, um das klarzustellen.

Er drang in mich mit der Leichtigkeit und dem Geschick eines Einbrechers ein, der nachts in das Schlafzimmer im 20. Stock schlüpft.

Jetzt folgte der Teil des Sex, den ich haßte – nicht daß ich sehr viel Erfahrung gehabt hätte –, aber drei Minuten schienen mir bei einem Mann die Grenze zu sein. Ich habe öfter von den Läufern gelesen, die die Traummeile von vier Minuten laufen wollten, und mich immer gefragt, warum kein Mann etwas viel Wichtigeres versucht, wie zum Beispiel einen Vierminutenfick.

Zuerst lag ich nur da und wartete auf die übliche Enttäuschung, wenn er stöhnend über mir erschlafft und gerade noch stammeln kann: »Das war schön, Baby«, bevor er zu schnarchen anfängt. Aber dieser Kerl hörte nicht nach drei Minuten auf. Ich bin unter solchen Bedingungen keine gute Zeitnehmerin, aber ich schätze, daß er sich auch nach sechs Minuten immer noch in mir bewegte – rein, raus – langsam und regelmäßig, als wollte er so bis zum nächsten Sonnabend weitermachen.

Ich kann es nicht richtig erklären, was nun mit mir geschah. Ich kann es nur so beschreiben, daß ich allmählich aufwachte. Es war, als wäre in mir immer eine Frau verborgen gewesen – nein, Korrektur, eine große blonde Göttin. Die begann sich jetzt in ihrem lebenslangen Schlaf zu rühren. Wollüstig reckte sie sich, erhob sich, rieb sich die Augen und blickte sich um. Und als sie wach war, begann sie zu wachsen. Sie wurde größer und größer und größer, bis sie mich völlig ausfüllte, bis in die Fingerspitzen und Zehen. Sie füllte auch meinen Kopf so sehr aus, daß zum erstenmal, solang ich mich zurückerinnere, keine erfundene Geschichte darin Platz fand. Statt der Geschichten hatte ich diesen Mann in meinem Körper, und ich war wach, wirklich zum erstenmal im Leben hellwach. Jeder Nerv, jede Pore, jede Zelle meines Körpers war sensibel, erregt, LEBENDIG.

Ich weiß nicht mehr genau, was ich tat. Ich meine, was meine Hände machten, was mein Mund unternahm. Ich erinnere mich nur, daß er mich zu einem bestimmten Zeitpunkt umdrehte. 90 Kilo drehten mich wie einen Propeller, und ich rutschte über den Fußboden und mußte mich mit den Händen an einem Heuballen festhalten, um nicht noch weiterzurutschen.

Ich weiß auch noch, daß ich ganz schamlos war. Ich konnte nicht mehr denken und verlor alle Würde. Ich war eher ein Tier als ein denkendes, vernünftiges menschliches Wesen. Endlich konnte ich verstehen, was damit gemeint ist, wenn gesagt wird, daß Sex ein natürliches Bedürfnis wie Essen und Trinken ist. Bis zu diesem Tag in dieser Dachkammer mit diesem Mann hatte ich an die alte Redensart nicht geglaubt. Ich hatte geglaubt, der Mensch braucht Essen und Trinken, aber er *braucht* keinen Sex. Wie sehr hatte ich mich geirrt!

Wieder drehte er mich auf die andere Seite, legte sich meine Füße um die Schultern und machte weiter. Ich glaube nicht, daß ich damenhaft sexy-leise Stöhnlaute von mir gab. Ich glaube, ich habe so laut geschrien wie die Football-Fans im Stadion, wobei ich unter Garantie kein vernünftiges Wort mehr herausbrachte. In dieser Hinsicht war ich weit unter den Standard des sprachmächtigen Menschen abgeglitten.

Nach einer Weile hatte ich das Gefühl, ich würde gleich explodieren. Okay, das ist ein Klischee. Es wurde schon hunderttausendmal gesagt, aber wenn man es zum erstenmal *erlebt,* ist es fast zum Fürchten. Vermutlich würde man sich wirklich fürchten, wenn man den Wunsch hätte, die Explosion solle nicht erfolgen. Aber da ging es mir wie dem Lachs, der stromaufwärts springt. Irgend etwas trieb mich mit Gewalt darauf zu.

Jetzt kniete er, und ich legte meine Beine um seine Taille und bewegte mich mit einer Kraft, die ich gar nicht in mir vermutet hätte. In diesen Augenblicken hätte ich allein mit dem Becken einen Eisenbahnzug anschieben können. Doch diesen Mann konnte ich nicht fortschieben. Er schien die Kraft von zwei Ozeanschiffen zu besitzen.

Ich habe manches über den Orgasmus gelesen und glaubte, auch schon einige Male einen erlebt zu haben.

Aber das stimmte nicht. Es konnte jedenfalls kein echter Orgasmus gewesen sein. Ein echter Orgasmus erfolgt nicht in Blitzesschnelle. Wenigstens nicht bei einer Frau.

Deshalb bin ich froh, eine Frau zu sein. Ich kann mir nicht vorstellen, daß der Sex für einen Mann so schön sein kann wie für uns. Denn bei ihm ereignet er sich ja außerhalb seines Körpers. Dagegen findet er bei einer Frau in ihrem Inneren statt, ganz tief drinnen, und strahlt dann aus.

Am besten läßt sich der Orgasmus wohl mit dem Vergleich beschreiben: Meereswogen branden an den Strand. Aus dem Inneren meines Körpers kam Welle um Welle und brandete nach außen. Es schien nicht aufhören zu wollen. Es pulsierte, breitete sich aus, zog sich wieder zurück, anfangs mit drängender Schärfe, dann allmählich langsamer verlaufend. Von einem strahlend hellen Licht wurde es zu einem schimmernden Glühen.

Finger- und Zehenspitzen kribbelten, als hätten die Wellen in mir die äußerste Grenze erreicht.

Nach einer Weile fing ich wieder an zu atmen, und die Frau in mir, die Göttin, von deren Existenz ich gar nichts geahnt hatte, wurde müde und schrumpfte zusammen. Mit ihr zerstob auch meine Energie. Mit sich nahm sie meinen Zorn, all den Zorn, den ich auf das Leben im allgemeinen mit mir herumgetragen hatte. Noch nie hatte ich solche Ruhe und solchen Frieden empfunden.

Der Mann küßte mein Ohr. Ich lächelte schläfrig, schmiegte mich an seine schweißbedeckte Haut, folgte dem Beispiel der Göttin in mir und schlummerte ein.

Erst später, als ich, immer noch in Kanes Armen, meine Haut an seiner, erwachte, wurde mir klar, daß ich mehr mit ihm gemeinsam haben mußte als nur die größte Sexnummer der Weltgeschichte.

Ich saß einmal bei der Wahl der Miß USA in der Jury, und man gab uns allerlei Anweisungen. Eine lautete:

geben Sie keinem Mädchen eine niedrigere Punktzahl als 5! Sie sagten, und ich gab ihnen recht, die Mädchen hätten hart gearbeitet und verdienten in jeder Sparte zumindest eine 5.

Bei den Proben mit unseren Computergeräten nahmen Mädchen des Ortes, die sich freiwillig gemeldet hatten, die Stelle der Miß-Kandidatinnen ein. Neben mir saß in der Jury ein Hauptdarsteller aus einer bekannten Fernsehserie. Als die erste Freiwillige vor uns posiert hatte, drückte er eine 2,2. Nun, ich kannte den Mann nicht weiter und wußte nur, daß die Punktzahlen auf der großen Leinwand aufleuchten würden. Ich fand es nicht sehr nett von ihm, einer dieser netten, aber sehr nervösen jungen Damen eine so niedrige Punktzahl zu geben, und sagte ihm das auch.

Er sah mich an und sagte: »Sie sind 'ne *echte* Schriftstellerin, was?«

Ich fühlte mich höchst geschmeichelt, denn für mich bedeutet der Ausdruck *echte Schriftstellerin*, daß man nicht nur hohe Auflagen erzielt, sondern auch die begehrteste Auszeichnung, den Pulitzer-Preis, errungen hat. Prompt errötete ich über sein Lob. Doch da sagte er: »Echte Schriftstellerinnen sind nämlich unheilbar neugierig und können ihre Klappe nicht halten.«

Ich mußte so laut lachen, daß der Mann, der uns anlernte, zur Ordnung rief. Später wurden der Fernsehstar und ich dicke Freunde.

Ja, ich bin im wahrsten Sinne des Wortes eine echte Schriftstellerin. Ich bin neugierig und kann meine Klappe nicht halten. Wenn mir eine Frau erzählt, sie habe sich gerade scheiden lassen, dann frage ich unweigerlich: »Und warum haben Sie sich von ihm scheiden lassen?«

Kane und ich kannten uns nun schon mehrere Tage und hatten jetzt ein gemeinsames Erlebnis gehabt, das uns doch wohl ein wenig nähergebracht hatte. Daher fragte ich ihn: »Wie kommt es, daß du nach dem Tod deiner Frau so ein Ekel geworden bist? Haßt du sie, oder was ist?« In dieser Hinsicht bin ich nicht sonderlich feinfühlig. Außerdem habe ich die Erfahrung gemacht, daß ich bei solchen Fragen entweder auf Schweigen stoße oder daß mir eine Geschichte geliefert wird.

Kane zögerte mit der Antwort. Ich spürte, daß er noch nie jemandem auf der ganzen Welt die Wahrheit über seine Frau erzählt hatte. Atemlos wartete ich ab, während er mit sich rang, ob er es mir sagen sollte oder nicht. Was mich anging, so wollte ich erfahren, was ihn innerlich bewegte. Zu diesem Zeitpunkt sah ich erstmals in ihm den Menschen. Vielleicht war es der Sex, vielleicht sein gutes Aussehen, vielleicht war es sein angenehmer Atem, vielleicht auch nur die Aussicht, eine gute Geschichte zu hören. Aber das glaube ich alles nicht. Es war wohl eher so, daß ein Mann, der mir solche Gefühle bereiten konnte, wie er es eben getan hatte, kein unsensibler Klotz sein konnte, daß er ein Mensch mit einem Gefühlsleben war. Darüber wollte ich Näheres erfahren.

»Ich habe einen eineiigen Zwillingsbruder«, begann er.

Ich hielt den Atem an. Lange genug hatte ich mich gefragt, warum Mike mich so dringend gebeten hatte, Kane nicht zu verraten, daß ich ihn kannte.

»In meiner Familie gibt es eine ziemlich blöde Redensart. Und zwar: man heiratet die Frau, die die Zwillinge auseinanderhalten kann.«

Ach herrje, dachte ich. Kein Wunder, daß mich Mike gebeten hatte, einmal meine große Klappe zu halten. Heiraten? Ich? Ich sollte irgendeinen fabelhaften, großen, sexy Kuhtreiber heiraten, den ich bis vor wenigen Stunden noch von Herzen verabscheut hatte?

»Konnte deine Frau euch denn auseinanderhalten?«

fragte ich im Flüsterton und wartete mit eigentlich unverständlicher Bangigkeit auf seine Antwort.

Wieder ließ er sich Zeit. Dann erwiderte er ebenso leise: »Nein. Und sie hat es auch nie gelernt. Ebenso erging es mir mit ihren Söhnen.«

Damit waren die Schleusen gebrochen. Mit großer Ausführlichkeit erzählte er mir die Geschichte seiner Ehe. Sie sei also eine großgewachsene Frau mit langen Beinen und dichten, dunklen Haaren gewesen. Aha, dachte ich, daher seine Verliebtheit in Ruth. Sie war ja der gleiche Typ.

Er fuhr fort zu erzählen. Liebe auf den ersten Blick. Beim näheren Kennenlernen: die gleichen Ansichten über Natur, Geschäft, Kunst, einfach über alles und jedes. Schnelle Heirat und eine glückliche Ehe. Was heißt glücklich: es war *die* ideale Ehe überhaupt. Nie Streit, keine häuslichen Auseinandersetzungen, nicht ein einziges Mal Ehekrach. Nur Liebe und Verständnis. Herrliche Spaziergänge, wunderbare Ausritte, großartiger Sex.

Und doch, und doch …

Eine dunkle Wolke schwebte über dieser idealen Ehe. Etwas belastete unausgesprochen die beiden ineinander verliebten Partner. Kanes Eltern standen seiner Frau von Anfang an mit kühler Distanz gegenüber. Sie nahmen sie nie in ihre Familie auf. Und sie – vor allem ihre Mutter – gaben ihr deutlich zu verstehen, daß sie ihrer maßgeblichen Ansicht nach nicht die richtige Frau für ihn sei.

Und warum? Weil sie die Zwillinge nicht auseinanderhalten konnte! Wenn Mike es darauf angelegt hätte – woran er natürlich nicht im Traum dachte –, dann hätte er sich bei ihr ohne weiteres für Kane ausgeben können.

Doch damit hatten sich die beiden abgefunden. Sie führten weiterhin eine ideale Ehe. Wenn sie etwas vorschlug, sagte er begeistert ja. Wenn er wünschte, sie solle zum Ausgehen dieses oder jenes Kleid anziehen, dann stellte sich heraus, daß sie das gerade vorgehabt hatte.

So ging das vielleicht eine halbe Stunde lang. Kane wurde nicht müde, mir zu versichern, was für eine fabelhafte Frau er gehabt habe. Doch ich konnte es bald nicht mehr hören.

Ich dachte nämlich an einen früheren Verehrer, der sich, worum immer es sich handelte, stets meiner Meinung anschloß. Nie gab er mir Widerworte, nie sagte er: »Du irrst dich, Kleine.« Ich konnte den größten Unsinn vortragen, er sagte mit entzücktem Gesicht: »Genauso denke ich auch.«

Alle meine Freundinnen sagten, ich hätte das große Los gezogen. Wie glücklich ich sein müßte, einen solchen Mann gefunden zu haben! Aber mich brachte er mit seiner Art zum Wahnsinn. Eines Abends sagte ich zu ihm, ich wolle heute italienisch essen gehen. Als er erwiderte, das sei auch seine Absicht gewesen, ging ich auf ihn los. »Und wenn ich nun chinesisch essen wollte?« schrie ich den armen Kerl an. »Zum Beispiel eine Pekingkatze? Hast du denn nie eine eigene Meinung? Kann man sich denn nie richtig mit dir darüber streiten, wo und was wir heute abend essen gehen wollen?«

Unnötig zu sagen, daß der bewußte junge Mann sich danach nie mehr bei mir gemeldet hat.

Ich habe schon längst die Erfahrung gemacht, daß die meisten Menschen in dieser Hinsicht nicht so veranlagt sind wie ich. Offenbar will die Mehrzahl in Frieden und vollkommener Harmonie zusammenleben. Ich für mein Teil habe nie Sehnsucht nach solcher Ruhe gespürt. Offenbar geht mir der Sinn dafür völlig ab.

Eben hatte er mir noch von seiner verstorbenen Frau erzählt, und jetzt säuselte er mir von der Frau seines Bruders die Ohren voll. Eine Zeitlang glaubte ich aus seinem Tonfall herauszuhören, daß er in sie verliebt wäre. Doch dann merkte ich, daß er mir in Wirklichkeit damit nur sagen wollte: Seine Eltern hätten Mikes Frau Samantha anerkannt und im Schoß der Familie aufgenommen, seine Frau dagegen nicht. Seine Stimme verriet tiefe Verärgerung, doch keinen Neid, und das freute mich wiederum.

Was sollte ich nun tun? Ihm sagen, ich könne die Zwillingsbrüder – auch seine Söhne – mühelos auseinanderhalten? Ich glaube nicht an Magie – bei Zauberern schlafe ich glatt ein – und bin deshalb überzeugt, daß es in Amerika Hunderte von Frauen gibt, die Kane von seinem ganz anders aussehenden Bruder unterscheiden könnten. Wenn Kane zum zweitenmal heiratete, sollte er sich unter diesen eine Frau wählen, damit seine Familie sich endlich zufrieden gäbe.

Noch einmal kam er auf seine Frau zu sprechen, diesen Ausbund an Mustergültigkeit. Ich mußte sehr an mich halten, um keine scharfen Zwischenbemerkungen zu machen. Gern hätte ich ihm bestätigt, daß sie eine vollkommene Ehe geführt hätten – nämlich eine vollkommen langweilige. Wenn sie noch am Leben wäre, hätten sie dann auch eine vollkommene Scheidung über die Bühne gehen lassen? Nun, vielleicht hätten sie sich nicht scheiden lassen, und kann ja sein, daß ich eine Zynikerin bin, aber wie oft habe ich schon Ehefrauen sagen hören: »Mein Mann ist ein Schatz. Wir streiten uns nie.« Und gerade diese Ehe endeten mit einer Scheidung. Wenn eine Frau aber sagt: »Mein Mann ist ein echter Quälgeist« und sich dann über dieses Thema längere Zeit verbreitet, dann wird ihre Ehe mit Sicherheit halten. Vielleicht liegt es daran, daß man die Hoffnung nie aufgeben und trotzdem den Realitäten ins Augen schauen soll.

Danach erzählte Kane, wie einsam er nach ihrem Tod

geworden sei. Vor der Familie aber habe er seinen Kummer nicht zeigen dürfen. Alle Angehörigen hätten ihm zu verstehen gegeben: Reiß dich zusammen und denke an deine Söhne! Er würde am liebsten im verdunkelten Zimmer sitzen und tagelang heulen wie ein Schloßhund. Aber das Weinen habe seine Schwiegermutter übernommen, während er den starken Mann markieren und alle habe trösten müssen. Er habe sich mehr als einmal gefragt: Wie können sie so über ihren Tod trauern, wenn sie sich zu ihren Lebzeiten nie mit ihr gefreut hatten?

Schließlich hatte er dann doch nicht geweint. Alle anderen hielten es nur für wichtig, daß seine Söhne wieder eine Mutter bekämen. Und Kane war nicht der Typ, der sie angeschrien und ihnen gesagt hätte, dafür würde er schon selber sorgen. Also verbiß er sich die Tränen und lebte weiter wie bisher, nur daß am Feierabend niemand zu Haus auf ihn wartete. Niemand, der über seine Scherze lachte, ihm die müden Schultern massierte und ihm Ideen vortrug. Niemand, den er lieben konnte.

Ich weiß nicht, wie es kommt, daß die Leute ausgerechnet mir ihre intimsten Geheimnisse anvertrauen. Vielleicht weil ich interessiert erscheine. Womöglich liegt es auch daran, daß ich mich in meinen Mitmenschen einfühlen kann.

Ich habe mal eine Episode aus *Star Trek* gesehen. Darin kam eine Frau vor, die ein besonderes Einfühlungsvermögen besaß. Sie *erspürte* die Leiden und Freuden anderer Menschen. Genauso geht es mir. Es hat wohl damit zu tun, daß ich gut zuhören kann und dann versuche, die Probleme anderer Menschen für sie zu lösen. Wenn ich mir etwas in den Kopf gesetzt habe, dann führe ich es auch aus. Rein in den Tunnel und durch! Nichts kann mich dann ablenken oder entmutigen.

Daß nicht jeder so ist wie ich, kam mir erst durch eine wirklich niederträchtige Sekretärin zu Bewußtsein. Diese Hildy gestand mir eines Tages, ihr größter Wunsch sei, Kinderbücher zu schreiben. Sie habe sogar schon eins geschrieben und brauche jetzt nur noch einen Verleger.

Irgend etwas tickt bei mir wohl nicht richtig. Anders ist es nicht zu erklären, daß ich den Leuten alles glaube, was sie mir vorschwatzen. Da Hildy gesagt hatte, daß sie einen Verleger brauche, brachte ich einen der führenden Kinderbuchlektoren in New York unter Hinweis auf frühere Gefälligkeiten, die ich ihm erwiesen hatte, dazu, daß er sich einverstanden erklärte, ihre Geschichte zu lesen. Dann hängte ich mich drei Tage lang ans Telefon, um Hildy zu erreichen. Vergebens. Als ich sie schließlich am späten Sonntagabend erreichte, sagte sie verärgert, da ich sie nicht, wie versprochen, angerufen hätte, habe sie ihr Manuskript an einen anderen Verlag geschickt. Dort lehnte man es als zu kitschig ab, und an dem ganzen Mißerfolg wäre ich allein schuld.

Es dauerte lange, bis mir klar wurde, was Hildy eigentlich wollte. Sie wollte weiter nichts, als ihren Mitmenschen erzählen, daß sie gern Kinderbücher schreiben würde.

Ich pflege jedem intensiv zuzuhören. Wenn ich angsterfüllte Seufzer vernehme, biete ich meine Hilfe in vielerlei Gestalt an – und setze mich auch wirklich für sie ein. Daran liegt es vermutlich, daß die Menschen mit mir über ihre Probleme sprechen.

Aber in welcher Weise ich Kane helfen sollte, wußte ich wirklich nicht. Vielleicht konnte ich seine Familie zusammenrufen und ihnen gehörig die Meinung sagen. Oder ich könnte seine Jungs ein Jahr oder so zu mir nehmen, damit er Muße hatte, sich seinem Kummer zu überlassen. Aber ich konnte mir nicht vorstellen, daß er sie mir überlassen würde. Vielleicht konnte ich auch zu ihm sagen: Kane, ich kann dich jederzeit von deinem Bruder unterscheiden und passe darum besser zu dir als deine vollkommene Frau.

Ja, und wie wir zusammenpaßten! Ein großer, gutaussehender Cowboy, der sich keine schönere Freizeitbeschäftigung denken konnte, als den Pferden den Dreck von den Hufen zu kratzen – und ich, die Großstadtpflanze mit der vorlauten Klappe. Sollte ich ihn heiraten, auf eine Ranch ziehen und bei der jährlichen Viehausstellung im Staat Schafe vorführen? Oder sollte ich Kane nach New York holen, ihn zum Mr. Cale Anderson werden und mich bei meinen Autogrammstunden von ihm mit kalten Getränken versorgen lassen?

Andererseits, wenn ich mal ganz ehrlich sein soll, kann ich mir gar nicht vorstellen, daß es jemand gibt, der mit mir zusammenleben möchte. Ich will kein Melodrama daraus machen, aber wenn deine eigenen Eltern dich nicht geliebt haben, kannst du nicht mehr glauben, daß dich überhaupt jemand liebhaben könnte.

10

Wenn ich sagen würde, daß Kane und ich nach unserem Sexerlebnis und dem folgenden Seelengespräch ziemlich verlegen waren, so wäre das die Untertreibung des Jahrhunderts. Ich weiß nicht, wie lange wir dort noch gelegen hätten, wenn Sandy nicht mit den Jungs gekommen wäre. Als wir ihre Stimmen hörten, war der Bann gebrochen. Wir sahen uns entsetzt, dann peinlich berührt an. So schnell wie möglich zog ich mich an. Mehrmals zuckte ich schmerzhaft zusammen, weil meine Knie aufgeschürft waren. Als ich nach den Stiefeln griff, sah ich, daß die Schnürsenkel durchgeschnitten waren. Also deshalb hat er sie so schnell runtergekriegt, dachte ich. Nun mußte ich mit den lose sitzenden Stiefeln die Leiter vom Dachboden hinabklettern.

Sandy stand hinter den Jungs. Er warf nur einen Blick auf uns beide, und ich wußte, daß er ahnte, was vorgefallen war. Ich konnte weder ihm noch Kane in die Augen sehen. Darum beschäftigte ich mich nur mit den Jungs.

Sandy hatte Pferde mitgebracht. So konnte ich zurückreiten. Wegen der kaputten Schnürsenkel war das ein Glück. Auch im Lager wagte ich Kane nicht anzusehen. Er brachte mir aber ein Knäuel schwerer Baumwollschnur und sagte, er werde mir die Schuhe zubinden. Ich riß ihm das Knäuel weg und erwiderte, das würde ich selber tun. Er betrachtete mich noch eine Zeitlang, doch ich hatte keinen Blick für ihn.

In der Nacht zuvor hatte ich draußen bei den Männern und Jungen geschlafen, während die Frauen in dem alten Haus untergebracht waren. Diese Nacht gesellte ich mich zu den Frauen. Was zwischen dem blöden Cowboy und mir vorgefallen war, sah ich als einen dummen Zwischenfall an, der keine Fortsetzung erleben durfte. Morgen würde ich mich auf den Weg nach Chandler machen, und wenn ich zu Fuß gehen müßte.

Plötzlich fiel mir ein: Wenn er dich nun geschwängert hat? Wir hatten ja kein Verhütungsmittel benutzt.

»Ich kann immer noch abtreiben lassen«, sagte ich in die Dunkelheit.

Quatsch – ich würde doch nicht mein eigenes Kind töten! Ich habe selten in meinem Leben an Kinder gedacht, aber jetzt konnte ich mir gut vorstellen, wie ich um 3 Uhr morgens, ein schwarzhaariges Kind an der Brust, im Schaukelstuhl sitzen und Notizen für mein nächstes Buch machen würde. Oder wie ich einem Dreijährigen das verletzte Knie verbinden und ihm die

Kindertränen wegküssen würde. Ein Hausmädchen würde die schmutzigen Windeln waschen und die ausgespuckten Mohrrübenschnitzel von der Küchenwand abkratzen. He, ich bin schließlich Realistin!

Es dauerte Stunden, bis ich einschlief. Und als ich aufwachte, war ich allein im Zimmer.

11

Am nächsten Tag bekam ich von Kane nicht viel zu sehen, praktisch gar nichts. Das paßte mir gut in den Kram. Meine Gefühle ihm gegenüber waren gemischt. Er verschwand mit Mike im Wald und überließ es mir, mich um die lieben Kleinen zu kümmern. Eigentlich hatte er sie Sandy übergeben. Doch ich übernahm sie sozusagen von ihm, und wir hatten eine Menge Spaß. Wir schauten in alle alten Häuser in Eternity und erfanden Geschichten über die Leute, die hier gewohnt haben und wie sie gestorben sein mochten. Am Nachmittag legten sie mir die Köpfe in den Schoß, jeder auf einer Seite, und ich erzählte ihnen Geschichten, bis sie eingeschlafen waren.

Gegen 3 Uhr gingen wir ins Lager zurück, wo wir aber nur Sandy vorfanden. Er hatte sich in den Schatten gelegt und hielt Mittagsschlaf. Sofort hopsten die Jungen auf ihn drauf. Also überließ ich sie ihm, wenn auch mit Widerstreben, und spazierte die alte Straße entlang, die aus der Stadt hinausführte. Bald traf ich auf einen Transporter. Das mußte das Fahrzeug sein, das mich nach Chandler bringen sollte. Ich machte mich schon auf eine Begegnung mit Kane gefaßt. Aber dann sah ich Mike neben dem Transporter stehen. Wieder fiel mir auf, wie wenig er Kane ähnelte. Mike hatte kurze, stumpfe

Wimpern, ziemlich schmale Lippen und neigte zum Dickwerden. Zudem war seine Stimme höher als Kanes tiefer, rollender Baß.

»Hei, Mike!« rief ich. »Wie geht es den Säuglingen?«

Mike drehte sich um. Ich merkte gleich, daß etwas nicht stimmte. Ich brauchte meine grauen Hirnzellen auch nicht sonderlich anzustrengen, um herauszufinden, was es war. Denn jetzt, zu spät, sah ich ein Paar Cowboystiefel verkehrtherum im Fahrzeug. Wie kommt es, daß Männer so gern mit dem Kopf nach unten auf den Vordersitzen liegen und an den Kabeln unter dem Armaturenbrett rumfummeln? Vielleicht, weil ihre Mütter ihnen endlich beigebracht haben, daß es von schlechten Manieren zeugt, sich auf den Fußboden zu legen und den Mädchen unter die Röcke zu schauen?

»Brauchst du den Schraubenschlüssel?« fragte Mike seinen Bruder. Wir beide hielten den Atem an. Vielleicht hatte Kane mich nicht gehört. Vielleicht steckte er bis über die Ohren zwischen den Kabeln und hatte nicht mitgekriegt, daß ich mich eben verraten hatte.

Aber ein Glückspilz bin ich ja nie gewesen.

Kane bemühte sich kein bißchen, seine Wut zu verbergen. Er zeigte sie offen. Ohne seinen Bruder oder mich anzusehen, wirbelte er herum, stieg aus und machte sich daran, den ersten besten Berg hinaufzuklettern. Geradewegs durch Unterholz und über Felsen. Er kam schnell vorwärts. Die Wut verlieh ihm Riesenkräfte.

Ich fand, daß er eine Erklärung verdient hätte, und stieg ihm nach.

»Was nun?« fragte er Cale, als sie ihn eingeholt hatte. »Soll ich dir einen Heiratsantrag machen?«

Sie überhörte die Ironie und tat auch nicht so, als wüßte sie nicht, wovon er sprach. »Es gibt bestimmt noch andere Menschen, die deinen Bruder von dir unterscheiden können.« Und dachte: vielleicht Kurzsichtige und Blinde.

»Ja, meine Mutter, manchmal mein Vater, meine jüngste Schwester ...« Seine Stimme wurde leiser. »Und meine Schwägerin.«

Ungläubig fragte sie: »Das sind alle?«

Er wandte ihr den Kopf zu. Das war nicht mehr der entzückte Cowboy, der auf dem Dachboden über sie hergefallen war. Er hatte eine Braue hochgezogen, und seine Nasenlöcher schnaubten. »In deinen Augen sehen wir uns also nicht ähnlich. Wegen der unterschiedlichen Wimpern und weil er dick wird, oder?«

Damit kam er der Wahrheit so nahe, daß sie es vorzog, es nicht zu bestätigen. »Dir ist doch klar, daß damit eure alte Legende keine Gültigkeit mehr hat?«

Mit unverändertem Gesichtsausdruck starrte er sie an. »Wie kommst du denn darauf?«

»Deine Frau konnte euch nicht auseinanderhalten, und doch wart ihr das Liebespaar des Jahrhunderts. Ich kann dich jederzeit von deinem Bruder unterscheiden, und trotzdem können wir uns beide nicht ausstehen.«

»Stimmt«, sagte er und sah weg. »Außer beim Sex.«

»Du solltest eine ganz normale Frau heiraten. Eine, die gern Ehefrau und Mutter ist. Die auf einer Ranch leben, reiten, Kühe melken und all das will. Vor allem eins: heirate nie, nie, nie eine Frau wegen eines einzigen großartigen ... ich meine, wegen eines ganz gewöhnlichen Sexerlebnisses. So was passiert schon mal. Ich möchte wetten, daß dir das bei jeder Gruppe, die du führst, einmal passiert ist – besonders bei New Yorker Frauen.«

Sie erwärmte sich allmählich an dem Thema. »In New York haben die Frauen große Angst, sich eine Krankheit zuzuziehen – was nicht heißen soll, daß ich einmalige Affären gutheiße. Aber bei einem großen, sauberen

Cowboy, der sein ganzes Leben im reinen, unschuldigen Colorado verbracht hat, da fühlen sie sich sicher. Was kann man sich denn bei einem Cowboy holen? Maul- und Klauenseuche? Milzbrand? Oder ist es dasselbe? Jedenfalls ist uns das nun mal passiert. Zufälligerweise haben wir uns zur selben Zeit am selben Ort getroffen. Wenn an meiner Stelle Ruth da oben im Fenster gesessen hätte, dann wäre es ... eben ... Ruth gewesen, die du ...«

Sie hatte zuletzt immer langsamer gesprochen, und jetzt erkannte sie entsetzt, daß aus ihr Eifersucht sprach. *Wenn,* dachte sie. Wenn Ruth da gewesen wäre, dann hätte er sie vom Fenster weggezogen, dann hätte Kane mit Ruth ...

Sie stand auf und strich sich den Sand vom Hosenbein. »Es gibt Millionen Frauen. Du brauchst dich nur an sie ranzumachen. Bestimmt findest du eine, die eure Legende wieder wahr macht. Ich bin es nicht. Ich bin keine Prinzessin im Turm.«

Auf dem ganzen Weg bergab hoffte ich bei jedem Schritt, er würde mir nachkommen. Warum sollte ich nicht? Schließlich brauchte ich keinem Menschen über meine Gedanken Rechenschaft ablegen. Man würde mich ja doch nur auslachen.

Dabei war mir durchaus klar, daß es das Dümmste war, was er hätte tun können. Wir paßten überhaupt nicht zusammen. In der ganzen Zeit hatten wir kaum jemals ein höfliches Wort miteinander gesprochen. Ausgenommen an dem einen Nachmittag. Da hatten wir wunderbaren, herrlichen, himmlischen Sex genossen, und danach hatte mich ein schöner Mann in den Armen gehalten und mir sein Herz ausgeschüttet. Sonst hatten wir uns nur dauernd gestritten. Einer konnte den anderen nicht ausstehen. Wir hatten auch sonst nichts gemeinsam. Außer vielleicht, daß ich die beiden Kinder gern gehabt hätte. Doch auch das nur rein theoretisch. Oder dachte ich etwa daran, diese lieben Kinder aus der Wildnis von Colorado, aus der reinen Luft dieses Bergstaats zu holen und sie in einem Penthaus in New York unterzubringen, wo sie zum Spielen nur eine Terrasse hatten? Natürlich ist eine in Colorado verbrachte Kindheit noch keine Gewähr dafür, daß man auch glücklich wird. Vielleicht würde den Kindern das große, schmutzige New York sogar gefallen. Oder vielleicht konnte ich nach Colorado umziehen ...

Alle diese Gedanken konnten mich nicht aufheitern. Und warum nicht? Weil der große Cowboy mir nicht nachkam, weil er nicht vor mir auf die Knie fiel, um mir zu sagen, daß er ohne mich nicht leben könne. Statt dessen blieb er oben auf dem Berg, während ich hinabstieg.

Unten wartete Mike. Nicht daß ich mir eingebildet hätte, er wartete auf mich. Aber er tat wenigstens so. Es gelang ihm ganz gut. Ich hatte ihm eigentlich sagen wollen, daß er mal ab und zu Sport treiben solle, aber selbst dazu war ich zu deprimiert. Gegen Kane war Mike nur ein matter Abklatsch.

»Ich will nach Haus fahren«, sagte ich.

»Nach Haus?«

Mike hörte sich an wie der Idiot, für den ich Kane bisher gehalten hatte. Aber Kane war gar kein Idiot. Er war aufgeweckt, witzig, freundlich und ... und ich wünschte, er würde wirklich an diese dumme, alte Legende glauben. Meine Phantasie ging mit mir durch, und ich stellte mir vor, wie sein Vater uns mit vorgehaltener Schrotflinte zur Heirat zwingen würde, damit wir die Prophezeiung erfüllten. Aber wo findet man schon einen Vater mit Schrotflinte, wenn man mal einen braucht?

»Ja, nach Haus«, sagte ich. »Nach New York.«

Mike blickte zum Berg hoch, aber ich wußte, daß er seinen Bruder nicht zu Gesicht bekommen würde.

»Wir haben uns oben schon voneinander verabschiedet.«

»Aber ...«

Mehr fiel Mike anscheinend nicht ein. Bestimmt hatte er damals den Erwartungen seiner Eltern entsprochen und seine zukünftige Frau vor das Familientribunal gestellt. Ohne dessen Segen hätte er wohl nicht im Traum daran gedacht, sie zu heiraten. Na schön, eigentlich war es ganz gut, daß es mit Kane und mir nichts werden würde. Ich habe keinen Familiensinn, und mir hätte das alles nicht geschmeckt. »Mike«, sagte ich langsam und in einem Ton, als meinte ich es wirklich so, »fahr mich irgendwohin, wo ich diesen Staat verlassen kann! Ich will wieder an den Ort zurück, wo man seinen Mitmenschen nur das Herz aus dem Leib schneidet.« Und es ihm nicht bricht – wie in Colorado.

Ich mußte wegschauen, weil ich mich sonst womöglich noch in dramatische Posen gesteigert hätte. Einmal mußte ich doch auch einen unaufdringlichen Abgang machen können. Ohne Krach und Koller. Ich wollte stolz und still verschwinden.

Mike half mir, meine Sachen zu holen. Er brauchte eine Ewigkeit dafür. Ich ahnte, warum. Er wollte seinem Bruder Zeit lassen, sich die Sache noch einmal zu überlegen. Aber Kane hatte seine Entscheidung bereits getroffen. Sein Gefühl trog ihn nicht: die Entscheidung war richtig. Ich wäre eine schlechte Ehefrau für ihn geworden. Wenn ich an einem Buch arbeite, vergesse ich tagelang, Lebensmittel einzukaufen. Wenn ich kein Kindermädchen hatte, würde ich nicht einmal an die Kinder denken. Und gnade Gott dem Ehemann, der mir zu widersprechen wagte! Ich würde ihm die Zähne zeigen und genau das Entgegengesetzte von dem tun, was er von mir erwartete. Alles in allem gesehen, ist es für einen Menschen wie mich besser, wenn er allein lebt. Ich wollte frei sein. Ja, das ist es. Freiheit. Die Freiheit, zu kommen und zu gehen, wie es mir beliebt. Freiheit ... bedeutete aber auch, daß ich keinen habe, der über meine Witze lacht, mir meine vom Sitzen am Computer verkrampften Schultern massiert und sich meine neueste Romanidee anhört. Keine, der mich in sein Bett nimmt.

Mike trödelte herum, bis die Sonne unterging. Und dann suchte er nach Ausreden. Er wollte erst morgen früh abfahren.

Ich fragte ihn in meiner schneidigsten New Yorker Art: »In Colorado ist man wohl so rückständig, daß die Autos noch keine Beleuchtung haben, wie?«

Da gab Mike nach und fuhr mich in die Kleinstadt Chandler. Dort wollte er mich zu seinem Elternhaus bringen. Und dann? Mich vielleicht in Kanes Bett stekken und hoffen, daß sein Bruder nachts nach Hause käme und zu mir ins Bett steigen würde?

Ich setzte durch, daß er mich in ein Motel fuhr. Und am nächsten Vormittag um 10 Uhr brachte er mich zum Flugplatz. Ich stieg in die Spielzeugmaschine nach Denver, und von dort aus flog ich nach New York.

Meine Lektorin war mit mir gar nicht zufrieden. In den sechs Wochen, seit ich aus Colorado zurück war, hatte ich noch keinen einzigen Menschen ermordet. Ich meine natürlich, auf dem Papier. Da mein Verlag mir so viel schönes Geld dafür zahlte, um immer wieder Menschen vom Leben zum Tode zu befördern, war man mit Recht unzufrieden.

Nicht daß ich nicht geschrieben hätte. Ich schrieb sogar 10 bis vierzehn Stunden am Tag. Aber ich schrieb ausschließlich über Bräute, die man sich durch Zeitungsanzeigen ins Land holt, und über Hochzeiten, die durch die Schrotflinte erzwungen werden. Übrigens schrieb ich keine Geschichte zu Ende, sondern schickte die Anfänge als Vorschlag an meine Lektorin.

Anfang der fünften Woche suchte sie mich zu einer Unterredung auf.

»Wir haben grundsätzlich nichts dagegen, wenn du gern das Genre wechseln möchtest«, begann sie vorsichtig. Lektoren überbringen ihren Autoren schlechte Nachrichten immer mit großem Takt – ungefähr so, als sprächen sie zu einem Kerl mit drohend geschwungener Machete: ›Sie tun sicherlich kein Unrecht, wenn Sie aus irgendeinem Grunde gern andere Leute verstümmeln und zerstückeln ...‹

Sie fuhr fort: »Schließlich bringen auch Liebesgeschichten viel Geld.«

Gott sei Dank hatte ich nicht versucht, etwas zu schreiben, das kein Geld einbringen würde – dann wäre auf den Verlagskorridoren eine Massenhysterie ausgebrochen.

Mit gedämpfter Stimme und verständnisvollem Lächeln schloß sie: »Leider sind deine Liebesgeschichten nicht gut. Sie sind zu traurig.«

Ein verrücktes Leben, nicht wahr? Du kannst in deinen Büchern die Leute massenweise umbringen – das gilt nicht als traurig. Als traurig gilt dagegen, wenn die Heldin einer Romanze sich in einen Kerl verliebt, der sie zum Schluß verläßt und in Richtung der untergehenden Sonne davonstiefelt. Und hätte ich den Hurensohn erschossen, dann wäre es eine Tragödie gewesen. Tragödie ist okay, Mord ist großartig, aber traurig ist schlecht. Noch schlimmer: es verkauft sich nicht.

Ich hörte mir alles genau an, was sie sagte. Dabei fiel

mir auf, daß sie mir zum erstenmal keine Blumen und auch nichts zum Essen mitgebracht hatte – ein sicheres Anzeichen dafür, daß sie sehr verärgert waren. Vermutlich hätten sie mich am liebsten gepackt und so lange geschüttelt, bis ich wieder zu Sinnen kam und einsah, daß es meine verdammte Pflicht und Schuldigkeit war, die Leute auf dem Papier um die Ecke zu bringen und auf diese Weise den Lebensunterhalt der Verlagsangestellten und ihrer Angehörigen zu sichern.

Das Komische an der Sache war, daß ich ja Kriminalromane schreiben *wollte*. Das geht bei mir aber nur, wenn ich auf irgend jemand wütend bin. Das macht mich glücklich, das gibt mir das nötige Selbstvertrauen. Dann streite ich mich mit Taxifahrern herum und überlege mir, wen ich als nächsten abmurksen will.

Gestern fuhr ich zum Kaufhaus Saks, um ein Kostüm zurückzubringen, das mit nicht paßte. Ich sagte dem Taxifahrer, daß er mich zur 50th Street Ecke Fifth Avenue bringen solle. Zehn Minuten später rollten wir über die First Avenue. Das war die entgegengesetzte Richtung. In aller Ruhe sagte ich: »Sie fahren falsch.« Unter Aufbietung aller seiner englischen Sprachkenntnisse von sieben Wörtern machte er mir klar, daß er heute zum erstenmal Taxi fahre. Lächelnd erklärte ich ihm den Weg zu Saks, zahlte ihm hinterher die volle Gebühr einschließlich des Umwegs und legte noch 1,50 Dollar als Trinkgeld drauf.

Sie können mir glauben, das ist nicht mein wahres Ich.

12

Cale saß bei offenen Terrassentüren in ihrer Wohnung und war gerade mit einer unlesbaren Geschichte über nicht erwiderte Liebe beschäftigt, als sie einen Hubschrauber kommen hörte. Zuerst achtete sie nicht weiter darauf. Aber der Lärm wurde immer lauter. Die Maschine schien irgendwo in der Luft zu hängen und nicht weiterzufliegen. Und zwar ausgerechnet vor ihren Fenstern. Ärgerlich stand sie auf, um die Türen zu schließen. Da sah sie, daß der Hubschrauber tatsächlich genau über ihrer Terrasse hing. Das ist doch bestimmt verboten, dachte sie. Es muß doch in New York Gesetze gegen Hubschrauber geben, die sich den Häusern so dicht nähern.

Sie hatte die Hand schon auf dem Türknopf, als sie plötzlich ein merkwürdiges Geräusch vernahm. Neugierig blickte sie zu dem lauten, Wind erzeugenden Hubschrauber hoch. Vor Überraschung blieb ihr der Mund offenstehen.

Mit dem Fuß in einer Art Steigbügel ließ sich ein Mann an einem dicken Seil aus der Maschine herunter. Ihr erster Gedanke war, die Tür zuzuschlagen und aus der Wohnung zu flüchten. Doch dann warf sie einen zweiten Blick nach oben. Die Füße des Mannes steckten in karminroten Cowboystiefeln. Sie hatte im ganzen Leben erst einen einzigen Mann kennengelernt, der Cowboystiefel trug: Kane Taggert.

Gegen ihren Willen blieb sie stehen, trat dann sogar auf die Terrasse hinaus und sah zu, wie der Mann sich herunterließ. Das Verrückteste daran war, daß er um 4 Uhr nachmittags einen Frack trug und, wenn sie nicht alles täuschte, unter dem Arm eine große grüne Flasche und in der Hand zwei Champagnergläser hielt.

Er landete auf der Terrasse und nahm den Fuß aus der

Halterung. Sie trat einen Schritt zurück. Er gab dem Hubschrauber ein Zeichen, daß er sicher gelandet sei. Dann verschwand die Maschine, und es wurde still. Noch immer hatte Cale kein Wort gesagt. Sie stand nur da, starrte diesen großen Mann auf ihrer Terrasse an und wartete darauf, daß er etwas sagte.

Mit leichtem Lächeln setzte er die Flasche ab, machte sie auf und reichte ihr gleich darauf ein Glas Champagner. Sie macht keine Miene, es anzunehmen.

»Was willst du?« fragte sie in möglichst feindlichem Ton.

Kane trank erst einen langen Schluck aus seinem Glas. Dann sagte er: »Ich wollte dich nur fragen, ob du meine Frau werden willst.«

Jetzt zögerte Cale nicht länger. Sie drehte sich um und wollte sich durch die offene Tür in ihre Wohnung zurückziehen. Kane packte sie am Arm, aber sie riß sich los.

»Mach, daß du wegkommst!« sagte sie. »Ich will dich nie mehr sehen.«

»Cale …«, setzte er an.

Sie wirbelte herum. »Das ist doch nicht zu fassen«, sagte sie. »Du kennst ja sogar meinen Namen. Ich dachte, für dich wäre ich nur ›die Schriftstellerin‹.« Ein Seufzer folgte, dann wurde sie ruhiger. »Ich bin gebührend beeindruckt. Und jetzt kannst du verschwinden. Wenn du nicht vorhast, mit dem Fallschirm abzuspringen, darfst du den Fahrstuhl benutzen.«

Kane nahm vor der Terrassentür Aufstellung. »Mag schon sein, daß ich diese Behandlung verdiene. Ich habe mich ja wirklich wie ein gemeiner Kerl benommen. Das habe ich von dir gehört, Mike hat es mir gesagt und Sandy auch. Und meine Söhne. Sogar meine Schwiegermutter und meine Mutter, die dich beide überhaupt nicht kennen, haben mir mit deutlichen Worten zu verstehen gegeben, daß ich dumm, bekloppt und vernagelt sei – mit einem Wort: ein Vollidiot.«

Sein Geständnis berührte Cale in keiner Weise. »Es gibt bestimmt noch andere Frauen, die dich und deinen Bruder auseinanderhalten können«, sagte sie. »Also geh und schnapp dir eine! Mit deiner Taktik erreichst du bei mir gar nichts.«

Wieder packte Kane sie am Arm. »Es geht ja nicht um diese Zwillingslegende. Aber du hast es fertiggebracht, daß ich nicht mehr um meine Frau trauere.«

Sie sah ihn unter gerunzelter Stirn an. »Du irrst dich. Das war Ruth.«

Kane ließ ihren Arm los, trat ans Ende der Terrasse und betrachtete die Hinterfront des Hochhauses von General Motors. Vor seiner Errichtung hatte man von hier aus einen herrlichen Blick auf das Hotel Plaza und den Central Park gehabt. »Ich weiß nicht, ob es dir schon jemand gesagt hat, aber Ruth sah meiner Frau sehr ähnlich. Als ich ein Foto von ihr sah, stellte ich mir vor, es könnte mit ihr wieder so werden wie in alten Zeiten. Ich wollte Janine wieder zum Leben erwecken. Ich dachte an Picknicks und Spaziergänge im Mondschein. Ich malte mir aus, wie wir uns zu viert aneinanderkuscheln würden. Über Ruths Charakter machte ich mir keine Gedanken. Ich glaubte, ihn zu kennen. Sie hatte Mann und Kind durch einen Unfall verloren, also ein ähnliches Schicksal erlitten wie ich. Daher glaubte ich, wir wären füreinander bestimmt.«

Er drehte sich um. Cales Gesicht verriet ihm, daß sie ihm nichts verzieh. »Doch ich fühlte mich vom ersten Augenblick an auch zu dir hingezogen. Wie du da auf dem Koffer gesessen hast und wütend auf die ganze Welt zu sein schienst. Und dann mußtest du niesen. Als du mich ansahst ...«, er grinste, »... da kam ich mir vor wie ein Filmstar, berühmter Sportler und Astronaut in einem. Und ich war verdammt von den Socken, denn du warst das hübscheste Ding, das ich seit Jahren gesehen hatte.«

Er nahm einen Schluck aus dem Glas und fuhr fort: »Bei der Sache mit der Klapperschlange habe ich mich ziemlich blöd benommen. Ich hätte mich bei dir bedanken müssen. Aber du hast in dem Augenblick so furchtlos und schön ausgesehen, und das kam meinen Plänen in die Quere. Denn ich hielt doch Ruth damals für die ideale Ehefrau, und nun war ich auf einmal scharf auf eine temperamentvolle kleine Blondine. Wenn ich dich ansah, kam ich mir ... na ja, wie ein Ehebrecher vor.«

Er leerte sein Glas, goß sich erneut ein und wandte sich wieder von ihr ab. »Den ganzen letzten Monat war ich mit Ruth Edwards zusammen. Es hat lange gedauert, bis ich gemerkt habe, daß sie keine Janine, sondern eine völlig andere Frau ist. Ein Typ, für den ich nicht viel übrig habe.« Traurig setzte er hinzu: »Und meine Söhne haben sie geradezu gehaßt.«

Eine Kehrtwendung. Cale stand noch immer mit verschlossener Miene auf der Terrasse.

»Demnach wäre ich die zweite Wahl«, sagte sie. »Komm, Cowboy, du findest sicherlich noch eine dritte. Warum willst du unbedingt eine Frau aus New York. Such dir doch ein nettes Cowgirl ...«

»Ich lebe aber in New York«, sagte er, schien aber nicht bereit, sich näher darüber auszulassen.

»Du hast gesagt, was du zu sagen hattest. Jetzt kannst du gehen.« Damit wandte sich Cale den Türen zu. Doch Kane fing sie ab und küßte sie. Er küßte ihre Ohren, den Hals, das Gesicht.

»Ich liebe dich, Cale«, sagte er an ihrem Mund. »Wenn ich dich ansehe, sind mir alle anderen Frauen gleichgültig. Ich liebe deine zynischen Redensarten, ich liebe deinen Humor. Ich liebe es, wie du meine Söhne und mich anblickst. Ich finde es toll, wie wir in der Liebe zusammenpassen. Ich liebe deine Tüchtigkeit, deine Verletzlichkeit, deine Bedürftigkeit, deine ...«

»Ich bin doch nicht bedürftig.« Er war ihr so nahe, daß es ihr schwerfiel, einen klaren Gedanken zu fassen.

Kane brummte: »Ich habe noch nie einen Menschen gekannt, der so bedürftig war wie du. Du bist ...«, er küßte sie auf die Nasenspitze, »... liebesbedürftig.« Er küßte sie auf die Wange. »Du brauchst Zärtlichkeit. Zuneigung. Eine Familie. Sicherheit.« Und bei jedem Wort gab er ihr einen süßen Kuß an eine andere Stelle des Gesichts.

Sie riß sich aus seinen Armen. »Und was du brauchst, ist ein Schoßhündchen!«

Er ließ sie nicht los. »Ich brauche einen Menschen, der die Welt so sieht, wie sie ist. Ich brauche einen Menschen, der nicht zuläßt, daß ich mich jahrelang in Selbstmitleid ergehe und für alles andere im Leben blind bin. Wenn ich mit dir zusammen bin und mal melancholisch werde, wirst du mir einen Tritt geben, mir sagen, daß ich nicht Trübsal blasen soll, und mir irgendwas zu tun geben. Du wirst mir bestimmt nicht erlauben, mich traurigen Gedanken hinzugeben.«

»Das hört sich an, als wäre ich so etwas wie eine Aufseherin in einer Überseeplantage.«

Lachend zog er sie an sich und drängte seinen Körper an ihren. »Was kann ich dir noch sagen, damit du mir endlich glaubst, daß ich dich liebe und zur Frau nehmen will?«

Cale machte sich von ihm frei und hielt ihn auf Armeslänge von sich. »Du siehst das alles viel zu romantisch. Nur weil wir einmal in einer Dachkammer eine schnelle Nummer gemacht haben ... na schön, okay, vielleicht war es etwas mehr als eine schnelle Nummer ... bildest du dir ein, das wäre die Grundlage für ein ganzes gemeinsames Leben. Aber du kannst mich nicht heiraten. Ich ... ich tauge nicht zur Ehefrau.«

»Woran fehlt es denn bei dir?« fragte er. Doch sein Tonfall verriet, daß er sie nur auf den Arm nehmen wollte.

»Woran es mir fehlt? Ich bin nichts als eine Geschäftsfrau. Ich bin Big Business.« Sie atmete tief ein und holte zum Gnadenstoß aus, der garantiert jeden Mann abschrecken mußte. »Im vorigen Jahr habe ich 1,4 Millionen Dollar verdient, und in diesem Jahr werde ich wahrscheinlich noch mehr einnehmen.«

Immer noch lächelnd knabberte Kane an ihrem Ohr. »Das macht doch nichts, Süße. Davon kann einer allein schon leben.«

Sie stieß ihn von sich. »Kannst du nicht hören, Cowboy? Ich bin keine gewöhnliche kleine Hausfrau. Ich bin nicht das kleine Frauchen, das darauf wartet, daß du nach Haus kommst. Wenn ich meine Romane schreibe, dann bin ich so darin vertieft, daß ich sogar das Essen vergesse. Und ich vergesse völlig, daß mein liebes Schätzchen beim Heimkommen seinen Martini fertig vorfinden will. Oder trinkst du nur Bier? Und was soll das heißen, daß du in New York lebst?«

»Das soll heißen, daß ich nicht das bin, wofür du mich hältst. Ich bin so wenig Cowboy, wie du Zirkusartistin bist. Ich handle an der Börse. Ich verfüge über wirklich großes Geld, nicht über das Taschengeld, das du verdienst.«

Sie sah zu ihm hoch. Ihr Mund war leicht geöffnet, und sie blinzelte ein wenig.

»Mach weiter!« sagte er. »Erzähle mir alle schlimmen Dinge, die ich von dir wissen muß! Du kannst sagen, was du willst. Du kannst angestellt haben, was du willst, ich liebe dich. Ich will, daß du meine Frau wirst. Ich kaufe mir in diesem Haus eine ganze Etage. Dort werden die Kinder und ich und ihr Kindermädchen wohnen. Du behältst deine Penthaus-Wohnung, wo du dich jederzeit von uns zurückziehen und schreiben kannst. Du bekommst alles, was du dir wünschst.«

Sie dachte an die vielen Gründe, die gegen eine Ehe mit ihm sprachen. Zum Beispiel daran, daß sie ihn haßte. Wieso? Haßte sie ihn denn? Dann haßte sie es auch, Bücher zu schreiben! In Wirklichkeit hatte sie die ganze Zeit über, seit sie ihn verlassen hatte, an nichts anderes denken können als an ihn. In jeder wachen und in jeder träumenden Minute hatte sie an ihn und seine Kinder gedacht.

Sie wurde in seinen Armen ganz schwach und konnte nur noch flüstern: »Ich hasse dich. Ich hasse dich wirklich.«

»Ja, ich weiß«, gab er flüsternd zurück. »Ich mache dir deswegen ja keine Vorwürfe. Aber wenn wir von jetzt an zusammenleben, gelingt es mir vielleicht, deine Meinung über mich zu ändern.«

Ein Kloß stieg ihr in die Kehle, und sie brachte keinen Ton mehr heraus. Da klingelte es. Sie machte sich von ihm los und bemühte sich, ihre Tränen nicht zu zeigen. »Ich muß ...«

»Das werden die Jungs sein. Sie wollen dir ihre neuen Bücher zeigen und ...«

»Jamie und Todd sind hier?« Im nächsten Augenblick rannte sie in die Wohnung, zögerte dort nur eine Sekunde und riß dann die Tür auf. Die beiden Jungen warfen sich auf sie, und im nächsten Augenblick wälzten sich alle drei auf dem Fußboden des Vorraums. Kane kam hinzu, und die drei begannen, Cale zu kitzeln.

»Ich will deine Antwort«, sagte Kane. »Gib mir jetzt Antwort!«

»Ja«, sagte Cale lachend, »ich werde deine Frau.«

Schnell schob Kane die Kinder weg und zog Cale in die Arme. »Ich weiß gar nicht, warum ich das nicht gleich bei unserer ersten Begegnung geahnt habe.«

»Ich auch nicht«, flüsterte sie an seinen Lippen. »Ich auch nicht.«